D1723392

страсти
по спорту

АНФ

Побеждать — это как наркотик. Никогда, ни при каких обстоятельствах я не могу простить себе второго или третьего места. {Айртон Сенна, Человек дождя} Поражения не нужны человеку. {Елена Исинбаева, двукратная олимпийская чемпионка} Нет ничего обидней второго места. {Хасан Бароев, чемпион Олимпиады-2004, серебряный призер Олимпиады-2008} Победа — это не все; победа — это единственное, что есть. {Винс Ломбарди, американский футбольный тренер} «Рос-си-я! Рос-си-я!» {Фабио Капелло, тренер «Ювентуса», на Олимпиаде в Турине} Когда я увидел все эти трупы, то дал себе зарок никогда больше не возвращаться сюда. {Джамлинг Норгей, сын первооткрывателя Эвереста Тенцинга Норгея, шерп, который вернулся} «Формула-1» — спорт только один раз в две-три недели. В остальное время — это огромный бизнес. {Фрэнк Уильямс, хозяин команды «Уильямс-Рено»} Если есть возможность заработать, то почему бы ее не использовать? {Михаэль Шумахер, семикратный чемпион «Формулы-1», миллиардер.} Я ни разу не задавался вопросом, сколько у меня денег. Главное, что их у меня достаточно. {Майкл Джордан, шестикратный чемпион НБА, миллионер.} Увидев «Олимпию», Сталин предложил мн делать фильм о нем. {Лени Рифеншталь, режиссер} «Тур де Франс» — лучший пример тотального мифа. {Ролан Барт, философ и публицист} Чемпионский титул в тяжелом весе — это национальное достояние, которое не может принадлежать кому попало. {Джон Л. Салливан, США, первый официальный чемпион мира по боксу в тяжелом весе} Четыре года прошли быстро, но впустую. {Хасан Бароев, борец, обладатель серебряной олимпийской медали} Что нужно сделать, чтобы удачно выступить на Олимпиаде в Сочи? Нужно изменять всю систему. {Евгений Плющенко о фигурном катании} Если англичане называют это игрой, то что же они называют дракой?! {Путешественник Гастон де Фуа об английском футболе, XIV в.} Понятие игры англичанину недоступно. Он превращает спорт в пожизненную каторгу, принося ему в жертву свою душу и тело. {Джером Клапка Джером} Руководство Nike, конечно, всецело за защиту прав человека, но сумма контракта настолько велика, что сборная США поедет на Игры в Пекин во что бы то ни стало. {Пресс-релиз компании Nike}

Редактор-составитель Александр Соловьев

страсти по спорту

УДК 796.01
ББК 75.7
С60

Редактор-составитель Александр Соловьев

С60   Страсти по спорту / Ред.-сост. Александр Соловьев. — М.: ИД «Коммерсантъ»: Альпина нон-фикшн, 2012. — 354 с.

ISBN 978-5-91671-134-9

Спорт — это гораздо больше, чем состязания, победы и поражения, ликование и скорбь. Это больше, чем деньги, с которыми он сейчас, кажется, неразрывен. Это средство управления людьми, государством, миром, наконец.

Жить в обществе и быть свободным от спорта невозможно. От толп болельщиков до сильных мира сего — все ему подвластны. Спорт — это великий миф о высоком гуманизме, неотделимый от политики, денег и страшного злодейства.

УДК 796.01
ББК 75.7

Содержание

Спорт — древнейшее занятие человечества. Сыновья царей состязались в беге за трон. Тираны отправляли на ристалища своих чемпионов. Толпа ревела: «Хлеба и зрелищ!» Поэты, художники и философы творили миф о спорте, который жил своей жизнью, питаясь страстями, бурлившими на аренах и ристалищах, за тавлейной доской и в букмекерских конторах, на трибунах и улицах.

В самой, наверное, известной спортивной песне России, хите группы «Чайф» «Аргентина — Ямайка», нет слова «футбол». Но даже совсем далекие от спорта люди наверняка разделили с Сергеем Шахриным боль и грусть ямайских болельщиков, чья команда была не просто бита — уничтожена аргентинской сборной на чемпионате мира — 1998. Для российских болельщиков эта песня вообще стала чем-то вроде неофициального гимна — наша сборная гораздо чаще давала поводы для печали, чем для радости.

А когда такие поводы появлялись, эмоции зашкаливали за все разумные пределы (хотя какие могут быть разумные пределы у эмоций?). «Х... вам!» — орал в камеру футболист сборной России Вадим Евсеев, забивший победный гол ирландцам. «Мы — чемпионы, б...ь!» — тиражировало ТВ на весь мир восторг российской хоккейной «молодежки» после победы в финале ЧМ-2011 над Канадой. Тех, кто упрекал спортсменов в недостаточном парламентаризме, немедленно причисляли к ханжам и лицемерам. Победа списывала все.

Спорт противоречил сам себе. Изначально. «Не победа, а участие» Пьера де Кубертена и знаменитое «Победа — это не все; победа — это единственное (что есть)» Винса Ломбарди (заимствовавшего фразу у другого американского футбольного тренера — Генри Рассела). Эти взаимоисключающие девизы сталкивались — и уживались. Иначе и быть не могло.

Спорт воодушевлял нечеловеческой, почти божественной красотой. «Гимнасты должны летать! Над перекладиной надо летать!» — восклицал Алексей Немов. И они летали. И не только гимнасты. Летал над площадкой Майкл Джордан, взлетал над планкой Сергей Бубка, на хоккейном льду летал Валерий Харламов, на гоночной трассе — казалось, над ней — парил Айртон

Сенна. Того, кто достиг высот, простым смертным недоступных, причисляли к небожителям. Хотя бы на время победы...

Спорт подавлял жуткими катастрофами и отчаянием проигравших. «Четыре года прошли быстро, но впустую», — заметил борец Хасан Бароев, пряча в карман серебряную медаль Олимпиады. Разлетался в куски болид Алекса Занарди, замертво падали на поле футболисты, заново учился ходить великий лыжник Херманн Майер. Миф требовал крови своих творцов.

Спорт манил бешеными деньгами. Чемпионы становились миллионерами и превращались в нищих, не умея позаботиться о своем богатстве. Об этом умели заботиться другие — и превращали состязание в бизнес, измеряли романтику бухгалтерией, а рекорды — доходами.

Ведь противоречие, противостояние — самая суть спорта. Простое и доступное на уровне инстинктов: «наш — не наш», «хороший — плохой»; более сложные: «заслуженный ветеран — нахальный новичок», «лидер — аутсайдер»; эстетские: «техника — эмоции», «класс — порыв»; философские: «человек — стихия», «человек — система». И даже если вы не болельщик, если вы еще не чувствуете в себе этого непонятного, необъяснимого зуда, который появляется, когда на поле выходят гладиаторы современности, избранные сцены из величайшего театра всех времен и народов все равно достойны вашего внимания.

Спорт — это средство управления людьми, государством, миром, наконец. От толпы болельщиков до сильных мира сего — все подвластно спорту, а сам спорт подвластен своим жрецам и их пастве. Так было всегда. Это началось с того момента, как было брошено на дальность первое копье или отмерены границы поля для игры в мяч. Античные лекари считали бокс хорошим средством против хронических головных болей. Средневековая христианская церковь называла спорт — любой — «языческими игрищами». Короли видели в нем угрозу общественному порядку и своему трону, а гуманисты XX века — средство укрепления обороноспособности.

Спорт — это гораздо больше, чем состязание, победы и поражения, ликование и скорбь. Спорт — это больше даже чем деньги, с которыми он сейчас, кажется, неразделим. Спорт — это великий миф о высоком гуманизме и страшном злодействе.

Потому что жить в обществе и быть свободным от спорта невозможно. Хорошо это или плохо, но это так.

Александр Соловьев

Часть I

Мгновения славы

Противостояние — альфа и омега спорта. В нем — сюжет зрелища, суть его драматургии, необоримая, иррациональная основа его притягательности. Спорт как зрелище до сих пор подчинен законам греческого театра. Ведь главное противостояние в спорте — с самим собой, неважно в борьбе с кем — временем, соперником, судьей, травмой или ненавистью трибун.

Миллионы, затаив дыхание, следят за поединками великих атлетов, переживают заново эпизоды великих матчей, восхищаются подвигами героев-одиночек и массовым героизмом спортивных команд. Люди вновь и вновь восторгаются громкими победами и превозносят победителей, сравнивая их с античными и библейскими героями.

Бои Мохаммеда Али, Джорджа Формана и Джо Фрейзера навсегда останутся в истории бокса; Суперсерия-72 — в истории хоккея; покорение Эвереста — в истории всего человечества. Айртон Сенна и Ален Прост всегда будут неразлучны в глазах поклонников «Формулы-1»; без «Эль Класико», «Реала» и «Барселоны» немыслим испанский футбол; без рубки баскетбольных «династий» — НБА, а ралли «Париж — Дакар» давно стало «Эверестом на равнине», символом преодоления себя и стихии.

Победа — венец такого противостояния, а победитель — безусловный кумир. Блеск побед сборных России по хоккею, футболу, баскетболу, синхронному плаванию столь же ярок, как блеск мировых звезд спорта, живых легенд — Майкла Джордана, Уэйна Гретцки, Лэнса Армстронга, Сергея Бубки и Елены Исинбаевой.

Величайшие дуэли

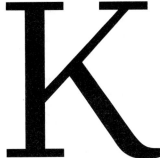**К**лассик американской литературы XX века Норман Мейлер сказал, что в Америке чемпион в тяжелом весе — второй человек после президента. Некоторым, правда, удавалось становиться первыми. Обычно называют двух — Мохаммеда Али и Джорджа Формана. Но их было трое. Джо Фрейзер дрался и против Али, и против Формана, и эти поединки не уступали боям двух великих ни по накалу, ни по драматизму, ни по значению для спорта вообще и для бокса в частности. Все трое были олимпийскими чемпионами, все трое — самостоятельными величинами в боксе, не похожими друг на друга.

Али и Форман — классические антиподы. Форман был хулиганом, правда, неудачливым. С 14 до 16 лет Джордж пил, бездельничал и грабил прохожих. Грабить получалось плохо: часто он не выдерживал жалобных причитаний жертв и возвращал добычу. Али (тогда еще Кассиус Клей), наоборот, сам стал жертвой грабителей — у него украли велосипед. Он честно заявил первому встречному полицейскому, что проучит вора как следует. Полицейского звали Джо Мартин. В свободное от патрулирования время он тренировал подростков в местном боксерском клубе. Разгоряченному Кассиусу он заметил, что «прежде, чем кого-то побить, нужно сначала этому научиться», и записал будущего чемпиона мира в клуб. В подобный клуб угодил и трудный подросток Форман. И это, пожалуй, единственная общая их черта.

Али был артистичен, даже изящен на ринге, «порхал, как бабочка, и жалил, как пчела». Форман отличался чудовищной физической силой и мощью удара. Поначалу он неплохо вел и техничный бой на дистанции, но потом отбросил эту тактику за ненадобностью. Когда в конце 1980-х годов на ринге царил Тайсон, журналисты утверждали, что ни один боксер никогда не вызывал такого ужаса, как Железный Майк. Это неправда, Формана в свое время боялись больше Тайсона. И противники у него были посерьезнее.

Тайсон появился в эпоху, когда, кроме него, не было ни одного сильного тяжеловеса, а Форман выступал в золотые для тяжеловесов 70-е годы (большинство экспертов сходятся на том, что Форман образца 1973-го разорвал бы Тайсона образца 1989-го в клочья). А уж по злобности и агрессивности Форман мог дать фору кому угодно, в том числе и Тайсону. Али противники не боялись. Все знали, что он беззлобный малый, который хочет только выиграть бой, а не уничтожить соперника. Форман же, казалось, хотел убить, и только рефери мешал ему это сделать.

А Фрейзера долго не то чтобы не воспринимали всерьез, но не возлагали на него особых надежд. Он был невысок — всего 181 см — и довольно однообразен в бою. Все знали о его коронном левом боковом, все его ждали, и почти все тем не менее пропускали. Джо наезжал на соперника и давил его, как бульдозер, а когда тот хоть слегка терялся от этого напора, тут же наносил левый боковой.

Правда, с Форманом эта техника не сработала. 22 января 1973 года Фрейзер на Ямайке защищал свой титул в бою с ним. (В 70-е годы большинство самых кассовых боев проводилось вне США — промоутеры и боксеры скрывались от непомерных налогов.) Форман бросал своего противника на пол шесть раз. Последний, шестой, нокдаун этой встречи произвел неизгладимое впечатление даже на людей, далеких от бокса. Нечеловеческой силы апперкот Формана подбросил стокилограммового Фрейзера в воздух. Рефери остановил бойню.

> НИ ОДИН ВЬЕТКОНГОВЕЦ НИКОГДА НЕ НАЗЫВАЛ
> МЕНЯ НИГГЕРОМ.
>
> Мохаммед Али о войне во Вьетнаме

Али был горлопаном и шоуменом, яркой личностью на ринге и за его пределами, почти народным трибуном и борцом за права негров. По его словам, в 1975 году он выбросил свою золотую олимпийскую медаль в реку Огайо, после того как его отказались обслуживать в ресторане «только для белых» и последовавшей за этим потасовки. В 1967 году его на три года лишили боксерской лицензии за отказ воевать во Вьетнаме. «Я не имею ничего против Вьет Конга[1]. Ни один вьетконговец никогда не называл меня ниггером», — заявил тогда боксер, поплатившись за публичное диссидентство и титулом чемпиона.

---

[1] Вьет Конг (или Вьетконг) — сокр. от. *Вьетнам конг шан* (вьетнамский коммунист). На Западе вообще и в США в частности во время войны во Вьетнаме (1955—1975) так сокращенно называли военно-политическую организацию «Национальный фронт освобождения (Южного) Вьетнама». Постепенно это слово стало эвфемизмом для обозначения Вьетнама как страны в целом. — *Прим. ред.*

16

Форман был далек от борьбы с расизмом. Олимпиада 1968 года в Мехико запомнилась прежде всего прекрасным выступлением американских спортсменов и их протестами против расовой дискриминации. Форман на пьедестале размахивал американским флагом и высказывался так: «Пусть никто не вздумает ругать при мне американскую систему. Она вознаграждает любого, только надо соображать, не бояться работы, вкалывать как следует и не давать ничему тебя сломить».

ЧТО ЭТОТ ПОЛУКРОВКА ТАК НОСИТСЯ СО СВОИМ ЦВЕТОМ КОЖИ?
Я В ДВА РАЗА ЧЕРНЕЕ ЕГО.
                    ДЖОРДЖ ФОРМАН О МОХАММЕДЕ АЛИ

Время Фрейзера настало с уходом Али, а когда тот вернулся, оставаясь при этом «народным чемпионом», бой между ними оказался неизбежным. Подогревая интерес к поединку, Али как натура артистическая постоянно заигрывался, а как профессиональный болтун придавал слишком мало значения собственным словам, наивно полагая, что остальные отнесутся к ним аналогично. Он, по общему мнению, едва ли не главный боец своего времени с расовой дискриминацией, обозвал Фрейзера Дядей Томом, что было тогда для негра в США тяжелейшим оскорблением. Джо не простил ему этого по сей день. Форман, кстати, чуть позже в ответ на похожие «наезды» Али философски обронил: «Что этот полукровка так носится со своим цветом кожи? Я в два раза чернее его».

Как бы то ни было, в тот раз на ринге Фрейзер оказался сильнее. За минуту до конца 11-го раунда Али едва не отправился в нокаут. Левый боковой Фрейзера попал ему точно в челюсть. Мохаммед пошатнулся и тут же получил еще. На секунду колени Али подогнулись, но он устоял и все оставшееся до гонга время уходил от ударов Фрейзера. Момент истины настал в начале 15-го раунда. Али опустил правую руку, чтобы нанести удар снизу, и в этот момент Джо опять засадил ему левый боковой точно в челюсть. Мохаммед упал, довольно быстро встал и закончил бой на ногах, однако безоговорочно проиграл. Так закончился первый великий бой великой эпохи.

Вторым был тот самый бой на Ямайке. Это был бой Давида с Голиафом, вот только его результат оказался прямо противоположен библейскому. Форман настолько превосходил Фрейзера физически, что тот просто ничего не мог сделать. Бой продол-

жался всего два раунда, даже меньше. В первом Форман трижды отправлял Фрейзера в нокдаун, причем разными ударами.
Во втором последовали правый прямой вдогонку и левый боковой. Фрейзер встал и после прямого, и после бокового. Но только
для того, чтобы взлететь и снова упасть. На сей раз окончательно...
Публика решила, что впредь великих боев не увидит — только
публичные казни с Форманом в роли палача.

Публика ошиблась. 30 октября 1974 года состоялась «Схватка в джунглях». В этот день в столице Заира Киншасе сошлись
Форман и Али. Все казалось простым и ясным. Форман должен
был победить. Осенью 1974 года он не уставал повторять, что попросту убьет претендента на ринге. Сегодня же честно признает,
что опасался Али: «В те годы я крушил соперников одного за другим. Но накануне этого матча решил, что буду очень рад, даже
если выиграю по очкам».

Али — по контрасту со своими былыми привычками — был
немногословен, но по-прежнему очень образен. Его прогноз на исход поединка свелся к одной фразе, которая шокировала Америку:
«В Киншасе вы увидите величайшее чудо со дня воскрешения Хри-
ста!» И воскрешение действительно состоялось. Форману не повезло — он встретился с самым умным боксером в истории.

В 4.30 утра по заирскому времени (за океаном это было временем прайм-тайма), противники вышли на ринг. Трибуны (в основном туристы из США) пришли в экстаз.

То, что происходило дальше, не поддается логическим объ-
яснениям. Али, даже не пытаясь контратаковать, отошел, словно
безнадежный аутсайдер, к канатам и «прилип» к ним. Чемпион
наносил удар за ударом. «После третьего раунда я не мог поверить
своим глазам: Али по-прежнему стоял на ногах, хотя, по моим рас-
четам, давно должен был лежать замертво на полу!» — рассказывал Форман.

Сегодня тренер Али Анджело Данди утверждает, что, несмотря на, мягко говоря, не лучший старт своего подопечного,
не сомневался в победе: «Форман был удобным для него противником. У таких Али всегда выигрывал». Но в те минуты — это
было видно всем — Данди здорово нервничал. «После каждого
раунда я повторял ему: "Хватит прижиматься к канатам, выходи
на центр ринга, атакуй его сам!" И представляете, что он отвечал
мне на это: "Я знаю, что делаю!"»

Али так и не стал отходить от канатов. Однако чем дольше
продолжался бой, тем яснее становилось зрителям: претендент

и в самом деле знает, что делает, а «тактика аутсайдера» была его очередной гениальной находкой. С каждым раундом Форман уставал все больше, и прежде всего психологически: он бил, а противник не падал. В седьмом раунде десятки тысяч поклонников Али, которые заметно превосходили по численности «армию чемпиона», почувствовали, что перелом близок, и снова принялись скандировать: «Бей его!» А в конце восьмого раунда их любимец, все так же не отходя от канатов, провел серию ударов, после которой Форман рухнул на пол. Чудо свершилось!

Правда, видеоповтор показал, что рефери Зэк Клейтон не успел досчитать до десяти, когда Форман поднялся на ноги, но тем не менее зафиксировал нокаут. Впрочем, Форман сам признал: «Он бы все равно меня добил». Али в своем комментарии был столь же краток: «Я же говорил вам, что я — лучший».

Самый выдающийся бой в истории бокса завершился, когда над Киншасой забрезжил рассвет. Али чуть позже скажет: «Это было очень символично. Ведь в Киншасе снова взошло солнце и в моей жизни». Он был прав: в тот день состоялось возрождение чемпиона из чемпионов, признанного благодаря победе в Заире спортсменом года в США.

«Схватка в джунглях» давно стала чем-то вроде сказки, а главная ее тайна — собственно бокс. Точнее, Мохаммед Али. Возможно, не будь того боя, этот человек, ныне считающийся едва ли не наиболее ярким символом ушедшего столетия в спорте, так бы и остался просто одним из великих. Но ведь был еще один бой, который может поспорить со «Схваткой в джунглях».

1 октября 1975 года Мохаммед Али и Джо Фрейзер сошлись в третий раз — на Филиппинах. Этот бой получил не менее громкое название, чем поединок в Заире, — «Триллер в Маниле». Али превзошел себя в умении оскорблять соперника. Фрейзер зверел, а все вокруг смеялись, отчего он зверел еще больше. Между тем Али просто развлекался и попутно «раскручивал» матч. Но каково было Фрейзеру видеть по телевидению, как Али во всех публичных местах достает из кармана фигурку гориллы и, строя уморительные рожи, под всеобщий гогот начинает ее колошматить?!

Али кривлялся до самого начала боя. Помпезный золотой кубок — приз победителю от президента Маркоса — он с улыбкой утащил в свой угол, как только тот появился на ринге. Но это была его последняя хохма в тот день. А дальше был бой в стиле поединка Ахилла и Гектора, причем роль Гектора отводилась скорее Али.

Он маневрировал, много контратаковал и часто попадал. А Фрейзер просто бил. В основном в корпус. И это с лихвой перевешивало все, что делал Али. Но в середине боя Мохаммед на время перехватил инициативу. В следующих раундах Али и Фрейзер обменивались такими сериями ударов, что было непонятно, почему бой до сих пор не закончился тяжелым нокаутом одного из них. Но бесчисленные удары по корпусу, которые Фрейзер методично отвешивал Али, кажется, стали сказываться: Али уставал все больше и больше.

Однако в 10-м раунде он сумел левым хуком и несколькими «двойками» потрясти Фрейзера, а в 11-м развил успех. Оба были вымотаны до предела. В следующих трех раундах Али просто устало бил Фрейзера, а тот лишь отмахивался. В 12-м раунде у Фрейзера изо рта пошла кровь. На 14-й раунд он вышел, по сути, вслепую — оба глаза у него практически полностью заплыли. Ближе к концу раунда Фрейзер попытался провести отчаянный левый боковой на скачке, однако Али без труда ушел от него и обрушил в ответ ударов десять. Гонг!

Али, пошатываясь, побрел в свой угол и приказал ассистентам разрезать и снять с него перчатки. Он не видел, что в другом углу Фрейзер заплетающимся языком пытается выговорить своему тренеру Эдди Фатчу: «Я сделаю его, босс», — а тот, покачивая головой, сигналит рефери Карлосу Падилле. Фатч не выпустил Фрейзера на 15-й раунд. Али выиграл, но признавался потом: «Просто Фрейзер прекратил бой чуть раньше меня. Я не думаю, что смог бы драться еще».

Через несколько часов после боя в больничной палате Фрейзер кричал посетителю: «Включите свет! Включите свет!» Свет горел — он просто не мог открыть глаза. «Я наносил ему удары, которые пробили бы крепостные стены, — говорил Фрейзер. — Боже! Боже! Он великий чемпион!» — «Я никогда не был ближе к смерти, — вторил ему Али. — Джо Фрейзер — величайший боксер в мире после меня!»

Потом были Тайсон, Холифилд и Льюис... Джордж Форман стал священником. Изрядно располневший, с на редкость обаятельной улыбкой, он достаточно часто появлялся на страницах газет и журналов. Форман стал чем-то вроде эдакого большого папочки, за широкой спиной которого удобно и приятно спрятаться. В 1994 году, правда, он неожиданно вернулся на ринг — ему было 45 — и показательно отлупил тогдашнего чемпиона Майкла Мурера. Али ушел с ринга раньше, в 1981-м. Через три года у него диагностировали болезнь Паркинсона. Но даже сейчас, весь дрожащий, как студень, он может сказать о себе: «Вы думаете, я несчастен? Да, я хотел бы, чтобы ко мне вернулось здоровье, но я не несчастен».

Джо Фрейзер в 1976 году снова дрался с Форманом, снова проиграл и ушел из бокса. В 1976-м он появился в коротком эпизоде в фильме «Рокки». В дальнейшем Фрейзер вел скромную жизнь, тренируя детей в собственном боксерском клубе. Свою золотую олимпийскую медаль он разрезал на 11 частей и раздал своим детям.

Болельщики до сих пор спорят, какой бой был самым главным в истории бокса.

Для поклонников же «Формулы-1» подобная дискуссия просто не имеет смысла. Все давно решено. Дуэль Айртона Сенны и Алена Проста — величайшее противостояние в истории Больших призов. И точка. Другого быть не может.

И они правы. Это был классический, абсолютный, идеальный антагонизм. Битва титанов. Расчетливый и тонкий, спокойный и стабильный Профессор Прост, и взрывной и непосредственный Человек дождя (то бишь, попросту, шаман) Сенна. Ветеран (в 1988 году, когда Сенна и Прост столкнулись лицом к лицу в «Макларене», Прост был уже двукратным чемпионом мира) и амбициозный юнец (Сенна уже считался мастером квалификации, выигрывал гонки, но на пьедестале в те годы царили Прост, Нельсон Пике и Найджел Мэнселл).

Их противостояние — пока заочное — началось в 1984 году, когда Прост был уже готов к тому, чтобы стать чемпионом (в 1983 году Прост из-за поломок машины занял лишь второе место, хотя еще перед последней гонкой был первым в личном зачете). Сезон-1984 Ален начал с победы на Гран-при Бразилии — и проснулся, наконец, кумиром французских болельщиков. Бразилец Сенна до финиша не доехал, но уже на следующей гонке — в Южной Африке, на трассе Кьялами — заработал первое очко.

А через два месяца Прост и Сенна впервые сошлись на трассе. Монако 1984 года навсегда останется в числе легендарных Гран-при. Там 24-летний бразилец, дебютант чемпионата, заявил на весь мир, что не желает быть вторым. Трасса, проложенная по улицам Монте-Карло, считается самой медленной, но технически одной из самых сложных в мире; дождь же превращает ее в сложнейшее испытание для гонщиков.

В воскресенье 3 июня шел настоящий ливень. Лидеры сбавили скорость, любая ошибка на мокрой трассе грозила сходом, если не серьезной аварией. А Сенна будто ждал именно этого момента, чтобы показать, на что способен. На слабом, вечно отстающем «Толман-Харт» он шел красиво и уверенно, показывая один рекорд круга за другим, и постепенно догонял лидировавшего Алена Проста. Гонка стала слишком опасной, и судьи прекратили ее за несколько кругов до финиша, когда Сенну отделяли от Проста считаные секунды. Второе место, занятое тогда Айртоном, было и осталось лучшим результатом машин Toleman за все годы участия в гонках «Формулы-1».

Впервые в жизни, стоя на пьедестале после розыгрыша Большого приза, Айртон Сенна едва не плакал от досады — ведь он мог выиграть. Но и Прост в 1984 году не стал чемпионом. Его партнером тогда был знаменитый австриец Ники Лауда, которому Ален в конце сезона проиграл всего пол-очка, заняв очередное второе место. Проиграл, выиграв больше гонок в сезоне, включая последнюю. Ее Лауда начал с 11-го места, и только вылет другого великого гонщика — Найджела Мэнселла — за 18 кругов до финиша позволил австрийцу набрать необходимые очки.

1985 год стал годом Проста. Впервые за всю историю «Формулы-1» чемпионат выиграл француз. Ален получил орден Почетного легиона. И в 1986 году сделал то, что не удавалось пилотам «Формулы-1» более четверти века, — отстоял свой титул. Пересевший на «Лотус» Сенна, отчаянно выжимал из машины все возможное и невозможное, но оставался на задворках главной интриги сезона, развязка которой наступила лишь в последней гонке — в австралийской Аделаиде.

За чемпионской короной гнались Прост, Мэнселл и Пике на «Уильямсе». Казалось, что шансов у Проста нет: Мэнселл опережал его на шесть очков, а сверхнадежный в том сезоне «Уильямс» не позволял надеяться на то, что в спор гонщиков вмешаются технические неполадки...

Но на стороне Сенны был еще великий стратег гонок Рон Деннис. Вдвоем они устроили диверсию, сделавшую ту гонку в Аделаиде легендарной. Для начала по паддокам пополз слух о том, что поставщик резины, компания Goodyear, привезла в Австралию новые сверхпрочные покрышки, выдерживающие всю гонку без замены. В «Уильямсе» слуху не придали особого значения. Но и не пропустили мимо ушей.

Партнер Проста Кеке Росберг заявил, что решил не помогать французу бороться за титул, а достойно провести свою последнюю гонку и отметить ее победой.

Квалификацию выиграл Мэнселл. Пару ему в первом ряду составил Пике. Прост был лишь четвертым, проиграв еще и Айртону Сенне, а Росберг и вовсе занял только седьмое место, но со старта обошел всех одного за другим. На 32-м круге Прост заехал в боксы на смену шин, сымитировав медленный прокол. Выехав четвертым, на свежей резине, он понемногу приближался к соперникам. Мэнселл шел третьим — это гарантировало ему общую победу.

А Росберг упорно лидировал. Позади осталось уже полсотни кругов, а он и не собирался сбавлять темп. Слухи о суперрезине получали наглядное подтверждение. «Уильямсы» бросились вперед. С пит-стопом решили тянуть как можно дольше. Наконец на 63-м круге у Росберга лопнула покрышка. Пока в боксах «Уильямса» соображали, в чем дело, прошел круг, и болид Мэнселла постигла та же участь. Пике все понял и бросился в боксы сам. Но было уже поздно. Вернувшись на трассу, он оказался в 15 секундах позади Проста. До конца гонки оставалось 16 кругов, за которые Пике сумел сократить отрыв до 4,2 секунды, но этого было мало. Прост стал двукратным чемпионом мира, окончательно утвердившись в звании Профессора.

В 1987 году, одержав 28-ю в карьере победу, Прост побил рекорд Джеки Стюарта и на долгие годы стал рекордсменом по числу побед на Гран-при. Он сумел за счет нестандартных настроек уменьшить износ шин и сделал на одну остановку в боксах меньше, чем его соперники Пике и Сенна, на Гран-при Бразилии. И победил. Тем не менее в 1987-м Просту лишь на отдельных Гран-при удалось навязывать борьбу «Уильямсам». По итогам сезона он стал лишь четвертым, уступив Сенне, на чьем «Лотусе» теперь стоял двигатель от компании Honda.

А 1988 году «Макларен» получает наконец двигатели от японского концерна, а с ними и Сенну — уже Волшебника и Человека дождя. И он уже сказал: «Побеждать — это как наркотик. Никогда, ни при каких обстоятельствах я не могу простить себе второго или третьего места». Любовь к гонкам и желание всегда быть первым — два чувства, которым Сенна подчинил свою жизнь.

Резкий, часто агрессивный в гонке, таким же он был и в общении с коллегами по «Формуле», с журналистами, со всем миром, кроме своей семьи и своих болельщиков. Столько фанатичных поклонников и ярых противников не было ни у кого из пилотов «Формулы-1», но даже противники не могли отрицать его талант. Сенна действительно был гонщиком от бога, не только гениальным водителем, но и игроком, одержимым азартом победы.

А еще он был истово верующим христианином и полагал, что вера оберегает его от несчастья и делает неуязвимым. К тому, что он подвергает смертельной опасности не только себя, но и других, Айртон, в сущности, относился с безразличием. Машины соперников, которые мешали ему первым прийти к финишу, он буквально вышвыривал собственной машиной с трека. На гонщика, который помешал ему прийти первым, он мог после заезда совершенно всерьез наброситься с кулаками.

Грандиозная дуэль Сенны и Проста 1988—1989 годов расколола надвое весь мир «Формулы-1». Других команд тогда словно не существовало. Был только «Макларен» и два непримиримых противника — Сенна и Прост. Бразилец стартовал с поул-позиций[1] почти на всех этапах, только на родном кольце «Поль Рикар» Ален дважды смог показать лучшее время. В 1988 году дуэт Сенна — Прост выиграл 15 гонок из 16, причем счет был 8:7 в пользу бразильца.

Сказать, что пилоты недолюбливали друг друга, значит не сказать ничего. Мало кто ожидал, что на следующий год Прост останется в команде. Но другой возможности добиться реванша не было. А поскольку директор «Макларен» Рон Деннис, несмотря на давление японцев, все же симпатизировал Просту, тот остался.

Маленький француз, объясняя журналистам нюансы гонок, не стесняясь, говорил о том, что заведомо проигрывает Сенне на трассах, огороженных бетонным отбойником, но обходит его там, где на поворотах есть зоны безопасности. В этом было главное различие между ними. Прост — отличный турнирный боец, великолепный пилот с тонким чувством машины, расчетливый, выдержанный и обладающий мощным чувством самосохранения, которое, однако, не мешало ему побеждать. Сенна — не менее талантливый гонщик, но его стиль — агрессивная езда, часто на грани фола. Коронный прием бразильца: идя на обгон перед поворотом, он опасно подрезает обгоняемого, заставляя того экс-

---

[1] Поул-позиция (поул) — первое место на стартовой решетке в авто- и мотоспорте, расстановка на которой определяется в квалификации — предварительных заездах. — *Прим. ред.*

тренно тормозить, и обычно этот маневр проходит — большинство пилотов не хотят лишний раз рисковать.

Квинтэссенцией чемпионата 1989 года стал последний, японский, этап. Прост лидировал, и лишь победы в обеих заключительных гонках давали Сенне шанс отстоять титул. До финиша на трассе «Сузука» оставалось семь кругов, Прост шел на первом месте, Сенна, в который уже раз, пытался обогнать его на входе в поворот. Но на сей раз излюбленный маневр не удался: француз не уступил, как это случалось раньше, и не стал тормозить. Сцепившись, обе машины вылетели на обочину и замерли. Надо отдать должное Просту, который вовсе не «завелся», а совершенно хладнокровно позволил бразильцу ударить себя. Он все рассчитал и, видимо, просто решил наказать Сенну, понимая, что при обоюдном сходе с трассы победа в чемпионате будет за ним. Упорный бразилец умудрился с помощью пожарных освободить свою машину и блестяще финишировать, вырвавшись на последних метрах в лидеры, но по окончании гонки был дисквалифицирован за опасную езду — Прост в третий раз стал чемпионом мира.

После этого инцидента атмосфера в команде, понятно, не улучшилась, впрочем, еще раньше было объявлено, что Прост переходит в «Феррари». В следующем сезоне ситуация повторилась с точностью до наоборот. На той же японской трассе теперь уже Просту нужна была победа, чтобы догнать по числу очков Сенну. На первом же после старта повороте бразилец, не заботясь о приличиях, откровенно выпихнул «Феррари» Проста с трассы. На сей раз дисквалификации не последовало, в чемпионате победил Сенна. Через год свой третий титул он выиграл безоговорочно, очередная модель «Феррари» получилась неудачной и не позволила Просту подняться выше пятого места.

После этого Профессор решил взять «академический отпуск», поскольку, по его словам, хотел отдохнуть от сумасшедшей жизни гонщика. Но все прекрасно понимали, что он просто не видит команды, выступая за которую можно было бы бороться с Сенной.

Пока Прост комментировал этапы «Формулы-1» для французского телевидения, такая команда появилась: «Уильямс» с моторами Renault прервал монополию «Макларен-Хонды». Пилоты команды заняли первое и второе места. Не успел закончиться сезон, как было объявлено, что на следующий год первым пилотом «Уильямса» будет Ален Прост. Ради него Фрэнк Уильямс, хозяин конюшни, пренебрег даже «царствующим» чемпионом Мэнселлом, который, оскорбившись, ушел гоняться в американский Indycar.

В 1993 году все с замиранием сердца ожидали продолжения борьбы Профессора и Волшебника. Но Сенна уже находился в заведомо проигрышном положении: «Макларен» лишился превосходства, которое несколько сезонов обеспечивали двигатели Honda, а с мотором от Ford бороться против чемпионского Уильямс-Рено было бессмысленно. «В квалификациях мне приходится ехать за пределом собственных возможностей, чтобы догнать "Уильямс", и, выходя из машины, я радуюсь, что остался цел», — говорил тогда Айртон. «Не очень приятно постоянно рисковать жизнью, чтобы попасть в первый ряд на старте. Рано или поздно спрашиваешь себя — зачем? В конце концов, даже если я вырываюсь вперед со старта, это недолго развлекает публику, вскоре оба "Уильямса" меня обгоняют. Знаете, просто в такие моменты тобой управляет сердце, а не разум».

Не умея смириться с поражением, Сенна буквально на себе тащил злополучный «Макларен» к финишу. И снова дождь помогал ему — дома в Бразилии, в Монте-Карло, где он побил рекорд Грэма Хилла, победив в шестой раз, в Японии... В Донингтон-парке, в Англии, Сенна стартовал четвертым. Впереди были Прост и Дэймон Хилл на «Уильямсах» и Михаэль Шумахер на «Бенеттоне». Но это была гонка Человека дождя.

Сразу после старта Хилл выдавил Шумахера на внешнюю сторону трассы, а тот, в свою очередь, выдавил Сенну. В этот момент Вендлингер, стартовавший пятым, смог обойти по внутренней траектории и Сенну, и Шумахера.

Сенна резко ушел внутрь первого поворота и по «классической» траектории прошел Шумахера, а потом сделал то, на что не решился бы ни один гонщик: вернулся на внешнюю траекторию. Это было абсурдом, заведомо проигрышным маневром — поворот выходил длиннее, так не ездил никто. Но Сенна просто промелькнул мимо Вендлингера в повороте и успел занять нужную позицию перед следующим правым поворотом. Скорее всего, сцепление с трассой на внешней стороне было намного лучше, чем на внутренней, и Сенна оказался единственным из гонщиков, кто смог это предугадать.

Затем он обошел сначала Хилла, а затем Проста и к концу первого круга уже был на первом месте. Многие эксперты потом говорили, что это был лучший первый круг гонки, который они когда-либо видели. Дождь то прекращался, то начинался снова, гонщики постоянно меняли резину, а Сенна несколько раз затягивал смену, продолжая ехать по мокрой трассе на сликах.

Лучший круг гонки Сенна тоже показал так, как не делал до него никто, — он проехал через пит-лейн, не останавливаясь, а по пути еще и помахал своим механикам. Путь через пит-лейн был короче, а скорость перед боксами тогда не сбрасывали. Комментаторы оживленно бросились обсуждать очередную экстравагантную выходку бразильца. Но после гонки Айртон объяснил, что это вышло случайно — он собирался сменить дождевую резину на слик[1], но, уже свернув на пит-лейн, заметил, что дождь пошел снова, и решил продолжить гонку на дождевой. Поприветствовать механиков, по его словам, было в этой ситуации совершенно естественным, а о лучшем круге Айртон вообще не думал.

На финише в одном круге с Сенной был только Хилл, отставший на 80 секунд.

1993 год принес Айртону Сенне пять побед на этапах, всего на две меньше, чем у Проста, и второе место в чемпионате. Профессор, хотя многие и считают сезон 1993 года не лучшим в его карьере, между тем обеспечил себе уверенную досрочную победу и уходил в зените славы.

Никто, кроме самого Проста, похоже, не был рад. Даже поклонники Сенны, думается, чувствовали, какой потерей для «Больших призов» станет уход Профессора. Да и сам бразилец, уже трехкратный чемпион, остепенившийся, сменивший агрессивную манеру езды на филигранную технику, в душе вряд ли был доволен тем, что его вечный оппонент подался на покой. Ведь он остался последним из чемпионской когорты, а вместе с Простом уходила целая эпоха. Возможно, этот переломный момент и определил дальнейшую трагическую судьбу Сенны, но это уже другая история.

Как и история другого известного противостояния в мотоспорте, к счастью, не настолько трагического. Замечательного итальянского мотоциклиста Массимилано Бьяджи по прозвищу Безумный Макс обожали на родине. К началу XXI века он как раз вступил в пору спортивного расцвета и наверняка стал бы чемпионом мира, не появись в шоссейно-кольцевых мотогонках вун-

---

[1] Слик — абсолютно гладкий тип резины покрышек, без канавок и протекторов. Увеличивает сцепление с дорогой, но при этом изнашивается (стирается) быстрее, чем «дождевая» резина с характерным рисунком протектора. С 1998 по 2008 год слики в «Формуле-1» были запрещены. — *Прим. ред.*

деркинд Валентино Росси. Но Росси появился, и максимум, чего удалось добиться Бьяджи, — это стать вторым.

Они почему-то сразу невзлюбили друг друга. Росси вспоминал, как, еще будучи ребенком, смотрел мотогонки по телевизору и отчего-то испытывал безумную антипатию к Бьяджи: «Даже не знаю отчего, но мне ни разу не захотелось с ним пообщаться. Тогда он начал говорить обо мне гадкие вещи в прессе».

В истории взаимоотношений двух кумиров Италии было немало любопытного. Была, скажем, гонка в Японии в 2001 году, когда оба ехали бок о бок, выталкивая друг друга за обочину, и Росси, по собственному признанию, ощутил себя мотокроссменом — только рубящимся на скорости не 60, а 220 км/ч. Он выиграл ту борьбу и, уезжая от Бьяджи, сделал неприличный жест рукой в его адрес. Был еще круг почета Росси с привязанной куклой Клаудии Шиффер за спиной — намек на нашумевший роман противника с Наоми Кэмпбелл.

Подобные эскапады — все-таки экзотика. Для хорошей драмы обычно вполне достаточно самого по себе спортивного содержания дуэлей. Так, схватку прыгунов в высоту Валерия Брумеля и Джона Томаса называли суперсерией еще за 10 лет до хоккейной битвы 1972 года. Советский спортсмен четырежды обыграл противника при том, что однажды — на Stanford Stadium — за американца болели 100 000 человек, а в другой раз — в знаменитом нью-йоркском Мэдисон-сквер-гарден — состязаться пришлось в совершенно непривычных для Валерия Брумеля условиях: публика курила, а во время прыжков, чтобы «завести» зрителей, играл джаз.

Спустя год за советским прыгуном наблюдали 100 000 человек уже в Москве, в «Лужниках» (в СССР прыжки в высоту, как и в США, в те годы были культовым видом спорта). И в очередной своей победной дуэли с Томасом Брумель взял 2,28, установив феноменальный мировой рекорд, который сравнивали с полетом в космос Юрия Гагарина.

Злым гением для Томаса Брумель стал еще до той суперсерии, опередив американца в 1960 году на Олимпиаде в Риме. Но самое болезненное поражение от великого российского прыгуна американец потерпел на следующих Играх — в Токио. В день финала шел дождь. И, как писали потом местные газеты, создавалось впечатление, что, чем сильнее он лил и чем труднее становилось разбегаться по гаревой дорожке, тем увереннее чувствовал себя Брумель. Они с Томасом в итоге остановились на одинаковой высоте — 2,18, но у спортсмена из СССР, выступавшего под 666-м номером, было на попытку меньше.

В начале XX века на первый план вышли девушки. Девушки с шестом. Что для американской легкой атлетики было, в принципе, довольно странно. Культ американцев в легкой атлетике — это спринт, но никак не шест. Но женский шест включили в олимпийскую программу, а для американцев медаль Олимпиады, в каком бы виде спорта она ни была добыта, — еще бо́льший культ.

Сидней, точнее, добытое там «золото», полностью изменил жизнь калифорнийской девушки. Дело не в премиальных, заработанных там Стэйси Драгилой, и не в роскошных рекламных контрактах. В том же 2000 году она, мировая рекордсменка и олимпийская чемпионка, получила еще одну награду, которая, возможно, даже ценнее, чем «золото» Сиднея, — приз Джесси Оуэнса: он вручается лучшему легкоатлету сезона.

Спустя год после ее олимпийской победы турнир прыгуний с шестом на чемпионате мира в Эдмонтоне держал в напряжении весь стадион. Никто не ожидал, что молодая российская прыгунья Светлана Феофанова будет почти на равных с непобедимой американкой. Почти — это потому, что одну из своих попыток, на 4,65, она все-таки сорвала. В итоге, правда, добралась до той же отметки, что и Драгила, — 4,75, но для победы этого оказалось мало. Нужно было прыгать на мировой рекорд. Высота 4,82 не покорилась ни Светлане Феофановой, ни Стэйси Драгиле, которая чемпионкой все равно стала.

Тогда москвичка с удивительной непосредственностью, граничащей с наглостью, рассуждала об огрехах в технике Стэйси Драгилы, которая многим казалась идеальной: «Она посредственно выполняет первую фазу прыжка — компенсирует все на второй».

И на следующий год Светлана Феофанова доказала, что «наглела» не на пустом месте, в течение четырех февральских недель установив пять мировых рекордов для закрытых помещений! Еще два «зимних» достижения она добавила в свою коллекцию с началом нового сезона. Ее лучший результат (4,77) и летний мировой рекорд Драгилы разделяли всего четыре сантиметра. Американка на чемпионате США 2 марта вернула себе «зимний» рекорд — 4,78. До чемпионата мира в Бирмингеме, который должен был решить, кто из них сильнее, оставалось чуть больше недели.

Но... никакой битвы в Бирмингеме не вышло. Драгила не взяла смешную для себя квалификационную высоту 4,30. «Я старалась компенсировать отсутствие Стэйси и прыгала в полную силу», — шутила Феофанова в ответ на вопрос, почему ей удалось внешне так легко взять новую «зимнюю» рекордную высоту — 4,80. В Бирмингеме поговаривали, что к «настоящим» прыжкам лучшие спортсменки подберутся поближе уже в августе, на летнем чемпионате мира 2003 года в Париже. Там и ожидалась главная дуэль Светланы Феофановой и Стэйси Драгилы.

> А ТО СИДЯТ НЕКОТОРЫЕ РЯДОМ. СМОТРЯТ. Я ЖЕ ТОЖЕ ВСЕ ВИЖУ — ПЕРИФЕРИЧЕСКИМ ЗРЕНИЕМ СВОИМ. НО МОИХ ГЛАЗ ОНИ НЕ ВИДЯТ.
>
> ЕЛЕНА ИСИНБАЕВА О СОПЕРНИЦАХ

И она состоялась. Вот только вместо Драгилы, выбывшей достаточно рано — американке не покорилась высота 4,60 («спотыкаться» она начала еще раньше: едва не сбила планку на 4,55), — основными соперницами Феофановой были уже немка Анника Беккер и совсем еще молодая Елена Исинбаева. Светлана, между прочим, вышла в сектор с высокой температурой и забитыми бронхами. В таком состоянии показан постельный режим, а не финал чемпионата мира. Обычно живая и задорная, выглядела Феофанова не лучшим образом. Особенно бросалось в глаза ее осунувшееся, бледное лицо, на котором ярче обычного проступали веснушки.

После нервной «перестрелки» на отметке 4,70 Светлана с большим запасом взяла 4,75, показав, что может, если надо, прыгнуть и выше. Исинбаева и Беккер сдались на милость победительницы. Все, можно вздохнуть с облегчением. И вслед за рыдающей на плече тренера Исинбаевой расплакалась и железная Феофанова, обычно скрывающая от всех свои эмоции. Она все же взяла себя в руки и даже попросила судей установить планку на сантиметр выше мирового рекорда — 4,83, но в последний момент отказалась от штурма этой вершины.

Следующий сезон вошел в историю женского прыжка с шестом как сезон поединка Феофановой и Исинбаевой. Подхлестываемые соперничеством друг с другом, обе спортсменки устанавливали один мировой рекорд за другим. Большой финал состоялся на Олимпийских играх — 2004 в Афинах. После того как Исинбаева не взяла 4,70 и 4,75, казалось, что Феофановой ничто не помешает стать олимпийской чемпионкой. До высоты 4,75 у нее не было ни одной осечки. Однако Елена прыгнула на 4,80, а Светлана провалила все последующие попытки и осталась с серебром. В итоге Исинбаева выиграла с мировым рекордом 4,91 м.

Шахматы многие отказываются считать спортом — и совершенно напрасно. Драматизм противостояния там не меньше, чем в боксе, а сложность и точность расчета вкупе с ценой принимаемых решений не уступают «формулическому». И пусть за доской сантиметры или секунды не имеют такого значения, как в легкой атлетике, напряжение в шахматных дуэлях не ниже, чем на беговой дорожке или в прыжковом секторе.

Поистине монументальным противостоянием стали матчи Анатолия Карпова и Гарри Каспарова. Они сражались за звание чемпиона мира пять раз — больше, чем какая-либо другая пара соперников. Первый матч (начался 10 сентября 1984 года) вроде бы не предвещал для чемпиона особых проблем — при регламенте до шести побед Карпов вел 5:0. Но этот матч стал рекордным по продолжительности.

Выиграть шестую партию Карпов так и не сумел. Каспаров выдержал натиск, сделал серию ничьих, а потом начал выигрывать. После 48 партий, при счете 5:3 в пользу Карпова, матч был прерван вопреки яростным возражениям Каспарова. Официальной причиной его прекращения была названа забота о здоровье игроков. С этого момента система бессрочных матчей была упразднена и заменена на матч из 24 партий. При счете 12:12 чемпион сохранял титул.

Я ПРЕДПОЧИТАЮ ТАКИХ ШЛЮХ, КАК ТВОЯ СЕСТРА.

МАРКО МАТЕРАЦЦИ ЗИНЕДИНУ ЗИДАНУ

Второй матч между Анатолием Карповым и Гарри Каспаровым состоялся с 1 сентября по 10 ноября 1985 года в Москве. Каспаров победил со счетом 13:11 и стал 13-м — и самым молодым в истории — чемпионом мира по шахматам. Он победил и в матч-реванше, а также отстоял свой титул еще в двух матчах. В 1987 году в Севилье, перед последней партией Карпов вел + 1, но Каспаров переиграл Карпова его же оружием, хладнокровно наращивая позиционное давление и виртуозно используя малейшие помарки противника.

В 2002 году непримиримые соперники встретились вновь, и Карпову удалось победить Каспарова в неофициальном матче из четырех партий со счетом 2,5:1,5.

Матчи Карпова с Каспаровым были не только шахматным противостоянием — они достаточно быстро, по крайней мере в глазах широкой публики, превратились в нечто большее. И дело не только в том, что одним из последствий этих матчей стала реформа (а по сути, развал) Международной шахматной федерации (ФИДЕ) и раскол в мировом шахматном движении (почти 10 лет ФИДЕ лихорадило, и лишь к началу XXI века организация восстановилась). Для многих Карпов был продуктом и агентом советской системы, а Каспаров — представителем нового, демократического мира. В их противостоянии многие видели символ драматических перемен, которые переживал СССР, да и весь мир в конце XX века. Трудно сказать, помогала ли такая трактовка развитию шахмат. Вообще, когда противостояние спортсменов выходит за рамки спорта, спорт, как правило, страдает. Хотя само столкновение запоминается надолго.

Сейчас уже вряд ли кто-то, кроме специалистов, скажет, кто именно забивал в основное время в финале чемпионата мира по футболу 2006 года. Но то, что произошло на 109-й минуте матча, помнят многие.

В центре поля капитан французской команды и трижды лучший футболист мира Зинедин Зидан боднул защитника итальянцев Марко Матерацци в грудь. Тот рухнул на газон (французы в тот момент серьезно «поддавливали» итальянцев). Главный арбитр не видел эпизода, но, посовещавшись со своим помощником, который наблюдал инцидент лично со своей позиции на бровке, показал Зидану красную карточку.

Целый год вопрос, что же Матерацци сказал Зидану, будоражил умы. Сам итальянский провокатор даже выпустил книгу «Что я на самом деле сказал Зидану», в которой привел 250 версий фразы разной степени остроумности. Через год, 20 августа 2007 года, в интервью итальянскому журналу *Sorrisi and Canzoni* он признался. Фраза звучала так: «Я предпочитаю таких шлюх, как твоя сестра».

Голы, кстати, в том матче забили Зинедин Зидан на седьмой минуте и Марко Матерацци — на 19-й. Итальянцы победили в серии пенальти.

Противостояние команд

- Суперсерия-1972: Канада — СССР
- «Эль Класико»: «Барселона» — «Реал»
- Противостояние команд-«династий» в НБА
- Командные драки на спортивном поле

о сентября 1972 года хоккейные турниры делились четко: одни — только для профессионалов, другие — только для любителей. Но после суперсерии Канада — СССР хоккейный мир начал меняться.

Это был хоккей высшей пробы, турнир, равного которому не будет уже, наверное, никогда. Хотя бы потому, что исход спора, длившегося 480 минут, или 28 800 секунд «чистого времени», определился лишь за 34 секунды до финальной сирены восьмого и последнего матча серии. Почти каждая из восьми встреч сборных Канады и СССР собирала около 100 млн телезрителей в Советском Союзе и порядка 25 млн — в Канаде и США, не считая еще нескольких миллионов болельщиков, приникавших к телеэкранам в Европе.

«Для сборной СССР любое место, кроме первого, — провал». С середины 60-х годов в Советском Союзе это была практически официальная оценка итогов международных соревнований по хоккею. В Канаде на государственном уровне так формулировали вряд ли. Не было смысла. Вообще не было смысла сравнивать, соревноваться. Канадский хоккей — лучший в мире, это аксиома.

Впрочем, к началу 70-х годов канадцы уже были готовы вести разговоры о встрече сборной СССР с профессионалами. И весной 1972 года официальное соглашение о встрече хоккеистов НХЛ с советской сборной было подписано.

В Торонто и в Москве появились тренеры-разведчики соперников. Отчет канадской разведки был уничтожающим для сборной СССР. В пух и прах было раскритиковано все — передачи, броски, манера атаки и все, включая молодого вратаря Владислава Третьяка. Вместе с тем канадцы всерьез опасались, что «русские тренеры... наверняка загонят все полученные у нас данные в электронную машину и получат рекомендацию, как остановить Фила Эспозито...»

Советским тренерам же было совершенно непонятно, как такие закоренелые нарушители режима («после тренировки куда-то разъезжаются», «к отбою возвращаются не все») вообще ухитряются играть. Однако аура энхаэловского хоккея действовала даже на самых ярых поборников дисциплины: «Есть у канадцев один форвард, — рассказывали «разведчики». — Не руки — рычаги! Бросок мощнейший! Обводка — на широченной амплитуде... Похож на нашего Сашу Якушева, но, конечно, куда сильнее!»

Едва ли не вся Канада требовала от своих кумиров победы в Серии со счетом 8:0. Не смущало поклонников ни отсутствие Бобби Халла, ни травма Бобби Орра, одного из самых ярких игроков НХЛ за всю ее историю. Тем более что всех остальных лучших канадские тренеры получили.

В одной тройке были собраны звезды: центрфорвард Фил Эспозито и края из «Монреаля» — Курнуайе с Фрэнком Маховличем. Была и сыгранная тройка из «Рейнджерс» — Джильберт, Рателль и Хэдфилд. А еще — Пол Хендерсон и Рон Эллис из «Торонто» и пусть уже сходящая, но все еще яркая звезда — Стэн Микита из «Чикаго». А еще — Бред Парк и Род Силинг, Ги Лапойнт и Серж Савар, Тони Эспозито и Кен Драйден.

В состав команды Всеволода Боброва и Сергея Кулагина также вошли лучшие. Владислав Третьяк и Владимир Шаповалов, Александр Рагулин и Виктор Кузькин, Владимир Лутченко и Геннадий Цыганков, Валерий Васильев и Валерий Харламов, Борис Михайлов и Владимир Петров, Владимир Шадрин и Вячеслав Старшинов, Александр Мальцев и Александр Бодунов — легенды советского хоккея. Не было, правда, Анатолия Фирсова — одного из лучших форвардов СССР поколения 60-х. Он выступал за возвращение в сборную прежнего тренера, Анатолия Тарасова, за что и был отлучен от команды.

После того, что русские сделали с нами в нашей игре здесь, в Канаде, боюсь, в спорте не осталось ничего святого.

Фрэнк Маховлич, левый край «Монреаль Канадиенс»,
о Суперсерии-72

Сборная СССР прилетела в Монреаль 30 августа, а утром следующего дня хоккеисты вышли на лед тренировочного катка «Канадиенс». Суперсерия началась, хотя до официального вбрасывания было еще двое суток. И первая победа была за сборной СССР — посетившие очередную тренировку советской команды в монреальском «Форуме» канадцы стали жертвами мистификации, а точнее — военной хитрости. Они увидели корявых нападающих, которые не могут как следует бросить шайбу, неуклюжих, едва держащихся на ногах в резких поворотах защитников...

Потом, уже вечером 2-го сентября, канадцы признали, что тренеры и игроки советской команды их одурачили. Но претензий не предъявили — «на войне, как на войне».

2 сентября хитрости закончились. К 19.00 монреальский «Форум» был переполнен. Премьер-министр Канады Трюдо произвел символическое вбрасывание. А через 30 секунд после того, как шайба была введена в игру арбитрами, Фил Эспозито открыл счет, добив шайбу в ворота Третьяка. Описать, что творилось в это время в «Форуме», просто невозможно.

Еще через шесть минут, казалось, стены «Форума» рухнут — Кларк выиграл вбрасывание, отбросил шайбу Хендерсону, на мгновенный бросок которого Третьяк даже не успел среагировать, — 2:0.

В ЭТОТ ВЕЧЕР МЫ БЫЛИ СИЛЬНЕЕ.

КЕН ДРАЙДЕН, ВРАТАРЬ «МОНРЕАЛЬ КАНАДИЕНС»,
О РЕШАЮЩЕМ МАТЧЕ СУПЕРСЕРИИ-72

Канада ждала разгрома. Дик Беддос — журналист торонтской газеты *The Globe and Mail* — перед началом серии заявил, что съест свою статью, если русские выиграют хотя бы один матч. И Канада дождалась. Наши пришли в себя, и вот уже Якушев из выгоднейшей позиции... пасует, вопреки всем канонам канадского хоккея, на дальнюю штангу. Зимин переправляет шайбу в пустой угол — 2:1. Через шесть минут, когда наша команда играет в меньшинстве, Михайлов перехватывает неспешный перепас канадских защитников и уносится к воротам Драйдена вместе с Петровым. Бросок, добивание Петрова — 2:2.

Во втором периоде чудеса продолжаются. Владислав Третьяк играючи расправляется с канадскими звездами. А наши забивают. Гениальный Харламов, как от стоячего, уходит от Джильберта, финтом обыгрывает медлительного Оури и застает Драйдена врасплох — тот пропускает шайбу между щитков. Через восемь минут Харламов исполняет то же самое «на бис» — Драйден вновь не ожидает броска (Харламов мастерски умел бросать, не закончив обводки) и вновь пропускает.

В третьем периоде Кларк сократил разрыв, но сил у канадцев больше не осталось. Последние семь минут игра идет в одни ворота. Михайлов, Зимин и Якушев доводят счет до разгромного — 7:3.

Канада в шоке. Журналисты в трауре: «Дебютируя в хоккее мирового масштаба, наши изнеженные любимчики профессионалы действовали так, будто их только что познакомили друг с другом...» Кен Драйден в сравнении с Владиславом Третьяком выглядел любителем. Защитники после быстрых, в одно касание, передач советских форвардов не знали, куда бежать. Канадские же форварды были хороши разве что для традиционных матчей «Олл старз». Но в игре против сборной СССР, отлично, по отлаженной годами системе подготовившейся к серии, сольные номера не проходили.

Дик Беддос, кстати, оказался человеком слова. Он закусил газетой со статьей, макая ее в тарелку борща, на ступеньках советского консульства в Торонто.

Синден основательно перетряхнул команду. Во втором матче суперсерии канадцы отказались от хоккейных изысков в стиле матчей «всех звезд» — и преуспели. Они вбрасывали шайбу в зону команды СССР, выигрывали борьбу у бортов и «грузили на пятак». Третьяк долго выручал, но сначала не справился с броском Фила Эспозито с хода, а потом в большинстве наши зевнули индивидуальный проход Пита Маховлича. Он ушел от защитников, серией финтов выманил из ворот Третьяка и этак небрежно — мол, полюбуйтесь, каков я — переправил шайбу в сетку. Зрелище впечатляло. Как и зрелище еще одного гола, забитого через две минуты Маховличем-старшим.

Однако уже в третьем матче канадский «форчекинг» (давление в зоне соперника) принес им лишь ничью — наши вновь отыгрались, уступая две шайбы. Героями последней двадцатиминутки стали вратари. За 13 секунд до финальной сирены Тони Эспозито спас канадцев после броска Мальцева. Третьяк же, парировавший за игру 38 бросков, под занавес переиграл и Хендерсона — бросок последнего метров с трех был из числа не берущихся.

Последний матч канадской серии растерянные профи проиграли как-то уж совсем не по-канадски. Уже через восемь минут сборная СССР вела 2:0 и не позволила усомниться в своей победе ни на минуту, закономерно выиграв со счетом 5:3. И вновь Третьяк был куда сильнее Драйдена, а трем атакующим звеньям советской команды хоть что-то противопоставить мог только Фил Эспозито со своими новыми краями, так что счет был вполне по игре.

Неутешительный для Канады итог первой половины Суперсерии подвел Фрэнк Маховлич: «Я готов поверить теперь во что угодно. После того, что русские сделали с нами в нашей игре здесь, в Канаде, боюсь, в спорте не осталось ничего святого. Если их кто-нибудь ознакомит с американским футболом, они через два года разгромят "Далласских ковбоев" и выиграют первый приз».

Через две недели канадцы, поигравшие в Швеции, чтобы привыкнуть к европейским площадкам, прилетели в СССР. И были снова биты. 22 сентября во Дворце спорта в Лужниках яблоку было негде упасть. Перед началом поединка, во время объявления составов, Фил Эспозито поскользнулся и упал прямо на пятую точку. Однако канадец не растерялся и, встав на одно колено, отдал поклон болельщикам, заслужив тем самым аплодисменты. Третьяк потом по этому поводу вспоминал: «Если бы я или кто-либо другой из моих одноклубников упал вот так, то мы не нашли бы себе места со стыда. Мы бы никогда не сделали так, как Фил Эспозито, — как артист, с такой элегантностью».

В правительственной ложе расположился давно благоволивший к хоккею Леонид Брежнев с ближайшими соратниками. На их глазах канадцы рванулись в атаку и к началу третьего периода вели 3:0. Жесткая силовая борьба, навязанная канадцами, не давала развернуться нашим защитникам. Первый пас не шел. Назревал скандал, подобный канадскому, но с противоположным знаком.

Но Сергей Кулагин еще после канадских матчей замечал, что профессионалов на три периода не хватает. И в середине третьего периода канадцы ушли в глухую оборону, но это не помогло. За 11 минут в их ворота влетело четыре шайбы. Итог матчу подвел Викулов. Красиво выиграв единоборство в углу канадской зоны, он вышел один на один с Тони Эспозито и спокойно переиграл голкипера — 5:4 в нашу пользу.

Перед вторым матчем московской части серии-72 уже поклонники сборной СССР требовали от своих любимцев победы во всех четырех матчах в Лужниках. Уже и некоторые советские хоккеисты начали поглядывать на профессионалов сверху вниз. Тогда как канадцам, припертым к стене, не оставалось ничего иного, как выиграть все оставшиеся встречи.

По сути, три последних матча серии-72 превратились в серии игр плей-офф Кубка Стэнли — вот тогда канадцы сумели раскрыться по-настоящему. Гарри Синден избрал во втором московском матче тактику игры «от обороны». Наши атаковали непрерывно, канадцы шесть минут провели в меньшинстве, но Драйден был непробиваем. Во втором наши забили, но только один раз. Канадцы же сделали это трижды. За 83 секунды. И удержали победный счет в третьем.

Но главная проблема для сборной СССР была не в этом. А в том, что мы остались без Харламова. Бобби Кларк, заработавший за это в Советском Союзе славу едва ли не главного хоккейного хулигана, ударом клюшки сломал Валерию Харламову лодыжку. Джон Фергюсон, помощник старшего тренера сборной Канады, много лет спустя вспоминал: «Харламов нас просто убивал. Я сказал Кларку: "Мне кажется, нам нужно стукануть его по лодыжке". Я ни на секунду не сомневался». Позже Кларк признал: «Если бы я иногда не прикладывал их "двуручником", я бы до сих пор куковал в деревне Флин Флон». Сам Харламов на вопрос, умышленно ли бил его тогда Кларк, никогда не отвечал.

Страсти накалились еще больше, что вкупе с предвзятым, по мнению канадцев, судейством едва не привело к срыву Серии. Судья Йозеф Компалла из ФРГ, кстати, грязного приема Кларка не запомнил, хотя и удалил того до конца матча. Для канадцев немец так и остался «парнем, испортившим шестой и восьмой матчи», за что в самолете Москва — Прага, которым Компалла после суперсерии неосмотрительно летел вместе со сборной Канады, они его и поколотили.

Точно сказать, были ли европейские судьи «заряжены» перед московской частью суперсерии, вряд ли кто-нибудь рискнет даже сейчас. После шестого матча канадцы потребовали заменить немцев — в противном случае, пригрозили они, сборная Канады на лед не выйдет. Дипломатическую битву выиграла советская сторона. Но если в Канаде американские арбитры в совокупности выписали хозяевам 40 минут штрафа, а гостям — 33, то в Москве канадцы получили 107, сборная СССР — 51.

Как бы то ни было, успех в шестом матче канадцев явно воодушевил, и в седьмом они чувствовали себя уже гораздо увереннее. Солировали два брата Эспозито — Тони на канадских воротах и Фил — у противоположных. С ним ничего не могли поделать ни наши защитники, ни персональный «сторож» Евгений Мишаков, неоднократно выключавший из игры знаменитого центрфорварда спартаковцев Вячеслава Старшинова.

Матч был равным. Заканчивалась 58-я минута (счет был 3:3), когда Савар, увидев уже набравшего скорость Хендерсона, дал ему великолепный пас на выход. Канадец финтом обманул защитника Цыганкова, выкатился к воротам Третьяка и вонзил шайбу под перекладину. 4:3. Канадцы совершили почти невозможное — сравняли счет в суперсерии-72. И последний матч действительно становился матчем плей-офф.

В нем Гарри Синден сделал ставку на Кена Драйдена — вратарский вопрос в суперсерии оказался для канадцев самым болезненным, — хотя тот и выглядел послабее Тони Эспозито. Борис Кулагин же попросил выйти на лед Валерия Харламова, поскольку был уверен, что канадцы прикрепят к нему опекуна, развязав тем самым руки его партнерам. Валерий, естественно, согласился.

Обстановка была накалена до предела. При счете 1:0 в пользу сборной СССР Компалла наказал Паризе за весьма спорную блокировку соперника, не владеющего шайбой. Жан-Поль ответил, естественно, отнюдь не на дипломатическом языке, за что получил к двум минутам штрафа еще 10-минутную добавку от второго судьи — представителя Чехословакии Рудольфа Бати. И тогда разъяренный канадец взмахнул клюшкой, чтобы снести немцу голову, но в последний момент обрушил ее на борт. После чего был удален до конца игры.

Со скамьи сборной Канады на лед полетели перчатки, клюшки и даже стулья. Пока все это убирали со льда, страсти несколько улеглись. А потом Эспозито сравнял счет. «Рубка» практически на равных продолжалась до конца второго периода, когда наши повели 5:3. На последних минутах периода счет мог стать разгромным. Однако ни Блинов, ни Шадрин не сумели переиграть канадского голкипера. На этом наши успокоились.

И напрасно. Потому что оставался еще Фил Эспозито. Он тащил на себе канадцев. Он почти не покидал льда. Играл с самыми разными партнерами. И остановить его хоккеисты сборной СССР оказались не в состоянии.

На 43-й минуте Фил сократил разрыв. А еще через 10 минут шайба после серии рикошетов попала к Курнуайе. Тот моментально переправил ее в сетку. Однако арбитр... не зажег красный фонарь за воротами сборной СССР. Гол был настолько очевиден для всех, что попытка «не заметить» его выглядела откровенно нелепой. Алан Иглсон — руководитель канадской делегации — побежал вокруг площадки к арбитру за воротами, дабы, как потом говорил сам Алан, «всыпать ему как следует». Несколько милицейских чинов перехватили Иглсона и попытались «под белы руки» увести куда-то в подтрибунные помещения.

Канадские игроки быстро пересекли площадку и отбили Иглсона у милиции, проведя его прямо по льду на свою скамейку запасных. Но угрожающе молчаливые серо-синие милицейские колонны прочно заняли свои позиции во всех проходах. И начни тренеры или игроки сборной СССР публично оспаривать гол, неизвестно, чем бы все кончилось. Но наши спортсмены повели себя достойно, и вскоре на табло Дворца спорта все же появились цифры 5:5.

Этот счет, приносивший общую победу в суперсерии — благодаря лучшей разнице шайб — сборной СССР, держался до последней минуты. Канадцы атаковали все более неистово. И за 34 секунды до конца матча произошел, как говорят в Канаде, «самый величайший момент в спортивной истории страны». Курнуайе, перехватив шайбу, отдал ее Полу Хендерсону. Однако пас прошел мимо — Хендерсона в это время впечатали в лед. Шайбу подобрал Фил Эспозито и бросил ее в Третьяка. Тот легко отбил первый бросок, но в этот момент Хендерсон уже поднялся на ноги и завладел отскоком. Он бросил — Третьяк снова отбил, но Хендерсон все же добил шайбу в ворота.

«Я помню, — писал потом Драйден, — я видел, как она вошла! Но красный фонарь за воротами русской сборной опять не зажегся. Однако теперь ни у кого из нас не было сомнений, что все свершилось. Оставшиеся 34 секунды мы оборонялись, как одержимые, не дав русским ни разу как следует бросить по воротам. Конец. 6:5...»

В коротком экспресс-интервью после этой встречи на вопрос, почему сегодня победила сборная Канады, Кен Драйден ответил: «Просто в этот вечер мы были сильнее». И ни слова о торжестве канадского стиля, о том, что энхаэловцы — сильнейшие в мире.

На следующий день после окончания игр «Советский спорт», как и остальные газеты, получил указание из Дома на Старой площади (там размещался аппарат ЦК КПСС) счета Серии не давать, но отметить, что разность шайб — в пользу сборной СССР. Державный престиж возобладал над fair play.

Но главным героем, главным содержанием и главным победителем суперсерии-72 все-таки стал хоккей. Двум мировым лидерам было чему поучиться друг у друга. Они это поняли. Канадцы изменили систему тренировок, наши стали больше внимания уделять силовой борьбе вообще и борьбе на пятачке в частности. Хоккей стал еще более зрелищным, динамичным — и популярным...

Испания — где-то почти на полпути между Россией и Канадой. У нее — своя национальная легенда. «Эль Класико». Противостояние «Реала» и «Барселоны» — настоящее отражение истории Испании XX века.

Ко времени Франко, чье правление только обострило противостояние Мадрида и Каталонии, «Реал» и «Барса» были уже непримиримыми противниками. Все началось 17 февраля 1929 года. В первом «Эль Класико» «Реал» победил в гостях 2:1 благодаря дублю Рафаэля Мореры. Гражданская война и франкистская диктатура развели эти команды еще дальше, и «Барса» окончательно стала *mes que un club* — «больше чем клуб», сохранив этот девиз до нынешних времен.

Впрочем, самые горячие баталии между каталонцами и мадридцами все же разворачивались на футбольном поле или на ближайших подступах к нему. В 50-е годы XX века противостояние вышло на новый уровень, когда «Барса» и «Реал» схлестнулись в борьбе за игрока, которого сам Пеле считал лучшим футболистом мира. Аргентинец Альфредо ди Стефано действительно был футбольным гением. «Барселона» и «Реал» боролись за него до последнего. Ди Стефано предпочел «Реал».

Он прекрасно вписался в состав «Королевского клуба» и стал одним из его символов. С ним «Мадрид» восемь раз за десять лет выигрывал чемпионат Испании, сумел завоевать пять Кубков европейских чемпионов и безусловно доминировал в «Эль Класико», которое в 60-е вышло уже на международную арену. «Реал» выиграл у «Барселоны» в Кубке чемпионов в 1960 году (и стал победителем турнира), а в 1961 году успех уже праздновала «Барселона».

Редкие переходы игроков из одного клуба в другой становились всеиспанским событием, а перебежчики получали несмываемое клеймо «предателей». Самые громкие и скандальные эпизоды в этой бескомпромиссной войне (из 161 матча, сыгранных в рамках Испанской лиги с 1929 по 2010 год, безголевых ничьих было всего семь) произошли уже в наше время. Из «Барселоны» в «Реал» переходили: в 1988 году — Бернд Шустер, в 1994-м — Микаэль Лаудруп, а в 2000-м — португалец Луиш Фигу, чей трансфер стал на тот момент самым громким и дорогим в истории футбола. Из «Реала» в стан извечных соперников футболисты переходили реже. Самые, пожалуй, громкие переходы: Луис Энрике в 1996 году и Самуэль Это'о в 2000-м (транзитом через несколько клубов).

Вспомнить хотя бы одно скучное «Эль Класико» почти невозможно, но XXI век сделал противостояние поистине глобальным. Безнадежный в 2005 году «Реал» чудесным образом преобразился в домашнем матче с «Барсой» 10 апреля. Спектакль удался на славу — многие зарубежные специалисты, присутствовавшие на мадридском матче, сошлись во мнении, что это был лучший «Эль

Класико» за последние несколько лет. После финального свистка испанская столица сошла с ума. Чтобы поужинать через два часа после игры, приходилось ехать за город — все мадридские рестораны были забиты болельщиками «Реала». По общедоступному телевидению трансляции с «Бернабеу» не было — и людям ничего не оставалось, как напрашиваться в гости к приятелям, у которых есть платные каналы, или искать свободные места в барах.

Казалось, в ту ночь Мадрид отмечал победу над Барселоной с каким-то особым надрывом. Это легко объяснить — второй год подряд «Реалу» не светило абсолютно ничего. Подогревали страсти воспоминания о прошлогоднем домашнем фиаско в матче с каталонцами. Пусть локальный, но большой успех для поклонников девятикратного обладателя Кубка чемпионов был просто необходим. После великолепной игры своей команды они явно воспрянули духом. Как и их любимцы.

«Я пережил самые незабываемые 90 минут, — говорил после игры полузащитник «Реала» Томас Гравесен. — У меня было много разных матчей, но подобных чувств не испытывал еще никогда. Я словно растворился в игре, в той атмосфере, которую создавали обе команды. Ощущения такие, будто только что побывал на другой планете».

Уже в шесть пополудни (игра начиналась в семь) группа мадридских болельщиков принялась аккуратно растягивать через три сектора огромный плакат «Спасем Лигу!» Девять очков отрыва, накопленные «Барсой», не оставляли хозяевам выбора — только победа сохраняла шансы догнать и перегнать каталонцев, которые, в свою очередь, не скрывали, что не сильно расстроятся из-за ничьей.

«Эй вы, зажравшиеся миллионеры! Проявите же характер, наконец! Или катитесь отсюда!!!» Подобные реплики в адрес футболистов «Реала» неслись с трибун все время, пока команда разминалась. Но по ходу матча с «Барселоной» ни одному из зрителей уже и в голову не могло прийти упрекать игроков «Реала» в безволии. Как мадридцы сражались! Раулю уже на первых минутах разбили бровь, но капитан вернулся на поле — и забил решающий гол. Зидан, открыв счет красивейшим ударом в падении головой, через мгновение врезался лысиной в штангу. Ему довольно долго оказывали помощь, однако и француз продолжил игру. А самые, по определению зрителей, зажравшиеся из «галактикос» — Роналдо и Бекхэм — раз за разом выигрывали единоборства, срывая аплодисменты переполненного стадиона.

Невероятно драматичным было мартовское «Эль Класико» 2007 года. «Забить на "Камп Ноу" три гола и не выиграть... Это что-то невероятное!» — говорил после матча спортивный директор «Реала» Предраг Миятович, на собственном опыте знающий, что это такое — играть перед барселонскими трибунами.

Вообще-то «Барселона» обязана была выиграть у ослабленного травмами «Реала» уже в первом тайме. Но вместо этого получила 2:2. В ее обороне были вполне предсказуемые, учитывая давность проблемы, беды. Но «Реал» в защите был еще хуже! Скорость, вариативность барселонских атак, слаженность работы передового треугольника из Роналдиньо, Самуэля Это'о и Лионеля Месси впечатляли. Однако список упущенных хозяевами шансов впечатлял не меньше. Это'о, например, запорол два фактически чистых выхода один на один, а еще проиграл борьбу за мяч в метре от «ленточки», хотя вроде бы по позиции имел преимущество.

Если «Барселона» могла переживать по поводу упущенного в феерическом первом тайме, то «Реал» — по поводу упущенного во втором, в котором уже он, игравший в большинстве, смотрелся поинтереснее. Руд ван Нистелрой мог выиграть матч для Мадрида, когда очутился с глазу на глаз с Виктором Вальдесом. Голландец все сделал правильно и качественно, перекинув мяч через голкипера. Однако и Виктор Вальдес был готов к тому, что нападающий поступит именно так, — и мяч зацепил.

«Реал» все равно забил. Помимо Руда ван Нистелроя в его составе был Серхио Рамос — один из главных специалистов по игре головой в мировом футболе. И этой своей головой после навеса Гути, несмотря на жесткую опеку со стороны Карлеса Пуйоля, он подсек мяч точнехонько в дальнюю «девятку». Красивейший гол — и «Реал», понятно, хотел, чтобы он стал точкой в этой увлекательнейшей встрече.

А точку поставила терявшая силы, но пытавшаяся идти вперед «Барселона». Уже в компенсированное время. Поставила талантом и куражом отыгравшего матч жизни Месси, рванувшего на передачу Роналдиньо, ушедшего от расстелившихся в бессмысленных подкатах Рамоса и Эльгеры и с левой пробившего в угол ворот. Вратарь «Реала» Касильяс еще долго стоял в полной прострации.

После этого матча «Реал» выиграл «Эль Класико» дважды, а потом настало время «Барсы». Каталонцы под руководством молодого тренера Хосепа (Пепа) Гвардиолы показывали фантастический, невозможный футбол. В мае 2009 года «Реал» был жестоко бит у себя дома, в Мадриде.

Этого матча испанцы ждали весь второй круг. На протяжении четырех месяцев каталонцы и мадридцы шли параллельными курсами, выдавая серии синхронных побед и словно не замечая остальных участников чемпионата. Складывалось впечатление, что «Реал», вылетевший из Лиги чемпионов на стадии четвертьфинала, копил силы именно для матча с «Барселоной». За мадридцев, казалось, был и изматывающий график каталонцев, которые тремя днями раньше отчаянно и безрезультатно взламывали оборону «Челси» в полуфинале Лиги чемпионов.

> Для чего существует испанский чемпионат? Чтобы дважды в году встречались «Реал» и «Барселона»!
>
> Испанская поговорка о смысле жизни

Сумасшедший настрой футболистов «Реала» помог им на 14-й минуте открыть счет. Стадион, забитый до отказа болельщиками мадридцев, взревел, предвкушая победу своих любимцев. Однако каталонцы быстро остудили пыл фанатов и футболистов «Реала». Причем сделали это совершенно непринужденно: спустя 20 минут после забитого мяча «Реал» уже «горел» с безнадежным счетом — 1:3.

В начале второго тайма надежду хозяевам подарил гол Серхио Рамоса. Но не успели футболисты «Реала» толком расставиться после забитого мяча, как Тьерри Анри, получив замечательную передачу на ход от Хави, протолкнул мяч мимо выбежавшего страховать защитников голкипера хозяев Икера Касильяса. Это был конец, но «Барса» не отказала себе в удовольствии покуражиться на территории своего принципиального соперника — и забила еще. Дважды.

Вышло так, что «Барселона» обеспечила себе чемпионское звание, а тренеру «Реала» — отставку. Но унижения мадридцев только начались. Неизвестно, знают ли в Барселоне о существовании группы «Чайф», но 29 ноября 2010 года «Барса» воспроизвела сюжет ее главного спортивного хита, напихав «Реалу» пять безответных мячей.

А ведь перед началом матча расклад сил представлялся почти равным. Одно имя Жозе Моуринью, дважды — с «Челси» и «Интером» — выбивавшего каталонцев из Лиги чемпионов, вселяло в сердца мадридских болельщиков и футболистов веру в победу. «Реал» был укомплектован молодыми, голодными до побед звездами. А лидерство в чемпионате создавало в глазах большинства испанских болельщиков иллюзию его превосходства над «Барселоной».

Однако на поле «Камп Ноу» иллюзия рассеялась. Наоборот, показалось, что между командами — целая пропасть, настолько раскованно, изящно, уверенно действовали блистательные каталонцы, по пять-семь минут делая из королей шутов издевательским перепасом на половине поля «Реала»... «Барса» поставила даже не точку, а жирный восклицательный знак после констатации бесспорного факта: «Мы сильнее». Команда, отдельно взятые игроки, тренеры. В самом классном матче сезона они играючи, пугающе легко деклассировали «Реал».

«Барса» была сильнее с первой до последней минуты. Тактика Моуринью, попробовавшего сыграть в закрытый футбол, провалилась с самого начала. Его защитники попросту не успевали за не самыми хитрыми, но феноменальными по точности проникающими пасами соперника. После двух голов «Реал» рассыпался и перестал играть.

Настоящим триумфатором дня (помимо футболистов «Барселоны») стал оппонент португальца — Пеп Гвардиола, вошедший в число легенд «Эль Класико». Только ему, проведшему три неполных сезона во главе каталонцев, удалось из пяти первых матчей выиграть все пять...

Сначала игрокам хочется просто победить
в чемпионате. Потом им хочется стать величайшей
из команд в истории.
Ред Ауэрбах о мотивации

В США команды-лидеры, выигрывающие чемпионство несколько лет подряд, принято назвать «династиями». Обычно, как и монаршьи династии, они «правят», сменяя друг друга, но, когда таких «династий» появлялось хотя бы две, и без того захватывающий чемпионат превращался в эпический.

В Национальной баскетбольной ассоциации с конца 50-х годов XX века началась эпоха «Бостон Селтикс». Ред Ауэрбах создал, по выражению бостонских журналистов, «машину, которую невозможно было остановить». О том, как она играла, нагляднее всего говорит статистика: нередко среди десяти лучших снайперов по итогам регулярного сезона не было ни одного бостонца. Зато каждый из них мог быть опасен в любой момент. И каждый защищался, как зверь. Остановить «машину» пытались по-разному. Говорят, например, что тренеры «Миннеаполис Лейкерс» долго разрабатывали специальную тактику к финалу 1959 года — «под Бостон». И проиграли «всухую». В 1960 году «Сент-Луис» тоже сделал вроде бы все для того, чтобы победить. Но в седьмой игре финала — опять в решающий момент — бесподобен был Билл Расселл: 22 очка и 35 подборов.

В тот год в лиге появился почти 220-сантиметровый Уилт Чемберлен — центровой, который был на голову выше Расселла. Казалось, для него не существовало преград. Но в восточном финале Чемберлен, которого не мог закрыть в НБА никто, был закрыт бостонским лидером. Такое повторится еще не раз...

Следующий титул достался «Бостону» легко, а вот в 1962 году ему впервые откровенно улыбнулась удача. На последних секундах седьмой игры финала защитник «Сент-Луиса» Фрэнк Селви мог принести своему клубу победу — но промахнулся. Потом будут еще три кряду победных для «Селтикс» плей-офф, в которых Расселл, нейтрализуя всех подряд суперзвезд, в том числе Чемберлена, подтверждал неофициальное звание пусть не самого яркого, но зато самого ценного игрока лиги. Будет меняться состав «Бостона», но при этом разработанная Ауэрбахом система не будет давать сбоев: скажем, вместо одного из лидеров — Каузи — в нее легко впишется Джон Хавличек. Будут недоуменные вопросы журналистов тренеру: «И как вам после стольких побед удается сохранить у игроков мотивацию?!» Будут ответы Ауэрбаха: «Все просто. Сначала игрокам хочется просто победить в чемпионате. Потом им хочется стать величайшей из команд в истории баскетбола»...

А в 80-е годы в лиге нашлось место сразу для двух великих «династий» — новой бостонской и первой лос-анджелесской. Насколько равных, настолько разных, что только добавляло интриги. Началось все с того, что в 1979 году в лиге дебютировали два молодых баскетболиста. Лэрри Берд, которого приметил все тот же гений селекции Ауэрбах, совсем не походил на типичного мощного форварда: бросал лучше, чем боролся под кольцом, пасовал лучше, чем защищался. С появлением Берда совпало введение трехочкового броска: он был словно специально создан для него.

Ирвин Джонсон — которого весь мир вскоре стал называть не по имени, а по прозвищу Мэджик, т. е. Волшебный, — совсем не походил на типичного разыгрывающего. Не походил ростом: он у него был за два метра. При этом новичок «Лейкерс» умудрялся так быстро бегать по площадке и так ориентироваться в пространстве, отдавать такие пасы не глядя, что остальные разыгрывающие лиги скоро стали смотреться на его фоне просто нелепо.

Джонсон преуспел раньше Берда. Во многом, конечно же, потому, что рядом с ним на площадке был выдающийся центровой Карим Абдул-Джаббар. А тому, кажется, как раз и не хватало поблизости такого умельца, чтобы превратить «Лейкерс» в непобедимую команду. Калифорнийцы в 1980 году довольно легко выиграли титул чемпиона.

Но специалисты, записавшие «Лейкерс» в навечно сильнейшие, поторопились. Ауэрбах, повторяя 50-е, как выяснилось, приобретением Берда лишь начинал создавать суперкоманду. Более или менее окончательные очертания второй бостонской «династии» придали взятые в 1980 году надежнейший центровой Роберт Пэриш по кличке Вождь и мощный форвард Кевин Макхейл. Теперь у бостонцев имелись в наличии и те, кто умел забивать — Берд, Седрик Максуэлл, — и те, кто умел бороться под кольцом. Очередной чемпионат был бостонским.

Ответным ходом «Лейкерс» стало увольнение Пола Уэстхеда и приглашение на должность главного тренера молодого тогда специалиста Пэта Райли. Обожающий эффектные дорогие костюмы, он обожал и эффектную игру — стремительную, комбинационную. Очень любили ее и подопечные нового тренера. Плоды работа Райли дала сразу же — «Лейкерс» красиво выиграл чемпионат. Журналисты же прозвали калифорнийскую команду Showtime, поскольку матчи, даже решающие, она была способна превратить в настоящее шоу. Страсть к шоуменству и сгубила «Лейкерс» в 1983 году, когда лосанджелесцы были биты в финале дисциплинированной «Филадельфией». Но по большому счету это была случайная осечка. А в следующем сезоне произошло то, чего все так долго ждали: первое противостояние в финале двух в принципе уже сформировавшихся «династий». Оно обещало стать грандиозным — оно им и стало.

«Если честно, то мы должны были проиграть серию со счетом 0:4», — вспоминал тот финал Берд. «Лейкерс» выиграл первый матч в Бостоне. Во втором, тоже на выезде, вел за 18 секунд до сирены 115:113. Выиграй лосанджелесцы этот матч, в двух встречах дома они бы все наверняка решили. Но новая звезда калифорнийцев Джеймс Уорти дрогнул, выполняя передачу. Перехват, два очка «Бостона» и — овертайм, в котором удача сопутствует «Селтикс». Еще раз она улыбается ему в овертайме четвертого матча.

И Showtime в итоге проигрывает, может быть, лучший в истории НБА финал в семи встречах.

Зато через год справедливость была восстановлена. Джонсон, Абдул-Джаббар и Уорти взяли реванш, попутно попросту унизив Берда с товарищами в стартовой встрече финала, — 148:114. Ауэрбах, конечно, снова вовремя почувствовал, что его команда нуждается в усилении, и сделал ряд покупок, главной из которых был опытнейший центровой Билл Уолтон. Основной состав «Бостона», и так уже состоявший сплошь из суперзвезд, стал каким-то уникально сильным. Чемпионат 1986 года лидер Востока прибрал к рукам без особых проблем. А «Лос-Анджелес» (в который уже раз калифорнийцев подвела склонность к эффектности в ущерб эффективности) неожиданно оступился в полуфинале.

В 1987 году состоялась третья в 80-е годы и последняя бостонско-лос-анджелесская битва в финале. Ключевой в ней оказалась четвертая игра в Бостоне. Счет в серии к тому времени был 2:1 в пользу «Лейкерс». Однако «Селтикс» имел все шансы выровнять положение, поскольку за несколько секунд до конца вел 106:104. И тут на Абдул-Джаббаре сфолили. Один штрафной он забил, второй смазал, но мяч отскочил к Джонсону. Против Мэджика было трое высоченных баскетболистов — Макхейл, Берд и Пэриш. А он перебросил мяч через их руки точно в корзину. После этого уже никто не сомневался, что «Лейкерс» станет чемпионом.

Бостонская «династия» на этом умерла. Калифорнийская просуществовала еще сезон — до того момента, когда в 1989 году ее без труда разбил в финале «грязный», защищающийся любыми средствами «Детройт Пистонс».

Но очень скоро в НБА родилась новая «династия». Родилась там, где хорошего баскетбола прежде никогда не было, — в Чикаго. Родилась спустя шесть лет после того, как генеральный менеджер «Чикаго Буллз» Джерри Краузе сделал первый и главный ход по ее созданию. Тогда, на драфте 1984 года, «Буллз» выбирали третьими — им достался Майкл Джордан. Тогда еще никто не знал, что он станет величайшим из великих, неповторимым Его Воздушеством...

Иной раз противоборство команд разрешить на поле не удавалось. Одна из таких историй — об игре сборных СССР и Италии в полуфинале чемпионата Европы 1968 года. Сборная СССР, кстати, стала чемпионом Европы в 1960 году, а в 1964-м проиграла в финале хозяевам чемпионата — испанцам — в упорном и яростном матче. Тренеру сборной Константину Бескову это стоило поста: поражения от Франко ему простить не могли...

Как бы то ни было, в 68-м итальянцы побаивались советскую сборную (даже несмотря на то, что она лишилась из-за травм сразу трех лидеров (Игоря Численко, Муртаза Хурцилавы и Валерия Воронина) и играли от обороны. А после того как в столкновении с Валентином Афониным травму получил плеймейкер итальянцев Джанни Ривера, преимущество сборной СССР стало особенно ощутимым. Достаточно сказать, что незадолго до перерыва наши подали подряд шесть угловых у ворот юного Дино Дзоффа!

Но оборона в тот день явно превосходила нападение, и матч закончился нулевой ничьей. Серий пенальти для выявления победителя тогда не было, переигровки были предусмотрены только для финала. Все решил жребий. Точнее, монетка, подброшенная судьей из ФРГ Куртом Вальдемаром Ченчером в присутствии капитанов Альберта Шестернева и Джачинто Факкетти. Другие футболисты в это время сидели в раздевалках. Наши поняли, что монетка упала именно той стороной, которую выбрал итальянец, услышав рев трибун.

Такой экзотический способ выяснения отношений, пусть и далекий от спортивного состязания, выглядит курьезом, причем достаточно безобидным по сравнению с тем, что порой случается на хоккейных площадках. Хоккеисты сбрасывают перчатки довольно часто — пришедшая из американских лиг традиция добавляет «перчику» в и без того достаточно агрессивное противостояние. За годы даже сложился определенный «кодекс чести» бойца (который, правда, постоянно нарушается) — звезд стараются не трогать, разбираться между собой один на один и т. д. Но держать под контролем такую агрессию удается далеко не всегда, к тому же драка — превосходный инструмент давления на соперника. Тем более массовая.

В 1987 году такое побоище устроили молодежные сборные СССР и Канады. Пытаясь восстановить порядок, судьи погасили свет на арене, но потасовка продолжалась, и судьи покинули лед. Драка завершилась уже в темноте.

9 января 2010 года матч регулярного чемпионата российской Континентальной хоккейной лиги, в котором встречались «Витязь» и «Авангард», был сорван из-за массовой драки с участием почти всех игроков обеих команд, продолжавшейся около полутора часов. «Витязь» тогда был серьезно наказан и почти год готовил реванш.

10 декабря 2010 года через шесть секунд после вбрасывания бойцы «Витязя» набросились на «регулярную» пятерку «Авангарда». Меньше чем за минуту они вырубили всех соперников. Молодое дарование «Витязя» — 19-летний новичок по фамилии Ларин (он же — главный боец молодежной лиги) одним ударом сбил на лед лучшего снайпера лиги чеха Червенку, а потом бил его ногами. Другой снайпер — словак Сватош — пытался сопротивляться уже в партере, но получил пару убойных ударов и затих. Дольше всех продержался защитник «Авангарда» Шкоула — его, в нарушение того самого «кодекса», уложил канадец Грэттон, нокаутировав неожиданным ударом хоккеиста, занятого другим игроком «Витязя».

Между тем еще один канадский «тафгай» «Витязя» Веро, уложив парой хуков беспомощного защитника «Авангарда» Бондарева, набросился на вратаря хозяев Рамо, ударив его в голову и шею. Через 55 секунд после начала матча из способных стоять на ногах действующих лиц, не носящих форму «Витязя», на льду остались только арбитры.

Многие — и спортивные журналисты в том числе — после этой драки упрекали тренера «Авангарда» Раймо Сумманена, который на правах хозяина встречи имел преимущество «последней смены». Увидев в стартовой пятерке чеховцев трех бойцов, он тем не менее не воспользовался своим правом и не выпустил мощных игроков из собственного состава. Варварство же «витязей» во главе с тренером Андреем Назаровым, в прошлом тоже «бойцом» НХЛ, воспринималось как нечто само собой разумеющееся (в интервью после матча он сказал, что тот «получился интересным и интенсивным»), заслуживающее лишь соответствующего административного наказания и сухого репортерского отчета.

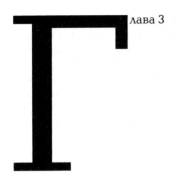

Главный соперник

В середине XIX века геодезическая служба Индии, в то время британской колонии, начала проводить измерения расположенных в Гималаях гор. В 1852 году дошла очередь до очередной горы. Ученые были потрясены: ее высота оказалась равна 8848 метрам! Выше быть уже ничего не могло... Гору назвали Пик XV, а спустя четыре года переименовали — и она стала Эверестом. Видимо, у британских геодезистов остались хорошие воспоминания о бывшем шефе своей службы Джордже Эвересте. И только в следующем столетии выяснилось, что у горы есть древнее название, данное ей шерпами, местным населением, — Джомолунгма, т. е. Богиня — мать Земли.

Мечтать о том, чтобы взобраться на нее, люди, наверное, начали сразу после открытия. Пробовать покорить — гораздо позже, когда появилось соответствующее оборудование. Но до поры Эверест не покорялся. Те, кто возвращались с горы, возвращались побежденными.

После Второй мировой войны попытки взойти на Эверест продолжились по новому маршруту — не с севера, как шел Джордж Мэллори, чье тело обнаружили в 600 метрах от вершины в 1999 году (через 75 лет после начала восхождения), а с юга — через ледник Кхумбу и далее по восточному гребню. Он оказался чуть более простым. Лондонское Королевское географическое общество отправляло в Гималаи одну экспедицию за другой. Но первым взойти на Эверест суждено было новозеландцу.

Уроженец Окленда, Эдмунд Хиллари чем-то очень был похож на Джорджа Мэллори. Спокойная юность, предвещавшая вроде бы такую же спокойную зрелость где-нибудь на ферме. Потом — увлечение путешествиями и горными восхождениями. К 1953 году Хиллари уже был очень опытным альпинистом, покорившим все Альпы и несколько гор высотой более 6000 метров в Гималаях. Там же он стал участником разведывательных экспедиций Королевского географического общества, которое всерьез решило в 1953 году все-таки победить Гору.

Правда, Эдмунд Хиллари в состав исторической экспедиции вполне мог и не попасть. Первоначально ее руководителем был назначен Эрик Шиптон, который хотел взять с собой исключительно проверенных друзей-англичан, посчитав, что маленькая экспедиция обречена на провал. В итоге у нее появился новый руководитель — полковник Джон Хант, успевший до этого сойтись с Эдмундом Хиллари и оценивший профессиональные качества новозеландца. С ними на Эверест пошли еще 12 опытных альпинистов и 350 шерпов. Большинство из них выполняли обязанности носильщиков. Но некоторые тоже были настоящими профессионалами: например, Тенцинг Норгей, который работал проводником еще в 30-е годы, а незадолго до экспедиции Ханта поднялся очень близко к южному пику со швейцарцами. Впереди у них были семь недель адского труда.

Базовый лагерь экспедиция разбила на высоте 3500 метров над уровнем моря. Один из ее участников, Уитни Стюарт, вспоминал, что именно там начались первые настоящие трудности — не удавалось, скажем, много спать. Возможно, потому, что Хиллари при этом выглядел более свежим, чем товарищи, Джон Хант и выделил его среди всех остальных. Часть группы во главе с Хиллари и Хантом отправилась на ледник Кхумбу, разбивая по дороге промежуточные лагеря, где оставляла снаряжение и пищу. Всего их, включая базовый, получилось семь. На маршруте сооружались перила из веревок, чтобы потом легче было спускаться на отдых вниз, а затем подниматься опять.

> МЫ НЕ ПОКОРЯЛИ ГОРУ.
> МЫ ПОКОРЯЛИ САМИХ СЕБЯ.
> Эдмунд Хиллари, первый выживший покоритель
> Эвереста, о покорении

В середине апреля Эдмунд Хиллари и Тенцинг Норгей, связанные страховкой, поднялись на высоту 7000 метров — там должен был быть разбит четвертый лагерь. Тот день они запомнили на всю жизнь. Путь пролегал по ледопаду — почти отвесной стене льда, в которой приходилось, чтобы продвигаться наверх, прорубать ступеньки. Они шли до места будущего лагеря несколько часов и, казалось, все самое ужасное кончилось. Но оно только начиналось. Во время спуска под Хиллари обвалился кусок льда. Он падал в бездну, специальные ботинки с шипами не помогали. Шерп среагировал за доли секунды, воткнул со всей силы ледоруб в лед и удержал на натянувшейся веревке и себя, и напарника.

Еще спустя две недели альпинисты были в восьмом лагере, на высоте 7925 метров. Они давно уже дышали не настоящим воздухом, а смесью кислорода, находящегося у них в баллонах, и ледяного подобия воздуха, от которого Уитни Стюарт подхватил острое воспаление легких. Они давно уже почти не спали. Давно не ели нормальную пищу, потому что даже с помощью применяемых тогда примусов приготовить ее на морозе не представлялось возможным, да и запасы надо было экономить. Вместо еды пили чай, чуть ли не половину кружки заполняя сахаром. Он хоть немного, но восстанавливал силы.

ЭВЕРЕСТ ЗАСЛУЖИВАЕТ ТОГО, ЧТОБЫ ТЫ К НЕМУ ПРИПОЛЗ.

ФЕДОР КОНЮХОВ, ВЕЛИКИЙ ПУТЕШЕСТВЕННИК,
О ПРЕКЛОНЕНИИ

Штурм Джон Хант готовил целый месяц. Но отправил на него не своих любимцев Хиллари с Норгеем, а Тома Бурдильона и Чарльза Эванса. Полковник посчитал, что выполнявшие колоссальный объем работы лидеры слишком истощены. 26 мая в час дня Бурдильон и Эванс достигли южного пика. От верхней точки их отделяли какие-то десятки метров. И тут у альпинистов вышли из строя кислородные системы. Полумертвые, они вернулись в лагерь. Единственное, на что у них хватило сил, — это подробно описать заключительную часть маршрута Эдмунду Хиллари и Тенцингу Норгею.

29 мая в 6.30 утра те покинули лагерь. И вскоре увидели главное препятствие, на которое указали им Бурдильон и Эванс: перед альпинистами встала вертикальная стена снега высотой около 15 метров. В иных обстоятельствах она не стала бы барьером, пугающим профессионалов. Но как взобраться на полтора десятка метров вверх, когда ты с трудом дышишь, а от усталости и мороза ноги и руки еле двигаются? Хиллари и Норгей вновь занялись привычным делом, прорубая в снегу ступени. Прошел час, второй, третий... «И вдруг мы увидели, что больше впереди ничего нет. А на сотни миль вокруг — горы, ледники», — так описал Эдмунд Хиллари этот момент в своей книге, посвященной историческому восхождению.

В 11.30 они поднялись на вершину. Провели на ней всего 15 минут, которые у Тенцинга Норгея ушли на то, чтобы воткнуть в снег флаги ООН, Непала, Великобритании и Индии, а у Хиллари — на то, чтобы сделать фотографии, послужившие доказательством победы.

Их ждали в лагере партнеры по экспедиции. Ждали, как Хиллари с Норгеем опишут чувства, которые овладели альпинистами, когда они поднялись на Эверест. Эдмунд Хиллари, попав в объятия друзей, просто устало произнес: «Мы сделали этого ублюдка!»

Спуск, благо перила были подготовлены, занял у экспедиции всего три дня. По существу, она, если не считать этих фотографий, не сделала ничего полезного — никаких географических и иных открытий. Тем не менее Елизавета II, с коронацией которой совпало окончание проекта, тут же приняла решение подарить Эдмунду Хиллари рыцарский титул. И из Непала тот сразу отправился в Букингемский дворец.

Тенцингу Норгею титула, разумеется, не дали. Зато дали пост директора научно-исследовательского института в Непале, которым он руководил до своей смерти в 1986 году. А сэр Эдмунд Хиллари продолжал путешествовать — в Арктике, в Антарктике, создал фонд, занимающийся проблемой Гималаев и, в частности, помогающий шерпам... В своих интервью самый известный новозеландец рассказывать о штурме Эвереста, как ни странно, не любит. Более того, иногда обижается на то, что знают его лишь как первого покорителя Джомолунгмы, полагая, что совершил в жизни и другие, не менее значимые для общества поступки.

В Букингемском дворце королева, естественно, спросила у Эдмунда Хиллари: как ему и маленькому шерпу удалось покорить Гору?! «Мы не покоряли гору, — шокировал ее своим ответом Хиллари. — Мы покоряли самих себя».

По-настоящему большим достижением в альпинизме считается сегодня не покорение Эвереста, а восхождение на высочайшие вершины всех семи континентов. Это сродни тому, как в теннисе выиграть все четыре турнира Большого шлема. Существует даже неофициальный клуб Seven Summits («Семь вершин»), куда заносятся имена всех, кто совершил семь успешных восхождений на высочайшие горы Земли.

Правда, тут есть одна проблема. «Легитимность» шести вершин — азиатского Эвереста (высота над уровнем моря — 8848 метров), южноамериканской Аконкагуа (6942), североамериканской Маккинли (6195), африканской Килиманджаро (5963), европейского Эльбруса (5633) и массива Винсон в Антарктиде (4897) — у альпинистов споров не вызывает. Спорят по поводу, какую вершину считать седьмой. Вроде бы логично считать ею пик Костюшко в Австралии. Но для профессиональных альпинистов она — препятствие несерьезное (2228 метров). Зато в Индонезии есть гора под названием «пирамида Карстенс»: и высокая (4884), и сложная для восхождения. Поэтому альпинисты предлагают относить ее к части света Австралазия: пусть не очень правильно с точки зрения классической географии, зато правильно со спортивной.

В клубе Seven Summits нашли выход из ситуации. Там составляют три списка: тех, кто покорил семь вершин с пиком Костюшко, тех, кто выбрал гору Карстенс, и тех, кто взошел на восемь вершин. В первых двух — по 74 человека, во втором — всего 37.

Восхождение на Эверест, что самое любопытное, у многих членов престижного клуба котируется ниже, чем на две другие вершины. Более трудными для покорения они называют две куда более низкие горы. Рассказывают, что на Маккинли, находящейся на Аляске, путь осложняет сильнейший ветер, а также пониженное (ниже, чем даже на Джомолунгме) содержание кислорода в воздухе. Винсон расположен всего в 1000 километрах от Южного полюса, и там тоже, понятно, присутствуют все эти факторы — сверхнизкие температуры, ветры.

Нелегко вступить в клуб не только поэтому. Путешествия к семи вершинам требуют огромных расходов. Неудивительно, что первым все их покорил не самый известный восходитель, зато известный американский миллионер, Дик Басс. Собирать свою «коллекцию» он закончил 30 апреля 1985 года. В клубе Seven Summits, однако, в качестве первопроходца чтут все-таки канадца Пэта Морроу. Денег у него было меньше. Пэт Морроу признавался, что взойти на очередную вершину ему было куда проще, чем найти очередного спонсора для своей экспедиции. Но в итоге, стартовав в 1982 году, он успешно завершил свою эпопею через четыре года. Причем вместо пика Костюшко забрался на Карстенс, что сделало подвиг канадца более весомым.

Дольше же всех добивался членства в клубе американец Эрик Симонсон. 10 июля 1974 года он совершил восхождение на Маккинли, а последнюю из семи вершин — пик Костюшко — одолел лишь 5 апреля 2000 года. А быстрее всех разобрались с высочайшими точками континентов новозеландцы Роб Холл, Гэри Болл и Питер Хиллари (сын Эдмунда Хиллари) — за семь месяцев.

В Seven Summits фиксируют и другие рекорды. Например, самым молодым пока покорителем семи вершин (к слову, он побывал и на пирамиде Карстенс, и на пике Костюшко) является японец Ацуси Ямада. Он стал членом клуба в 23 года. Самый пожилой покоритель — Шерман Булл из США (64 года).

Есть в клубе Seven Summits и уникальный альпинист. Все семь вершин покорил к сентябрю 2002 года слепой американец Эрик

Вейхенмайер. Россиянин, кстати, в этом списке только один — Федор Конюхов, отметившийся на своей седьмой вершине в 1997 году. Потом он вспоминал:

«Рассвело, и ветер стихает. Все небо очистилось, и вокруг — все Гималаи, с другой стороны — Тибет, низкий такой... А мы идем по гребню. И вот до вершины остается всего ничего. И тут тучи затянули все вокруг. Пошел мелкий-мелкий снег. Ничего не видно, и разряды электрические. Снег трется, все трещит, волосы трещат. Мы ледорубы оставили, а сами думаем: "Сейчас молния ударит в баллоны, и кранты нам. Взорвутся — и ничего от нас не останется"».

И мы ползком к вершине, на коленях. Эверест заслуживает того, чтобы ты к нему приполз. Когда я взошел, то испытал, не поверите, ощущение, что я здесь уже был. Все как будто знакомое. Ведь Эверест сначала духом проходишь, мечтая о нем, а потом уже физически...

На Эверест, конечно, тянет обратно. Я бы сейчас пошел: такой кайф испытываешь — ни с чем не сравнить. Описать его невозможно. Но на Эверест может взойти лишь здоровый — физически и психологически — человек. Некоторых альпинистов он просто не пускает».

Больше Федор на Эверест не возвращался. Его ждали другие вершины — он первым покорил все пять полюсов планеты — Северный, Южный, полюс относительной недоступности в Северном Ледовитом океане, Эверест и мыс Горн (полюс яхтсменов). Конюхов в одиночку пересек Атлантику на гребной лодке за 46 суток и четыре часа (мировой рекорд, о котором сам он, как говорит, не думал — «доплыть бы»), обошел в одиночку вокруг света на парусной яхте... При этом альпинисты категорически отказывают ему в праве называться своим, яхтсмены считают чужаком, да и многие полярные путешественники при встрече не подадут ему руки.

Причиной тому — и профессиональная «цеховая» ревность, и «профессиональная мизантропия» самого Конюхова, частенько, по мнению коллег-путешественников, преувеличивавшего свои заслуги за счет тех, кто был рядом с ним. Возможно, это еще больше отдаляло Федора Конюхова от людей, и «тысячи дней одиночества» для него были меньшим преодолением, чем жизнь мирская? Во всяком случае, летом 2010 года он принял священнический сан, и теперь его ждут путешествия не только географические (а диакон Федор Конюхов не собирается запираться в келье насовсем), но и духовные — там вершины иные.

Возможно, они будут в чем-то сходы с теми, которые покорились, например, австрицу Херманну Майеру или итальянцу Алессандро Занарди.

14 марта 2003 года Херманн Майер выиграл «Хрустальный глобус» — кубок мира по горнолыжному спорту. Он узнал об этом в гостинице — один из руководителей Международной федерации лыжного спорта, Гюнтер Хуяра, отменил вторую субботнюю попытку в гигантском слаломе из-за сильного тумана — и не смог сдержать восторга. Казалось бы, чему тут радоваться? Этот «Хрустальный глобус» был у Майера четвертым, и добыт он был как бы не в борьбе, а в результате волевого решения чиновника.

Тем же, кто хорошо знал биографию Майера, радость победителя была вполне понятна. В жизни, так вышло, ему все время приходилось побеждать обстоятельства — с самой юности. 15-летнему Майеру врачи запретили было кататься на горных лыжах: они считали, что у него слишком слабые колени. Тогда он стал класть кирпичи в своей деревне Флахау, а зимой работать горнолыжным инструктором. Ноги он в итоге накачал — попал в поле зрения тренеров сборной Австрии, но несколько лет ждал, прежде чем ему доверят выступать на Кубке мира.

В то время, в середине 90-х, со сцены сходило целое поколение: Пирмин Цурбригген, Альберто Томба, Жирарделли. Пустоты не возникло благодаря в первую очередь Майеру. Все удивлялись, почему он не появился в горнолыжной элите раньше. Он — умевший делать абсолютно все. Майер прекрасно гонялся в любую погоду: при ясном солнце и при почти нулевой видимости, по жесткому и по мягкому снегу. Он одинаково уверенно чувствовал себя в каждой из четырех горнолыжных дисциплин. Чуть лучше — в скоростном спуске и супергиганте, чуть хуже — в гигантском и специальном слаломе, но не настолько хуже, чтобы не быть постоянно среди претендентов на победу и там.

Этот универсализм выглядел удивительным. Все-таки в горных лыжах всегда существовало довольно четкое деление на специалистов по скоростным и техническим дисциплинам. А Майер каким-то образом умудрялся сочетать блестящую технику с мощью, умение выбрать оптимальную траекторию движения с полным, кажется, отсутствием страха перед скоростью, и сам признавался, что иногда чувствует себя безумцем. А разве не безумец — горнолыжник, который снова выходит на старт спустя буквально месяц после перелома руки, как это однажды было с ним?

Другой великий австриец — Арнольд Шварценеггер — восхищенный его двумя олимпийскими победами в Нагано и еще двумя в том же 1998 году на чемпионате мира в американском Вэйле, посчитал после того первенства своим долгом познакомиться с Майером. «Он величайший из спортсменов, которых я когда-либо видел», — сказал о Херминаторе (этим прозвищем болельщики наградили Майера) Терминатор.

> Я ПОТЕРЯЛ ОБЕ НОГИ, НО Я ВЫИГРАЛ ЖИЗНЬ!
> А ЭТО, СОГЛАСИТЕСЬ, НЕМАЛО...
>
> АЛЕССАНДРО ЗАНАРДИ, ГОНЩИК, ЧЕРЕЗ ТРИ ДНЯ
> ПОСЛЕ АВАРИИ

А Херманн продолжал безумствовать. Перед началом нового столетия он, словно по заказу, в Бормио перекрыл символичный рубеж в 2000 набранных на этапах Кубка мира очков — рубеж, который не покорялся ни Жирарделли, ни даже гению горных лыж Ингемару Стенмарку. В марте 2001 года Майер получил свой третий «Хрустальный глобус», догнав Стенмарка и американца Фила Мара. Никто не сомневался, что Херминатор обязательно догонит и Жирарделли. А он говорил о том, как ему хочется еще раз блеснуть на Олимпиаде. Утверждал, что чувствует себя сейчас, когда ему уже скоро 30, еще увереннее, чем когда был молодым: «Я наконец научился контролировать себя и скорость». А в августе 2001 года на пути его мотоцикла возникла та злосчастная машина...

Ногу пришлось собирать буквально по кусочкам. Майер лишь чудом избежал ампутации и потери почки. Он заново учился ходить практически целый год и все равно вернулся в спорт вопреки всему. Причем как вернулся! В общем-то, подвигом в этой ситуации было уже то, что он начал тренироваться. То, что он, с еще скреплявшим кости шурупом в ноге, решил в конце 2002 года снова выступать, было расценено многими как безумие. А Майер, вернувшись, в январе выиграл супергигант на этапе Кубка мира в Кицбюэле; потом, в феврале, взял серебро на чемпионате мира в Сент-Морице.

Многие сомневались, что у него хватит сил на полный сезон. Хватило. Две победы в скоростном спуске, три — в супергиганте, несколько подиумов — этого оказалось достаточно для общей победы. Победы, удивившей самого Херминатора. «Перед стартом Кубка мира я ставил перед собой цель просто продержаться в нем до конца. Поэтому сам поражен тому, что сделал. Пожалуй, даже первая моя олимпийская победа, в Нагано, не вызвала столько эмоций», — признался австриец...

15 сентября 2001 года миру было не до автогонок. Еще в августе на «Хунгароринге» Шумахер в очередной скучный раз стал чемпионом «Формулы-1». 11 сентября пали башни-близнецы в Нью-Йорке, и «выездную сессию» американского чемпионата CART (Championship Auto Racing Teams) устроители посвятили памяти жертв террористов. За 13 кругов до финиша лидировавший в гонке Алекс Занарди остановился в боксах для смены резины. Возвращаясь на трассу, гонщик слишком резко начал ускорение на холодных покрышках — машину развернуло, и она встала поперек трассы. В ту же секунду на скорости 320 км/ч в нее врезался болид Алекса Тальяни. Автомобиль Занарди буквально разрезало надвое. Трудно было представить, что человек, находящийся в машине, мог остаться в живых. Вертолет доставил пилота в берлинскую клинику. Попади Занарди на операционный стол несколькими минутами позже, он был бы уже мертв от потери крови.

ВЕРНУСЬ В МОСКВУ — ЗАВЕДУ СОБАКУ И СДАМ НА ПРАВА.
ИРИНА СКВОРЦОВА, БОБСЛЕИСТКА, ЧЕРЕЗ 10 МЕСЯЦЕВ
ПОСЛЕ АВАРИИ

Авария произошла в повороте, названном Good Year. Для Алекса этот год оказался самым страшным из всей его 34-летней жизни.

Известность Занарди получил в «Формуле-1», хотя «королева автоспорта» к итальянцу оказалась неблагосклонной. Он кочевал из «Джордана» в «Бенеттон», потом переходил в «Лотус». Его звали «подменить» то Шумахера, то Хаккинена. Он попадал в «завалы», ломал «коробки», улетал с трассы во время дождя и завоевал за годы гонок в «Формуле-1» одно-единственное очко. Плюс ко всему — открытый и жизнерадостный характер Алессандро не всегда вписывался в холодный пафос самых престижных гонок мира. На пресс-конференции, предварявшей Гран-при Малайзии, ему задали вопрос: «Как вы готовились к этапу?» — «Любил в сауне свою жену», — ответил Занарди.

Гонки, конечно, он тоже любил. «Главное для пилота — любовь к своему делу. Как только гонки станут для тебя всего лишь профессией, ты не сможешь ездить хорошо», — эти слова многие сочли непрофессионализмом. Но дело было в другом. Просто Занарди всегда был индивидуалистом и во время соревнований, по его признанию, упивался не скоростью, а сиюминутным одиночеством. Наверное, поэтому звездный час его карьеры наступил за океаном — в стране победившего эгоизма.

В Америке Занарди сразу же завоевал титул «Новичок года», заняв третье место в чемпионате серии CART. В 1997 и 1998 годах он становился чемпионом, раз за разом потешая публику своим фирменным «донатсом». Donuts — американские пончики. После очередной победы Занарди рисовал их колесами на асфальте, нажав до упора газ и резко бросив сцепление. Правда, называл он эти круги по-итальянски — tondi.

Неудачная попытка еще одного выступления в «Формуле-1» — в сезоне 1999 года Алекс вместе с Ральфом Шумахером представлял цвета Williams — еще раз подтвердила, что «самые быстрые гонки мира», как называют серию CART, — как раз для него...

Спустя три дня после аварии врачи вывели Занарди из комы и сообщили страшную весть: гонщику пришлось ампутировать ноги: одну чуть выше, другую ниже колена.

Уже через несколько дней Алекс отвечал на вопросы журналистов: «Я потерял обе ноги, но я выиграл жизнь! А это, согласитесь, немало. Поэтому в будущее я смотрю с оптимизмом. У меня будет новая жизнь, из которой я постараюсь выжать максимум... Момента аварии я не помню, да и не хочу вспоминать, если честно. Это роковое стечение обстоятельств. Болид потерял управление, я пытался «поймать» его, но потом как-будто выключили телевизор. Первое, что я увидел, придя в себя, была моя жена Даниэла...»

Занарди делали операции каждые двое суток, извлекая из тела обломки машины. Потом перевели в одну из клиник Болоньи, где врачи были просто потрясены мужеством пациента. «Того, что осталось от моих ног, достаточно для стимулирования нервных и мускульных импульсов, необходимых для того, чтобы снова ходить...» — заявил Алекс.

Появление Занарди на церемонии вручения «Золотого шлема» 18 декабря 2001 года уже само по себе стало событием. Когда награду получил Михаэль Шумахер, он тут же преподнес трофей Алексу. Покачиваясь, итальянский гонщик приподнялся с инвалидной коляски. В это время на экране замелькали кадры самых выдающихся побед Алекса. Произошедшее было явной инсценировкой, на которые горазды устроители «Формулы-1», но зрители плакали совершенно искренне. Они знали, что пережил Занарди за те три месяца, что отделяли церемонию от страшного уик-энда на «Лаузицринге».

В мае 2003 года устроители гонок серии CART решили преподнести Алексу подарок в виде возможности проехать те самые 13 кругов, которые он не прошел за 20 месяцев до этого. Трасса — тот самый злополучный «Лаузицринг». Надо было знать Занарди, чтобы почувствовать: он постарается проехать так, как он гонял здесь до аварии. Затаив дыхание, зрители наблюдали, как болид с номером 66, под которым выступал Алекс в 2001 году, выехал на трассу. Будь он официальным участником соревнований, Занарди квалифицировался бы пятым. Стотысячные трибуны разразились овациями. Немцы, многие из которых стали свидетелями аварии, кричали: «Glueck auf, Alex!» Именно счастья оставалось пожелать гонщику. Все остальное он берет у жизни сам.

В том числе и призы. 25 сентября 2003 года Алекс испытал переоборудованный специально для него гоночный автомобиль на трассе в Монце. Управление газом было вынесено на рулевое колесо, под левую руку. Сцепление же — в виде небольшого рычажка на рукоятку КПП — под правую. Педаль тормоза сделали не подвесной, а напольной — именно так на нее удобнее жать протезом. «После аварии моей самой большой мечтой было снова посадить себе на плечи сына, Никколо. Благодаря врачам я смог это сделать. Моя вторая мечта осуществилась благодаря друзьям из Ravaglia Motorsport — я снова могу участвовать в гонках», — это признание может выбить слезу даже у людей с проволокой вместо нервов.

В 2004 году Алекс уже гонялся на престижных соревнованиях серии European Touring Car Championship. В 2005-м он выиграл гонку в соревнованиях World Touring Car Championship.

Своя вершина есть и у российской бобслеистки Ирины Скворцовой. 23 ноября 2009 года во время тренировочных стартов в немецком Кенигзее она попала в страшную аварию. По вине организаторов мужская и женская российские двойки стартовали почти одновременно, и через какое-то время в перевернувшийся на трассе экипаж Надежды Филиной и Ирины Скворцовой врезались Евгений Пашков и Андрей Матюшко.

Основной удар пришелся на Ирину, получившую множественные травмы тазобедренного сустава и позвоночника. Спортсменка пережила кому, несколько операций (ногу удалось спасти) и изнурительную судебную тяжбу. Ей — как и Майеру, как и Занарди — предстоит учиться ходить, да и жить заново. Может быть, истории двух великих спортсменов вдохновят ее.

Национальная гордость

П

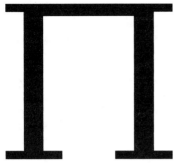олтора десятилетия — с 1993 года — длилась полоса поражений сборной России по хоккею. И она прервала ее в такое время, в таком месте и в таком матче, что вкус победы стал особенно сладок. К случившемуся в Канаде событию не совсем подходит определение «сенсационное». Чемпионат мира выиграла сборная, за которую выступали великолепные хоккеисты: лучший бомбардир НХЛ Александр Овечкин, претендент на титул лучшего вратаря Евгений Набоков, выдающийся форвард Сергей Федоров, замечательный снайпер Илья Ковальчук, входящий в число сильнейших защитников мира Андрей Марков и другие отличные игроки. До финала сборная России выигрывала во всех матчах. Но ее победа на мировом первенстве — хотя очень логичная и очень правильная — не могла не стать грандиозным праздником, таким, который обеспечивает как раз большие сенсации.

Между Мюнхеном и Квебек-Сити были сплошные поражения. На всех соревнованиях — мировых первенствах, Олимпиадах, Кубках мира. На всех стадиях — в шаге, в двух и совсем далеко от золота. Всех оттенков — нелепые, позорные и просто обидные, как в 2007-м, в Москве, когда в полуфинале сборную России, всех крушившую, в полуфинальном овертайме на Ходынке выбили финны. По всем возможным причинам. Из них, этих причин, можно было бы составить целый справочник на тему «Из-за чего можно проиграть в хоккей». И эта полоса нескончаемых поражений наводила на мысль о том, что над российским хоккеем повисло какое-то проклятие.

Оно было снято в том матче, в котором, казалось, снять его уж точно невозможно. Эту игру надо было смотреть с трибуны. И оглохнуть от рева зрителей за пять с небольшим минут до конца первого периода, когда Брент Бернс забил в большинстве «пять на три» третий канадский гол в ответ на один российский Александра Семина. Канадская публика блестяще разбирается в хоккее. И она уже чувствовала запах крови. Она уже видела, что шведские арбитры щадят Канаду и не щадят Россию. Не обращают внимания на то, что сзади цепляют Максима Сушинского, предоставляя Крису Кунитцу возможность пальнуть в «девятку» ворот Евгения Набокова, зато удаляют Федорова за выброс шайбы, хотя это был явный рикошет. И, разумеется, видела, что соперники не то чтобы «плывут», но по крайней мере не выполняют тренерский план — тормозить мощных канадских форвардов до красной линии.

И, конечно, не смогла не почувствовать, что где-то в середине матча, обменявшись к тому времени шайбами, команды словно поменялись душами. Канадцы, только что давившие, вдруг «сдулись». Они отбивались. А спортивный комплекс Colisee Pepsi притих. Вернее, притихла часть зрителей, болевшая за Канаду. Та, которая болела за Россию, наоборот, стала выигрывать в одну калитку. И это она уже чувствовала запах чей-то крови.

И канадцы, уже совершенно забывшие об атаке, пропустили в третьем периоде от Алексея Терещенко. Россиянам, чтобы перевести матч в овертайм, требовалось забить еще — подавленной, жмущейся к своим воротам, но все же еще сохраняющей способность отмахиваться от чужих атак Канаде, к тому же имеющей в воротах неплохого Кэма Уорда. Он брал сложнейшие броски. Не взял хитрющий, из-под Джея Боумистера, от Ковальчука — бросок-невидимку.

А тот открыл счет своим голам на чемпионате, как по заказу, тогда, когда это было нужнее всего. И он же закрыл этот чемпионат — на пару с Риком Нэшем.

Это Нэш, несчастнейший, может быть, в тот день человек во всей Канаде, выбросил шайбу через борт в овертайме и заработал от шведских судей малый штраф. Прошло чуть меньше минуты — и Ковальчук метнул шайбу под ловушку Уорда. Таким способом он уже пробовал забить ему в третьем периоде. Тогда Уорд среагировал. В овертайме бросок был точнее и сильнее ровно настолько, чтобы сделать российскую команду «золотой».

А чтобы понять, почему она такой стала, стоило увидеть и услышать еще кое-что. Скажем, Ковальчука, который после матча наотрез отказывался говорить о себе, зато с удовольствием говорил о команде и ее тренерах: «Поверьте, работать с ними — колоссальное удовольствие. Это постоянный позитив, постоянное ощущение свободы. Ты заряжаешься от них энергией». Или главного тренера Вячеслава Быкова, который, по идее, мог бы обидеться на тех, кто рассматривался в качестве кандидата, но не стал играть за сборную. А он благодарил их всех: «Я ведь знаю, что они нас тоже поддерживали».

И стоило съездить в гостиницу Concorde, в которой жила в Квебек-Сити сборная и рядом с которой болельщики в ее свитерах хором пели «Катюшу». А уже ставший чемпионом мира Набоков все пересматривал эпизод с голом Хитли. Он пытался понять, как мог пропустить в ближний угол...

И стоило там, в Concorde, послушать Федорова, объяснявшего нечто, на его взгляд, безумно важное: «Почему я приехал в сборную? А я знал, что за скамейкой, за моей спиной, будет стоять человек, который даст мне силы. Лично мне, во всяком случае. Человек, с которым мы вместе играли в ЦСКА, в сборной Союза. Я ведь прошел ту школу — Вячеслава Быкова, Андрея Хомутова, Вячеслава Фетисова, Владимира Крутова, Сергея Макарова, Николая Дроздецкого, Игоря Ларионова. Я у них учился. Без них все это было бы невозможно».

После победы в Квебеке не прятали эмоции даже те, кому это вроде бы положено по рангу, даже те, для кого наши хоккейные триумфы когда-то были событием привычным и кто сам на льду добывал их для страны. Великий вратарь Владислав Третьяк сравнивал этот матч с первым суперсерии-1972. «Это ведь чудо! Настоящее чудо! Мы и сегодня их переломили! На чужой площадке, в Канаде, в исторический для хоккея год!» — говорил он в десяти метрах от бурлившей раздевалки победителей в Colisee Pepsi.

Великий защитник Вячеслав Фетисов вспоминал, что после четвертьфинала со Швейцарией подошел к Ковальчуку, так и не забившему на тот момент еще ни одного гола, а вдобавок заработавшему дисквалификацию на полуфинальный матч, и сказал ему, что тот обязательно «выстрелит» в «золотой» встрече, только надо успокоиться. Форвард успокоился и стал героем. Судя по голосу Фетисова, ему самому, выигравшему в хоккее абсолютно все, не удалось успокоиться и спустя четыре часа после игры.

38-летний Федоров, тоже все в карьере уже выигравший, отвечая на вопрос, схожи ли его ощущения после успеха в Квебеке с теми, которые он испытал, завоевав предыдущий свой чемпионский титул в 1990-м, ответил: «Очень! У этой победы такой же хороший вкус. Настоящий, золотой». Эмоций, кажется, совершенно не осталось лишь у главного творца триумфа. Вячеслав Быков улыбнулся после матча, кажется, всего пару раз. «Внутри пустота. Все эмоции выплеснулись», — признавался он.

Третьяка, Фетисова, Федорова, Овечкина, с какой-то космической скоростью рассекавшего по площадке с российским флагом в руках после убившего Канаду гола, кричавшего в телекамеру: «Это для тебя, Россия!» — и плакавшего на церемонии награждения автора гола, можно было понять. Российская сборная одержала особенную победу. Особенную и оттого, что состоялась она в столице провинции, где дети, как шутят местные, рождаются с клюшками в руках, где хоккей — религия, культ, и оттого, что ждали ее чересчур долго. С германского чемпионата мира 1993 года — последнего крупного хоккейного турнира, ею выигранного. Тогда Быков был еще хоккеистом, а многие из его подопечных попросту не помнили того турнира — так это было давно.

> ЭТО НАСТОЯЩЕЕ ЧУДО! МЫ И СЕГОДНЯ ИХ ПЕРЕЛОМИЛИ! НА ЧУЖОЙ ПЛОЩАДКЕ, В КАНАДЕ, В ИСТОРИЧЕСКИЙ ДЛЯ ХОККЕЯ ГОД!
>
> ВЛАДИСЛАВ ТРЕТЬЯК О ПОБЕДЕ НА ЧМ ПО ХОККЕЮ 2008 ГОДА

Но все же не так давно, как в футболе. В последний раз в финал европейского чемпионата по футболу пробилась еще советская сборная под руководством блистательного Валерия Лобановского аж в 1988 году. С тех пор речи не шло не только о финале, но даже о выходе из группы.

Так что в том, что ночью 19 июня 2008 года, после того как словацкий арбитр Любош Михел дал последний в третьем четвертьфинале чемпионата Европы свисток, праздновать успех сборной России на улицы Москвы вышло более полумиллиона человек, не было ничего удивительного. Это была выдающаяся победа, даже на фоне тех, которые были одержаны на групповом этапе над греками и шведами. И не только потому, что после нее российская команда уже обеспечила себе медали турнира, на который приехала, чтобы биться за выход из группы.

Аналога этой победы в российской истории подобрать просто невозможно. Сборная Голландии стала всего третьей из стабильно входящих в мировую футбольную элиту футбольной жертвой России. Но две предыдущих — французы в 1999 году в Сен-Дени и англичане в 2007 году в Москве — были обыграны все-таки не в финальных, а в отборочных турнирах, и обыграны не столько на классе, сколько на кураже и характере, благодаря случающимся в футболе озарениям, которые иногда посещают отдельные команды и отдельных игроков.

Базельский триумф был совершенно иного рода. Он состоялся в матче не просто с сильной и статусной командой, а с командой, чья игра в группе произвела невероятно сильное впечатление. Командой, разгромившей чемпионов мира итальянцев и вице-чемпионов французов, уверенно справившейся вторым составом с сильными румынами. Командой, которая, несомненно, была здорово готова к Евро-2008 и его золото уже считала абсолютно реальной целью. Он состоялся в матче, выигранном не на кураже и везении, а напротив, вопреки тому, что везения не было, зато было явное российское игровое превосходство.

Базель в ту субботу превратился, по существу, в свой для сборной Голландии город. Голландцев туда прибыло сто тысяч человек — минимум в пять раз больше, чем россиян. А немецкая газета *Bild*, описывая активность людей в оранжевых майках, писала, что «базельские пивные были осушены ими до последней капли».

Эти люди заранее праздновали победу. И каким же для них шоком должно было стать то, что происходило на поле стадиона «Санкт-Якоб парк»! Голландия, сразу забиравшая контроль над мячом в матчах и с Италией, и с Румынией, была вынуждена отдать его сопернику и гнуться под его натиском, а ее болельщики на трибуне за воротами Эдвина ван дер Сара — слушать громкое «Вперед, Россия!» с противоположной и наблюдать за тем, как их бесподобную сборную давят, давят и давят. А та, время от времени намеренно, чтобы в походящий момент резко и больно «спружинить», поддававшаяся давлению и итальянцев, и французов, на сей раз не «пружинила», а просто отбивалась.

ОДИН ХОРОШИЙ ГОЛЛАНДСКИЙ ТРЕНЕР ОБЫГРАЛ
11 ХОРОШИХ ГОЛЛАНДСКИХ ПАРНЕЙ.

АНДРЕЙ АРШАВИН О ПОБЕДЕ НАД СБОРНОЙ ГОЛЛАНДИИ
НА ЧЕ 2008 ГОДА

Где были потрясающие голландские плеймейкеры Уэсли Снейдер и Рафаэль ван дер Варт? Метались в поисках мяча, а изредка добывая его, тут же натыкались то на Сергея Семака, то на Игоря Семшова, то на Константина Зырянова. Голландия осталась без центра поля.

Где были ее великолепные фланговые игроки, которые могли хотя бы отчасти компенсировать беды в центральной зоне? На правом голландском фланге Халид Булахруз, который все же вышел на поле, несмотря на страшную трагедию — за несколько дней до матча у него умер новорожденный ребенок, и при помощи Дирка Кейта не мог справиться с Жирковым. В середине первого тайма ван Бастен перебросил Кейта налево — там, где Джованни ван Бронкхорста, всегда активного, запер у собственной штрафной Иван Саенко.

Картина, даже после того как голландцы чуть-чуть освоились, все равно выглядела какой-то сюрреалистичной. Россияне наступают — и наступают красиво. И в этих атаках все время создают что-то неприятное у ворот Эдвина ван дер Сара — как в том эпизоде, когда Аршавин, убрав одним движением Андре Ойера, пробил в дальний угол, и голландскому голкиперу пришлось растянуться во весь свой огромный рост, чтобы выудить мяч из ворот. Или как в том эпизоде, когда его опять выручили рост и длина рук — после страшной силы удара Дениса Колодина под перекладину. А голландцы, эталон красивого футбола, получают шансы — но исключительно на «стандартах» и чужих ошибках. Но эти голландские шальные штрихи нисколько не портили создаваемое Россией яркое полотно. Чтобы придать ему совсем очевидный блеск, россиянам во втором тайме понадобилось десять минут. Умница Аршавин выложил мяч на вырвавшегося в штрафную слева Семшова, тот прострелил в центр, а там Павлюченко выскочил из-под Йориса Матейсена и переправил мяч в сетку.

Этот гол, казалось, стал для Голландии приговором. Марко ван Бастен исчерпал лимит замен на исходе игрового часа. Он срочно пытался что-то менять — но ничего не менялось. Россияне в контратаках кромсали голландскую защиту так же, как и за три дня до этого шведскую. Мог забивать подключившийся Анюков — его удар остановил у «ленточки» ван дер Сар. Мог забивать Динияр Билялетдинов — но почему-то не пошел на прострел Аршавина. Мог забивать Павлюченко — но не перекинул, выходя один на один, голкипера. Мог после изумительного паса Жиркова забивать Дмитрий Торбинский — но мяч выбили у него из-под ног.

Счет в концовке мог стать 5:0 в пользу сборной России, а стал 1:1. Любош Михел выжал для голландцев шанс, заметив случайное попадание мяча в руку Павлюченко где-то у бровки. И единственное нормально действовавшее в тот день голландское оружие — «стандарты» — выстрелило наконец не холостым, а боевым. Ван Нистелрой подкараулил подачу Уэсли Снейдера у дальней штанги и головой вбил мяч в наши ворота, подарив Голландии надежду, на которую она вовсе не наиграла.

Когда Любош Михел перед финальным свистком вытащил из кармана красную карточку для Колодина, на самом деле прокатившегося мимо ног Снейдера — это было уже что-то за пределами добра и зла. Хорошо, что затем он, подойдя посоветоваться к лайнсмену, зафиксировавшему, что за секунду до колодинского подката мяч выскочил за лицевую, отменил удаление.

А дальше был овертайм и продолжение странных событий, никак не вяжущихся с репутацией футбольной сборной России — команды, которая не умеет держать удар. Команды, к чьим лучшим качествам «физика» не относится. Голландцы, находившиеся после своего чудесного спасения на эмоциональном подъеме, в подъем игровой его воплотить так и не сумели. Марко ван Бастен признавался, что был потрясен тем, насколько очевидным было превосходство россиян в дополнительное время в скорости: «Весь овертайм мы играли вшестером...»

Игра шла в одни ворота, а каждая российская атака была опаснее предыдущей. Аршавин пробил с линии штрафной — выше. Павлюченко, сместившись в центр, пальнул в крестовину. Аршавин выложил почти идеальный пас Торбинскому, но ван дер Сар взял его удар в касание. Йон Хейтинга свалил просочившегося в штрафную Жиркова, однако Михел испугался указывать «на точку».

Эдвин ван дер Сар говорил, что в те минуты уже не думал ни о чем, кроме серии пенальти. Она представлялась ему последней возможностью как-то совладать с невероятно мощным противником. Но в середине второго из дополнительных таймов Андрей Аршавин ушел от Ойера и выложил как на блюдечке изумительный навес от лицевой Дмитрию Торбинскому, который этот момент упустить уже не мог, даже если бы захотел: мяч опустился ему на левую ногу на «ленточке». А через четыре минуты ударом между ногами ван дер Сара Аршавин избавил Россию даже от тени печальной для нее концовки основного времени, а заодно спас комиссию УЕФА от споров, кому вручать приз «Лучший игрок матча». «Футболист, блестяще двигающийся и блестяще видящий поле. Футболист мирового уровня», — объяснял спустя полчаса и так всем очевидное член этой комиссии, знаменитый в прошлом датский защитник Мортен Ольсен. А сам Аршавин, оцененный *The Guardian* после этой встречи в £12 млн, объяснял, что все дело скорее не в игроках, а в том, что «один хороший голландский тренер обыграл 11 хороших голландских парней». И правы были оба.

Интересно, что триумф сборной СССР на чемпионате Европы 1960 года был очень похож на победу, состоявшуюся почти 50 лет спустя. А ведь ее могло и не быть.

Дело в том, что первый чемпионат Европы (или, как его тогда называли, Кубок европейских наций) чуть было не сорвался. По регламенту стран-участников турнира должно было быть не меньше 16, но многие федерации — скажем, все четыре британские — почему-то не захотели подавать заявки. Организаторы, которые, говорят, уже думали о том, чтобы отменить Кубок, были спасены буквально в последние дни. И 29 сентября в «Лужниках» в присутствии более чем 100 000 зрителей состоялся первый матч европейских первенств. Сборная СССР начала свой путь к финалу с гола, забитого Анатолием Ильиным, и победы над Венгрией 3:1. В ответном матче советские футболисты снова выиграли 1:0 и в четвертьфинале вышли на Испанию.

Этой сборной тогда опасалась вся Европа (напомним, что именно на конец 50-х пришелся расцвет мадридского «Реала», завоевывавшего один Кубок европейских чемпионов за другим). Но встретиться с Франсиско Хенто и другими его лидерами нашим не довелось. Правительство генерала Франко посчитало, что испанским спортсменам состязаться с коммунистами нельзя, и Испания снялась с чемпионата. Так сборная СССР, которой руководил Гавриил Качалин, попала во Францию, где проходила заключительная стадия чемпионата (тогда медали разыгрывались в своеобразном «финале четырех»).

Сюрпризом ее появление там ни для кого, в общем-то, не стало. Советский футбол уже тогда пользовался достаточным авторитетом. Его принесли победа на Олимпиаде в Мельбурне в 1956 году и весьма солидное для дебютантов выступление на чемпионате мира в Швеции два года спустя. И фамилии таких наших футболистов, как полузащитники Юрий Войнов и Игорь Нетто, форварды Слава Метревели и Валентин Иванов, в то время уже были хорошо известны в Европе. А Лев Яшин уже не один год считался лучшим голкипером мира. Знали в Европе и о том, чем сильны советские футболисты: в первую очередь физической подготовкой, умением действовать быстро и жестко на протяжении всего матча.

В полуфинальном матче в Марселе сильные стороны советского футбола опробовала на себе команда Чехословакии. Команда, между прочим, не слабая: за нее выступали три европейские суперзвезды — Йозеф Масопуст, Ян Поплухар и Ладислав Новак. Но с соперником она ничего поделать не могла. Блистал Иванов. После его прорыва был забит первый гол. Второй он забил сам, показав отменный дриблинг. Потом отметился мячом Виктор Понедельник. А на 67-й минуте Йозеф Войта, видимо, испугавшись Яшина, промазал пенальти.

До финала также добрались мощные в те годы югославы, одолевшие хозяев, — техничная, тактически великолепно обученная сборная. И в первом тайме матча на «Пар де Пренс», за которым, кстати, наблюдали всего-то 17 с небольшим тысяч человек (как тут не вспомнить лужниковский ажиотаж вокруг рядовой вроде бы встречи предварительного раунда), она имела преимущество. Югославские лидеры Драгослав Шекуларац и Бора Костич доставили советской обороне кучу проблем. Мы в конце концов пропустили. Гол был довольно курьезный: Дражан Еркович навесил, а мяч то ли от Милана Галича, то ли от некстати оказавшегося рядом с воротами капитана Нетто отскочил в сетку.

Тем, что югославам не удалось развить успех, наши футболисты обязаны не Льву Яшину, выручившему команду с полдюжины раз, а тем, что им не удалось удержать преимущество, — его коллеге Благое Виданичу, который в начале второго тайма отпустил мяч после дальнего удара Валентина Бубукина и позволил добить его Метревели.

А потом стало сказываться превосходство СССР в «физике». Еще в основное время Иванов упустил отличный шанс все завершить. А гол — возможно, самый знаменитый и важный в истории советского футбола — состоялся уже в дополнительное время благодаря умению Виктора Понедельника играть головой.

В награду автор «золотого» мяча и другие участники победного финала — Лев Яшин, Гиви Чохели, Анатолий Крутиков, Анатолий Масленкин, Юрий Войнов, Игорь Нетто, Слава Метревели, Валентин Иванов, Валентин Бубукин, Михаил Месхи — получили (ну, разумеется, помимо торжественной встречи на родине) возможность посетить банкет на Эйфелевой башне, а также по $ 100 на каждого в качестве премиальных.

Основное отличие этой победы от базельской даже не в том, что сборная СССР выиграла чемпионат, а сборная России — лишь репутацию (которую не замедлила подпортить, пролетев мимо чемпионата мира), а в том, что одна была практически закономерной, а другая — все же неожиданной.

Но не более неожиданной, чем та, что случилась годом ранее в Испании. 17 сентября 2007 года баскетбольная сборная принесла российскому спорту одну из самых красивых побед в его истории. В финальном матче чемпионата Европы в Мадриде россиянами, чьим потолком считался четвертьфинал, были обыграны — 60:59 — его хозяева, чемпионы мира, испанцы.

Последнее золото отечественный мужской баскетбол завоевал очень давно. Это случилось более 20 лет назад — в 1988-м, на выигранной великой командой СССР с Арвидасом Сабонисом, Александром Волковым, Шарунасом Марчюленисом, Валерием Тихоненко сеульской Олимпиаде. Российская сборная постепенно превратилась в рядового середняка. Ведущие клубы России благодаря иностранным легионерам брали еврокубки. А национальная команда, укомплектованная в основном теми, кого легионеры вытеснили из клубной основы, терпела провал за провалом, после серебра чемпионата мира 1998 года неизменно финишируя вдалеке от призовых мест крупных соревнований или вовсе не проходя отбор на них.

Определить основную составляющую российского чуда в Испании очень просто. Она американского происхождения. В США родился Джон Роберт Холден, забивший за две с половиной секунды до сирены «золотой» мяч в испанское кольцо: только ради этого одного стоило затевать историю с представлением ему российского гражданства. В США за клуб НБА «Юта Джаз» выступает признанный самым ценным баскетболистом чемпионата Европы Андрей Кириленко, который провел два гениальных матча — в полуфинале с Литвой и в финале с Испанией.

В сильнейшей лиге мира играл и демонстрировавший по ходу чемпионата потрясающий баскетбол Виктор Хряпа, вошедший, будучи форвардом, в пятерку лучших ассистентов турнира. А самое важное — американец — главный тренер сборной. Дэвид Блатт, без сомнения, был героем номер один испанского чемпионата.

То, что эта победа является в первую очередь тренерской заслугой, абсолютно очевидно. Ведь состав сборной России в Испании на три четверти повторял состав предыдущего первенства в Сербии. Кириленко, Хряпа, Пашутин, Саврасенко, Моня, Моргунов, Самойленко — все они безуспешно бились много лет в четвертьфинальный потолок. «Я горжусь тем, что мы смогли изменить характер, лицо и стиль сборной России», — сказал после мадридской победы Дэвид Блатт. И с ним невозможно было спорить. По именам, по статусу баскетболистов такая же, как та, что терпела поражения на предыдущих чемпионатах, команда сыграла совершенно по-новому.

У сборной Блатта в порядке было все. Его команда умела плотно защищаться, ставить прессинг, проводить не только привычные скоростные атаки, но и разыгрывать сложные, отработанные до автоматизма комбинации в позиционном нападении. А находок в ее игре — вроде резкого паса с периметра Хряпы под кольцо — было больше, чем у какой-либо другой сборной.

Но еще поразительнее был сумасшедший настрой команды. В Испании так ярко или по крайней мере полезно, как не играл, может быть, никогда в жизни, сыграл почти каждый из ее игроков. В том числе Андрей Кириленко, затмивший участвовавших в чемпионате суперзвезд НБА Газоля, Паркера, Новицки. «Это лучшая команда в моей карьере», — признался после финала капитан сборной России.

В ведь назначение Дэвида Блатта первым иностранным тренером в истории сборной представлялось очень рискованным шагом со стороны Российской федерации баскетбола. У Блатта был совсем скромный послужной список. Репутацию классного специалиста он получил, исполняя шесть лет функции помощника главного тренера в «Маккаби» из Тель-Авива, а единственную победу в должности руководителя тренерского корпуса одержал в 2005 году с санкт-петербургским «Динамо» в Евролиге FIBA — второразрядном еврокубке. Но эффективность его работы превзошла в итоге все самые смелые ожидания.

И доля удачи в этом результате была невелика. О тренерской удаче говорить нельзя хотя бы потому, что сборной России пришлось прорываться сквозь невероятно тяжелую турнирную сетку. На втором этапе она обыграла действовавшего обладателя континентального титула — Грецию. В четвертьфинале — приехавшую за медалями Францию с лучшим баскетболистом финальной серии чемпионата NBA Паркером. В полуфинале — состоявшую исключительно из игроков топ-уровня Литву, которая, как и французы, разгромила россиян в августе в контрольном матче. Наконец, в финале она справилась с Испанией. Сборной, завоевавшей в 2006 году звание чемпиона мира и к участию в домашнем первенстве привлекшей всех своих лидеров — Пау Газоля, Хуана Карлоса Наварро, Хорхе Гарбахосу, Хосе Кальдерона, Руди Фернандеса. Сборной, обреченной, казалось, на победу.

Россияне справились с ней, несмотря на очень лояльное судейство по отношению к хозяевам. Несмотря на поддержку 15-тысячного зала. Несмотря на достигнутое теми на старте второй четверти — после трехочкового Хорхе Гарбахосы — преимущество в 12 очков: такое испанцы, если разыгрались, обычно не отдают.

Сборная России заставила его отдать. Кириленко, на счету которого 17 очков, пять подборов, две передачи и перехват, и Хряпа с семью очками, десятью подборами и четырьмя передачами играли так уверенно, будто бы им противостояла не лучшая, а десятая команда мира. Молодой Антон Понкрашов, которому до финала доставался минимум игрового времени, был брошен Блаттом в бой в решающий момент — и забил важнейший трехочковый, а потом отдал великолепный пас на дугу Хряпе. Они и все остальные бились так, словно это был последний матч в их жизни.

А испанцы, столкнувшись с непривычным градусом сопротивления, занервничали. Газоль мазал штрафные. Наварро, фантастический снайпер, — все свои броски. Россияне все-таки добились концовки, ставшей секундами торжества Холдена. Обокрав зазевавшегося Газоля, он обеспечил россиянам, проигрывавшим 58:59, право на решающую атаку. И в этой атаке сам взял на себя ответственность за бросок. И судьба вознаградила Холдена и всю сборную России за отвагу, отправив мяч от дужки не в протянутые к нему испанские руки, а в кольцо. Газоля, пытавшегося спасти Испанию, атакуя с сиреной, она наградить не посчитала нужным.

> 15 ТЫСЯЧ ЗРИТЕЛЕЙ НЕ ПОНИМАЛИ, ЧТО ПРО-
> ИЗОШЛО. ТОЛЬКО МЫ БЕГАЛИ ПО ПЛОЩАДКЕ.
>
> АНДРЕЙ КИРИЛЕНКО О ПОБЕДЕ НА ЧЕ ПО БАСКЕТБОЛУ
> 2007 ГОДА

И если заключительные мгновения этого матча кому-то напомнили три последние секунды олимпийского финала 1972 года в Мюнхене, то это правильно. Тогда мы проигрывали сборной США одно очко — американцы забили оба штрафных после ошибки Александра Белова. Тот рванул под их кольцо едва ли не раньше, чем Дуг Коллинз выбросил свой второй штрафной. Иван Едешко, вводя мяч в игру, запустил его по крутой дуге через всю площадку, и Белов, выловив передачу в борьбе с двумя американцами, вместе с сиреной принес нам победные два очка.

Но разве восторг, охватывающий спортсменов и зрителей после неожиданных побед, больше и искреннее, чем торжество после победы «запланированной» (как будто такие вообще бывают)? На Олимпиаде 2004 года в Греции триумф российской сборной по синхронному плаванию был, казалось, гарантированным. Настолько, что уникальная программа для выступлений готовилась вопреки всем канонам синхронного плавания. Главный тренер сборной Татьяна Покровская не ставила перед собой цель воплотить какие-либо образы, а просто хотела подарить людям праздник с помощью эксклюзивной, написанной специально для российской сборной самбы.

Зазвучал зажигательный ритм, россиянки прыгнули в воду и начали танец — и вдруг музыка оборвалась. Восемь девушек продолжали танец. Как Ирина Роднина и Александр Зайцев, откатавшие свою программу на золото на чемпионате мира в 1973 году тоже без музыки. Но спустя несколько секунд свисток выгнал синхронисток из воды на бортик. Неподалеку суетились люди в официальных костюмах, решавшие, как быть.

> ЧТО БЫЛО БЫ, ЕСЛИ БЫ НАС НЕ ВЫЗВАЛИ ИЗ ВОДЫ?
> ПРОДОЛЖАЛИ БЫ БЕЗ МУЗЫКИ!
>
> МАРИЯ КИСЕЛЕВА О ПОБЕДЕ В СИНХРОННОМ ПЛАВАНИИ
> НА ОЛИМПИАДЕ-2004

Одна девушка, не участвовавшая в выступлении, побежала за другим, рабочим диском, поскользнулась, упала и заплакала. Навзрыд плакал весь вечер и диджей Пепе, который в радиорубке был ответственным за трансляцию музыки. Он ничего не мог понять в происшедшем и брал всю вину на себя.

«В первый раз такое происходит! — вспоминала те жуткие минуты Мария Киселева. — Поддерживали друг друга, говорили, что, может, это и к лучшему: во второй раз сделаем все еще лучше... Что было бы, если бы нас не вызвали из воды? Продолжали бы без музыки». Она рассказывала об этом через четверть часа после того, как девушки, чье состояние легко можно представить, второй раз вошли в ту же воду. Наверное, никто не удивился бы, если бы они что-то в своей программе сорвали. Но они не сорвали ничего. Был безумный темп, безумные по эффектности поддержки, идеальная синхронность. И все «десятки» за артистизм, гарантировавшие, что остальным не светит в этих соревнованиях ничего. Наш карнавал в Афинах состоялся.

Глубокой ночью победительницы появились в Bosko-доме. Девушки, стершие театральный грим, делающий их лица преувеличенно славными, выглядели даже более соблазнительно. Этому не в последнюю очередь способствовало то, что отсутствие грима создавало странную иллюзию доступности. У этих девушек можно было без зазрения совести попросить телефон и даже рассчитывать, что его дадут.

Подобная иллюзия тут же, похоже, овладела всеми без исключения борцами, ожидавшими синхронисток. Энтузиазм проявили все, и прежде всего Хасан Бароев, который, подойдя к столику пригласить какую-нибудь девушку на танец, взял за талию одну из них, но так галантно при этом махнул рукой, что в ней оказались сразу еще три.

Оркестр Игоря Бутмана с воодушевлением сыграл мелодию популярной песни «Если б я был султан» из кинофильма «Кавказская пленница» и перешел к популярной песне «А нам все равно» из кинофильма «Бриллиантовая рука». Девушки вместе с борцами тоже пели эти песни (в танце).

Пол крыши выдержал.

Ночь переходила в утро, и все было как надо и даже лучше, но чего-то все-таки, как это иногда бывает, недоставало. Люди с такой легко ранимой психикой тонко чувствуют эти вещи. В какой-то момент Игорь Бутман, вспоминая на своем саксофоне одну мелодию из Джеймса Брауна, посмотрел на борца-осетина, одиноко стоящего у лестницы, ведущей вниз, к выходу. Что-то такое Игорь Бутман прочел в его глазах... Что-то, из-за чего без раздумий и колебаний перешел к лезгинке. Борец услышал лезгинку на саксофоне позже, чем заработали его руки и ноги. Через мгновение ходуном ходила вся крыша.

Но она выдержала и это испытание.

Оставалось спеть гимн России. Всем, кто не помнит его наизусть, раздали текст. В руках каждого посетителя Bosko-крыши оказался, таким образом, лист бумаги. Пока синхронистки, а также три победительницы в прыжках в длину пели, внизу на улице собралась огромная толпа горожан.

Веселье продолжалось до восхода солнца.

Часа через три после этого девушки, бодрые и отдохнувшие, пройдя жизнеутверждающую процедуру допинг-контроля, были уже в 30 километрах от Афин, в закрытом клубе «Мета-Суньо» на берегу моря, у подножия храма Посейдона. У них здесь была запланирована party без посторонних, т. е. девичник.

Храм Посейдона сиял над бухтой, как сахарная голова. Девушки на святилище царя морей даже не оглянулись. Зачем им — и так богини.

Вид шести (отсутствовали Мария Киселева и Ольга Брусникина) загорелых девушек, олимпийских чемпионок, несмело входящих в воду, навсегда и совершенно заслуженно останется в памяти обслуживающего персонала этого отеля.

Творцы легенды

- Майкл Джордан
- Уэйн Гретцки
- Лэнс Армстронг
- Сергей Бубка
- Елена Исинбаева

Уилт Чемберлен, Ларри Берд, Карим Абдул-Джаббар, Ирвин «Мэджик» Джонсон (кто-то назовет еще с десяток фамилий и будет прав) — все они были великими баскетболистами. Но лучшим был один. Его Воздушество. Человек, который умел летать.

Он был бы уникален уже по одной причине. Те, кто видел матчи «Чикаго Буллз» в 90-х, наверняка помнят все это.

Лицо человека, который, кажется, вышел на площадку не на смертельную битву с лучшими баскетболистами мира, а на рядовую игру — так, побаловаться немножко с мячом в свое удовольствие. Ироничная улыбка, чуть высунутый кончик языка — будто он дразнит застывшего напротив в напряжении соперника. Потом — финт и прыжок... Впрочем, нет, это у всех остальных был прыжок. А у него — полет. Он висел над площадкой, нарушая все законы физики. Однажды Майкл Джордан скажет, что всегда чувствовал — он действительно отличается от всех остальных: «Впечатление такое, что к подошвам моих кроссовок кто-то приделал маленькие крылья».

В Америке очень жалели, что, дважды — в 1987-м и 1988 годах — победив в конкурсе по броскам в кольцо сверху, он потом больше никогда в них участия не принимал. Но эти конкурсы в НБА считаются забавой для молодых. А Майкл Джордан уже был к тому моменту, когда победил во второй раз, почти великим. Почти — потому что еще не хватало титула чемпиона. Но давно признанный великим Ларри Берд уже заранее выделит его среди всех — даже величайших. В плей-офф 1986 года Майкл Джордан забросит в корзину «Бостон Селтикс» 63 очка, принесет своему, еще слабому пока, «Чикаго» победу над чрезвычайно сильными бостонцами — и удостоится от живой легенды НБА такой похвалы: «Против нас играл Бог в облике Джордана».

Время стирает в памяти многое. И улыбка Майкла Джордана, его феноменальные полеты и феноменальная статистика стерли, конечно, рассказ тренера «Чикаго» Фила Джексона: «Вообще-то в молодом возрасте у Майкла были большие проблемы. Скажем, с техникой броска. Да с таким дальним броском атакующему защитнику делать в НБА было просто нечего! Я знаю, что он оставался после тренировок — и бросал по кольцу. Сотни раз. Пока не стал бросать лучше всех. А еще постоянно смотрел по видео записи игры своих будущих оппонентов, пока не стал лучшим в защите».

Трудолюбие можно разглядеть. Но можно ли было разглядеть эту способность отрываться от земли, наплевав на притяжение? Вряд ли. «Чикаго» повезло, что клубы, выбиравшие перед ним, видели лишь то, что доступно всем.

А самыми прозорливыми оказались люди отнюдь не из НБА, а из Nike. Еще в середине 80-х они сделали Майкла Джордана лицом своей компании, наладив выпуск кроссовок Air Jordan, придумав не только новый бренд, но и прозвище, которое с тех пор приклеилось к баскетболисту, — Его Воздушество (His Airness). В нынешней НБА есть немало мастеров выпрыгнуть и вонзить мяч в кольцо сверху. Есть виртуозы подобных трюков — Аллен Айверсон, Коби Брайант, Трэйси Макгрэди... Но все они лишь прыгают. А летать пока никто не научился.

После Олимпиады 1992 года тренер первой баскетбольной Dream Team[1] Чак Дэйли рассказывал такую историю. Суперзвезды из сборной США в отличие от остальных спортсменов поселились не в Олимпийской деревне, а в шикарной гостинице неподалеку от Барселоны. Там было, разумеется, и поле для гольфа. Так вот, однажды два больших любителя этой игры — Чак Дэйли и Майкл Джордан — решили выяснить, кто из них сильнее. Тренер выиграл. Он говорит, что никогда не видел Майкла Джордана таким расстроенным. Тот упрашивал дать ему возможность взять реванш. Чак Дэйли, поскольку был поздний вечер, согласился — но перенес встречу на завтра. В четыре утра в дверь его номера постучали. Заспанный, ничего не соображающий Чак Дэйли увидел на пороге Майкла Джордана: «Ты же сказал, что завтра мы играем! Завтра уже наступило...»

---

[1] Dream Team — «Команда-мечта» (или «Команда мечты») — неофициальное (или полуофициальное) название команды (как правило, сборной), где играют ведущие спортсмены лиги. Строго говоря, сборная США по баскетболу на Олимпиаде-92 не была не только первой «Командой-мечтой» в истории (так, например, называли «сборные» лучших рестлеров в США еще в 80-х), но и первой баскетбольной Dream Team. Предположительно, первая «Команда мечты» — сборная Филиппин по баскетболу — участвовала в Азиатских играх 1990 года, где завоевала серебряные медали. Однако в широкий обиход выражение «Команда-мечта» вошло именно после блестящего выступления олимпийской команды США (составленной из лучших игроков НБА) в 1992 году. — *Прим. ред.*

Он ни во что не играл ради игры. Любимая игра баскетболистов «Чикаго» — тонк. Со временем она стала ритуалом: игра предшествовала очередному матчу чемпионата. Ставки — от $10 до $40 за партию. Джордан почти никогда не проигрывал. «Я считал себя неплохим специалистом по тонку. Но когда перешел в "Чикаго" и сел играть против Майкла, был потрясен, — рассказывает защитник «Буллз» Рон Харпер. — Создается впечатление, что он видит карты противника! Не знаю, может, он просто классный шулер, но никому ни разу не удалось уличить его в обмане».

И внешняя расслабленность Майкла Джордана на площадке совсем скоро уже не могла никого обмануть. Во время финальной серии плей-офф в 1996 году тренер «Сиэтла» (этот клуб был соперником «Чикаго») Джордж Карл, специалист, между прочим, с очень хорошей репутацией, позволил себе в интервью одной из газет проанализировать игру Майкла Джордана. Он сказал, что с годами она стала проще — мол, Его Воздушество все реже идет в проход и летит к кольцу, а предпочитает полагаться на свой фирменный средний бросок — с отклонением. И, судя по словам Джорджа Карла, выходило, что проблему Майкла Джордана теперь можно решить.

На следующий день лидер чикагцев, словно специально, вместо того чтобы бросать с дальней и средней дистанции, шел и шел к кольцу, оставляя оппонентов в дураках. 38 очков Майкла Джордана в той встрече «убили» «Сиэтл», а Джорджа Карла превратили в глазах болельщиков в клоуна. Его Воздушество потом еще посыпал тому соль на рану, пошутив в ответном интервью: «Нет, наверное, Карл был прав, утверждая, что я стал хуже. Ведь я собирался набрать не 38, а 60 очков».

Титул чемпиона НБА нельзя выиграть в одиночку. Но, отдавая должное тренерскому таланту Фила Джексона, который принял «Чикаго» в 1989 году и при котором произошло окончательное превращение недавнего аутсайдера в сильнейший, возможно, клуб в баскетбольной истории, отдавая должное таланту партнеров Его Воздушества — Скотти Пиппена, Денниса Родмана, Хораса Гранта, американцы всегда связывают эти шесть побед «Быков» именно с Майклом Джорданом. Просто слишком очевидно, что они состоялись в первую очередь благодаря ему.

В финальных сериях плей-офф соперники — сначала, в 1991 году, «Лейкерс», затем — «Портлэнд», «Финикс», «Сиэтл», дважды «Юта» — придумывали хитроумные схемы нейтрализации Майкла Джордана. Не сработала ни одна.

История НБА — это плюс ко всему прочему история соперничества великих личностей. 60-е годы — Уилт Чемберлен против Билла Расселла, 70-е — Оскар Робертсон против Джерри Уэста, 80-е — «Мэджик» Джонсон против Ларри Берда. Майкл Джордан, признанный Богом даже Ларри Бердом, который — по крайней мере для бостонских болельщиков — сам по-прежнему Бог, убил эту составляющую полностью. Но, как ни парадоксально, НБА от этого только выиграла. И стала проигрывать, когда он уходил.

> ВЫ НЕ ПРЕДСТАВЛЯЕТЕ, КАК Я УСТАЛ.
>
> МАЙКЛ ДЖОРДАН О БАСКЕТБОЛЕ

Споры, почему 6 октября 1993 года Майкл Джордан решил переквалифицироваться в бейсболиста, идут до сих пор. Америка поначалу отказывалась поверить в то, что из «Чикаго Буллз» он уходит в «Чикаго Уайт Сокс» — точнее, в фарм-клуб этой бейсбольной команды «Балтимор», поскольку в главный не проходил по уровню: последний раз Майкл Джордан держал биту в руках в университете. Кто-то называл этот шаг хитрым рекламным трюком, не очень, впрочем, понимая, в чем заключается хитрость. Кто-то говорил, что он чуть-чуть тронулся умом после трагической гибели отца — Джеймса Джордана тем летом убили при загадочных обстоятельствах. Сам Майкл Джордан уверял, что просто устал от баскетбола.

Через два года он прислал в офис «Быков» короткий факс, состоящий из одного предложения: «I'm back». Без подписи. Но ни Филу Джексону, ни Джерри Краузе не надо было уточнять, кто таким странным образом обещает вернуться.

Второй раз Джексон ушел из «Чикаго» и баскетбола в 1998 году. Обещал, что на сей раз точно навсегда. И снова Америка была в шоке и не понимала, почему так происходит. Почему он, только что укравший в финале с «Ютой» мяч у Карла Мэлоуна, пронесшийся с ним через полплощадки и точным броском принесший «Быкам» шестой титул чемпионов, уходит?! Почему уезжает из Чикаго — города, про который сам говорил, что никогда его не покинет?! Знали, конечно, что у него снова обострились отношения с прижимистым хозяином «Чикаго», что тот отказался повысить суммы контрактов двум друзьям Джордана — Филу Джексону и Скотти Пиппену, и те сменили команду. Но все же это был шок.

А Майкл опять повторял: «Вы не представляете, как я устал. Моей жене Хуаните, моей дочери Джасмин, моим двум сыновьям, Джеффри и Маркусу, нужен муж и отец, который всегда рядом с ними...»

Но он снова вернулся. И в 2001 году спас НБА от дефолта. Но волшебство на этом, пожалуй, закончилось. Бог, снова надевший баскетбольную майку с 23-м номером, цифрой, которая ассоциируется в Америке исключительно с одной фамилией — Джордан, кажется, оказался все-таки человеком. Он так и не сумел вывести своих «Волшебников» в плей-офф, хотя играл хорошо и, как и в «Быках», был лидером. Любой другой на его месте имел бы все основания гордиться этими двумя сезонами — но не он. Потому что, как сказал однажды его партнер Стив Керр, между великолепным баскетболистом и Майклом Джорданом есть огромная разница. А он уже не был тем Майклом Джорданом, который не прыгал, а летал, который мог победить в любой момент, когда этого пожелает.

Когда он играл свой последний матч — в Филадельфии — шока уже никто не испытывал: все были готовы к тому, что он должен уйти, давно. Было скорее шоу. Днем в среду у гостиницы Four Seasons в Филадельфии, где остановились перед своим заключительным матчем в сезоне игроки «Вашингтон Уизардз», собрались сотни людей. Ждали, когда же выйдет он — человек, которого в Америке любили даже те, кто не любит баскетбол. Репортеры описывали трогательные сцены. Ну например, такую. Супружеская чета объясняет, почему взяла с собой ребенка — девочку, которой месяц от роду: «Как почему?! Она подрастет, и мы ей скажем: "Соня, ты видела Майкла Джордана, когда он еще играл!"»

ДЛЯ ВСЕХ ЭТА ГОНКА ДЛИТСЯ ТРИ НЕДЕЛИ. ДЛЯ МЕНЯ — ГОД.

Лэнс Армстронг о «Тур де Франс»

На саму игру, уже ровным счетом ничего не значащую для вашингтонцев и почти ничего не значащую для филадельфийцев, аккредитовываются две сотни журналистов — как на финальную серию плей-офф. На разминке Джордану дарят маленький гольфкар со всем знакомым номером 23 и логотипами «Быков» и «Волшебников» на борту. Майкл Джордан улыбается: действительно, для него, настоящего фаната гольфа, — подарок отличный. Вдвойне приятный, потому что вывозят машинку на сцену две легенды NBA — Мозес Мэлоун и Джулиус Ирвинг.

Потом — эмоциональное выступление главного тренера филадельфийцев Ларри Брауна, объявление составов команд. «Взрыв» зала, когда называется последняя в списке фамилия — игрока, ради которого здесь все, собственно, и собрались. Потом — сам матч.

Его Джордан сыграл так, как играл обычно те два сезона, что прошли со времени его второго возвращения в баскетбол, — больше на команду, чем на себя: 15 бросков, 15 очков, 4 подбора. Рядовая статистика. Но каждый бросок и подбор сопровождались овациями, каких не удостаивался в филадельфийском зале никто, кроме него.

А в перерывах овациями сопровождались видеоролики, в которых публика увидела немного другого Майкла Джордана. Майкла Джордана 90-х. Увидела моменты из матчей «Чикаго», с которым он выиграл шесть титулов чемпиона НБА, встреч All Stars. Полет Его Воздушества над бывшим филадельфийским центровым Мануте Болом, который до 2 м 40 см не дорос совсем чуть-чуть...

Самый последний подарок ему, уже уставшему, но выходившему на площадку просто потому, что требовали болельщики, сделал Эрик Сноу. Он сфолил на защитнике «Вашингтона» — и тот реализовал два штрафных броска. Это были последние очки Майкла Джордана в НБА. После игры он произнес свои первые слова уже в качестве бывшего баскетболиста лиги. «Не скажу, что мне больно уходить, — сказал Майкл Джордан. — Нет, не больно. Время пришло». Праздник — как и следовало — оказался предсказуемо грустным. Но шока не было.

Впрочем, Скотти Пиппен предупредил, что шок еще будет — когда все осознают, что следующего баскетболиста, умеющего летать, ждать придется не один десяток лет. И что столько же лет все опросы по поводу того, кто же лучший американский спортсмен, не будут иметь никакого смысла, поскольку один из них — вне рейтинга. И в газетах еще очень долго не появится заголовок вроде такого: «Джордан в Париже! Это лучше, чем папа римский. Это сам Бог, ставший на время человеком».

Таким же, каким для хоккея был Уэйн Гретцки. Его не приравнивали к божеству, но его «земная титулатура» была вполне сравнима с титулатурой Джордана. The Great One. Великий. Без эпитетов — и так все сказано.

Не стать хоккеистом он просто не мог. В начале 1960-х Канада переживала хоккейный бум, и каждый мальчишка, особенно если он родом из Онтарио, как Уэйн, или Квебека, мечтал попасть в НХЛ. Мечтали об этом и их отцы: профессия хоккеиста стала одной из самых высокооплачиваемых. Игроки, которым посчастливилось оказаться в клубе «Большой шестерки» (в НХЛ тогда играло всего шесть команд), стали зарабатывать за сезон по $100 000, а то и больше, как, например, Мистер Хоккей на тот момент обладатель всех хоккейных рекордов Горди Хоу.

Когда Уэйну исполнилось три года, его отец Уолтер Гретцки соорудил на заднем дворе своего дома в Брентфорде маленькую хоккейную коробку. Позже Гретцки-старший вспоминал, что сразу почувствовал: игра пришлась сыну по вкусу. «Я получал от хоккея огромное, ни с чем не сравнимое удовольствие, — пишет уже сам Уэйн в «Автобиографии». — И главное, с годами игра все больше и больше мне нравилась. В 30 лет я даже получал больший кайф, чем в 15. Возможно, эта страсть и помогла мне стать тем, кем я в итоге стал».

В пять Гретцки начал играть за детскую команду Брентфорда. В десять он поражал всех, регулярно забивая по семь-восемь шайб за игру. О феномене писали во многих канадских газетах, постоянно сравнивая Уэйна с Хоу. И не случайно. В 1970-х Хоу решил уйти из НХЛ во Всемирную хоккейную ассоциацию (ВХА), возникшую в качестве альтернативы главной лиге. Играл 40-летний Хоу по-прежнему ярко. Но кумиром нации, каковым он был на протяжении двух декад, из-за возраста и своего поступка (многие расценивали его уход в ВХА как предательство: погнался, мол, за легкими заработками) быть уже не мог. На идола тянул фантастический защитник Бобби Орр. Но и тот, замученный травмами и болезнями, был уже на исходе. Канадцы хотели нового кумира.

То, что им станет Гретцки, стало ясно, когда он провел единственный сезон за юниорскую команду «Су Грейхаундс» из Хоккейной лиги Онтарио и умудрился забить 70 голов. (Кстати, тогда же на его спине появились две легендарные «девятки», с которыми он так и не расстался. Однажды генеральный менеджер «Грейхаундс» Мюррей Макферсон подошел к Гретцки и посоветовал ему сменить 19-й номер на какой-нибудь более примечательный: «Я думаю, тебе подойдет 99-й».) Сам Хоу не скрывал восхищения игрой талантливого центрфорварда и однажды сфотографировался с Гретцки на память. «Вот кто будет моим преемником», — сказал Горди после той встречи. Уэйн Гретцки позже признался, что это похвала была для него лучшим стимулом в жизни.

Заполучить юное дарование хотел бы любой профессиональный клуб. Но так получилось, что он оказался в ВХА, где никаких ограничений для подписания контрактов с юниорами не было. В 1978 году клуб «Индианаполис Рэйсерс» заключил с 17-летним Гретцки договор на солидную по тем временам сумму — около $ 100 000. Но едва юный дебютант успел стать лидером своей первой профессиональной команды, как руководство решило отдать его другому члену ВХА — «Эдмонтон Ойлерс». Причем вопреки традиции Гретцки не обменяли, а просто продали за наличные. Сколько хозяева «Индианаполиса» заработали на этой уникальной сделке, до сих пор неизвестно. Как бы то ни было, но переход для Гретцки был судьбоносным. В следующем сезоне, не выдержав конкуренции, ВХА развалилась. «Эдмонтон» попал в число клубов-счастливчиков, автоматически принятых в НХЛ.

В ту пору кумир лиге был необходим вдвойне. Творцов, хоккейных интеллектуалов на площадке почти не осталось. В моду вошли кулачные бои, саму НХЛ называли «лигой потасовок», а героями болельщиков стали игроки с весьма характерными прозвищами — Кувалда Шульц, Тигр Уильямс. Симпатичный блондин очень хрупкого по хоккейным меркам телосложения был совершенно не похож на остальных. Специалисты, привыкшие к тому, что рост классного форварда должен составлять как минимум 190 сантиметров, сомневались: а сможет ли Гретцки вообще заиграть в «лиге гигантов»? Уэйн смог.

Еще выступая за «Индианаполис», он стал лучшим бомбардиром ассоциации и доказал, что физические данные ничего не решают. «Это фантастика! У него нет ни скорости, ни физической мощи, а он сильнейший!» — захлебывались от восторга газеты. Потом были блестящие сезоны в «Эдмонтоне». «Единственный способ обыграть Гретцки состоит в том, чтобы атаковать его, когда он стоит во время исполнения государственного гимна», — сокрушался Гарри Синден, генеральный менеджер «Бостон Брюинз». Гретцки ежегодно устанавливал по нескольку рекордов: по количеству заброшенных шайб, по результативным передачам, по количеству хет-триков...

Параллельно шла интенсивная раскрутка суперзвезды: боссы НХЛ быстро поняли, что миловидный, скромный парень может стать идолом не только для молодых фанатов, но даже для домохозяек, никогда не интересовавшихся хоккеем. В журналах постоянно появлялись заметки о Гретцки. Из него сделали представителя НХЛ во всем мире. В начале 1980-х Уэйн даже побывал в Москве, где ему больше всего запомнилась экскурсия в Большой театр. «По сравнению с вашими балеринами я на тренировках просто отдыхаю», — восхищенно заметил Гретцки. И улыбнулся. Он всегда улыбался. На этом настаивал Майк Барнетт, агент хоккеиста (не менее, кстати, великий, чем он сам). Такая политика — заменить беззубый оскал «убийцы» Бобби Кларка, символизировавший старую НХЛ, на белозубую улыбку, — как выяснилось позже, была самой мудрой.

При этом для Северной Америки значение Гретцки не исчерпывалось тем, что он «просто» великолепный хоккеист, талант которого имеет оговоренную контрактом цену. Если, скажем, Джордан стал эталоном преуспевания, то Гретцки — эталоном поведения. Никакого эгоизма на площадке. Ни одного нарушения режима. Всегда вежливый с прессой. Всегда элегантно одетый. Его любили и молодежь, и коллеги, и домохозяйки.

С «Эдмонтоном», командой, которая, по собственному признанию Гретцки, навсегда останется для него родной, Уэйн выиграл четыре Кубка Стэнли. После первого, в 1984 году, он и удостоился титула Великий (в НХЛ считается, что без Кубка даже самый классный игрок не может называться выдающимся). «Эдмонтону» предрекали десятилетнее безраздельное царствование в НХЛ, но случилось то, чего никто не мог предвидеть. Летом 1988 года Гретцки справил свадьбу (не забыл пригласить Хоу) с голливудской старлеткой Джанетт Джонс. И тут же узнал шокирующую новость: владелец «Эдмонтона» Питер Поклингтон решил обменять его в «Лос-Анджелес Кингс», одну из слабейших команд лиги, команду из Южной Калифорнии, где вообще мало кто знал, что такое хоккей! Таким образом хозяин «Ойлерс» рассчитывал поправить свои дела: помимо трех игроков он получил от своего калифорнийского коллеги Брюса Макнолла (которого, кстати, в конце 90-х посадили за финансовые махинации, но тогда он был на коне) весьма солидную сумму.

Уэйн не скрывал слез, когда говорил журналистам о своем переходе: он долго не мог поверить, что с ним так поступили. Он предвидел, что больше ничего не выиграет в НХЛ. Нет, Гретцки по-прежнему оставался лучшим бомбардиром лиги. Первый гол за «Кингс» он забросил первым же броском. В 1989 году получил очередной, девятый по счету (и последний) «Харт трофи» — приз самому ценному игроку НХЛ. В том же году стал абсолютно лучшим бомбардиром за всю историю лиги.

Но, увы, о Кубке Стэнли ему приходилось уже лишь мечтать. Он был близок к своему пятому трофею лишь один раз — в 1993 году, но тогда южане в финале были остановлены «Монреаль Канадиенс». В 1996 году Гретцки обменяли в средненький «Сент-Луис Блюз». Летом того же года он подписал контракт с «Нью-Йорк Рейнджерс», чья команда была слишком стара для того, что выиграть Кубок. Короче, Гретцки-хоккеист от переезда в солнечную Калифорнию проиграл.

> В 30 ЛЕТ Я ПОЛУЧАЛ ОТ ХОККЕЯ БОЛЬШИЙ КАЙФ,
> ЧЕМ В 15. ВОЗМОЖНО, ЭТА СТРАСТЬ И ПОМОГЛА
> МНЕ СТАТЬ ТЕМ, КЕМ Я В ИТОГЕ СТАЛ.
>
> УЭЙН ГРЕТЦКИ О СТРАСТИ

И вот 18 апреля 1999 года он попрощался с хоккеем. Чем будет заниматься дальше, Уэйн не знал: «Наверное, для начала поиграю в гольф». А в хоккее начались поиски «второго Гретцки». В НХЛ много прекрасных игроков, но после ухода Гретцки не осталось ни одного, перед кем бы преклонялась вся нация. А Америке — и тем более Канаде — был нужен новый кумир.

Многочисленные прогнозы, кто из молодых способен стать «вторым Гретцки», стали появляться еще в начале 90-х. Пресса ежегодно находила новую юную звезду, уверяя публику, что именно она когда-нибудь побьет рекорды Великого. Некоторое время наиболее реальным претендентом на вакантный титул «короля хоккея» считался Джо Торнтон, 19-летний центрфорвард из «Бостона». И неудивительно. Торнтон внешне очень похож на Гретцки — светловолосый, всегда улыбающийся, только значительно крупнее. Более того, в юниорах он выступал за ту же команду, что и Великий, — «Су Грейхаундс» — и забивал почти столько же, сколько лучший бомбардир НХЛ всех времен! Да и агентом Торнтона стал «производитель миллионеров» Барнетт, заявивший, что по таланту его новый подопечный нисколько не уступает Великому. В общем, Торнтону предрекали триумф уже в дебютном сезоне. Но чрезмерный ажиотаж погубил восходящую звезду. За два года в НХЛ Торнтон, мягко говоря, ничем не выделился. Поиски были продолжены.

Впрочем, многие считают их бесплодными. «Бросьте, новый Гретцки никогда не появится! — говорит Марк Мессье, лучший друг Великого. — Такие хоккеисты рождаются даже не раз в сто, а раз в тысячу лет». А комиссар НХЛ Гэри Бэттмен заявил, что ни один игрок НХЛ больше не наденет свитер с номером 99.

На фоне блистательной игры и россыпи личных рекордов Джордана и Гретцки тускнели их партнеры — те, без которых, скорее всего, этих рекордов и не было бы вовсе. Скотти Пиппен и Деннис Родман, Пи Джей Армстронг — и сами по себе игроки неслабые — были объединены гениальным тренером Филом Джексоном в команду, которая и позволяла Джордану летать. Рядом с Гретцки звездный час «Эдмонтона» готовили Яри Курри, Марк Мессье и Пол Коффи. Даже величайшему алмазу требуются огранка и оправа — только тогда он станет настоящим бриллиантом. Как, например, Лэнс Армстронг.

Тем, кто с ним не знаком, иногда кажется, что это сверхчеловек, для которого нет абсолютно ничего невозможного. В 1998 году Лэнс победил рак. Он вернулся в спорт после такой болезни, после которой другие не возвращаются к нормальной жизни вообще, — врачи давали ему лишь 10%. Не на возвращение в спорт, а на выживание.

После этого Армстронг выиграл пять подряд «Тур де Франс», чудовищных по напряжению гонок. Складывалось впечатление, что побеждает он по желанию.

Те же, кто с Лэнсом Армстронгом знаком, говорят, что на самом деле он обычный человек. Просто очень хороший, идеальный, можно сказать, спортсмен. Но обычные человеческие слабости и проблемы — травмы, усталость — ему не чужды. Другие пятикратные победители «Тур де Франс» — Жак Анкетиль, Бернар Ино, Эдди Меркс и Мигель Индурайн — тоже выглядели неуязвимыми. Но приходило время, и выяснялось, что появляются соперники выносливее и быстрее.

Главное — это любовь. Главное — любить, быть любимой. От этого крылышки вырастают.
Елена Исинбаева о любви

Всем этим легендам, когда они переставили быть лучшими, кстати, было по 30 — 33 года. Армстронгу в 2004 году — накануне очередной главной велогонки — было 32. И признаки того, что он начал постепенно сдавать, многие заметили еще на «Тур де Франс» — 2003. Он здорово мучился в горах, проиграл первую из двух гонок с раздельным стартом — свою коронную дисциплину — и ликвидировал отставание только благодаря чудовищному рывку из последних сил на одном из этапов в Пиренеях. А еще он признавался, что после того «Тур де Франс» чувствовал себя уставшим как никогда раньше. «Мне нужно теперь очень долго отдыхать. Дольше, чем всегда», — сказал Армстронг журналистам.

Однако многие в 2004 году предсказывали, что даже долгий отдых Армстронгу не поможет — слишком много складывалось против него: с уходом Роберто Эраса, блестящего горного гонщика, ослабла команда U. S. Postal, за которую выступал Армстронг; оргкомитет «Тур де Франс» внес в регламент многодневки несколько изменений, значительно осложнивших американцу жизнь; наконец, его главные соперники, включая замечательного Яна Ульриха, были как никогда в прекрасной форме. Но Армстронг снова победил — и заставил всех заговорить о «загадке Лэнса Армстронга».

Крис Кармайкл, «вечный» тренер велосипедиста, заметил как-то парадоксальную вещь: возможно, побеждать в «Тур де Франс» американцы и, в частности, его подопечный стали потому, что в шоссейном велоспорте они по большому счету были новичками. Европейцы восприняли их всерьез лишь в 80-е, когда появился Грег Лемонд, трижды ставший первым в главной многодневке. А массовое вхождение американцев в шоссейную элиту началось еще позже. Так вот, Кармайкл считает, что эта неуязвимость европейцев, привычка считать «Тур де Франс» чем-то своим, в чем для них не осталось никаких секретов, сыграла с ними злую шутку.

Европейцы, по мнению Кармайкла, оказались невосприимчивы ко всему новому. В отличие от их незашоренных соперников из Америки, для которых новое было, по сути, единственным способом сломать иерархию.

Для этого пришлось сломать саму систему подготовки к «Тур де Франс». В европейской традиции «Тур» — самая престижная — та, о победе в которой нельзя не мечтать, но все же не единственная в сезоне гонка. Побеждать надо стараться и в других соревнованиях — в классических однодневках, в менее значимых многодневках. А через них одновременно и готовиться к «Тур де Франс».

У Лэнса Армстронга все было по-другому: «Для всех эта гонка длится три недели. Для меня — год». Он, конечно, преувеличивал, но немного. К летней «Тур де Франс» все эти семь лет Армстронг начинал готовиться в ноябре, и никакие другие гонки его либо не интересовали совершенно, либо интересовали не с точки зрения результата, а лишь как часть тренировочного процесса. Он нередко выигрывал их, но выигрывал, отрабатывая с командой тактические варианты. А если проигрывал, то нисколько не расстраивался.

Эта вызывало дикое раздражение у соперников. Они говорили: «Вот Эдди Меркс, который выигрывал все подряд гонки, в которых участвовал, был действительно великим». «За 30 лет, прошедших со времен Меркса, шоссейный велоспорт здорово изменился, и многое из того, что делал он, сегодня в силу хотя бы возросшей конкуренции сделать невозможно», — ответил на эти упреки спортивный директор команды Discovery Channel, с которой Армстронг победил и в 2005 году, Йохан Брюнель.

Вообще, в велоспорте никогда не существовало такой команды, как U. S. Postal/Discovery Channel. В ней были собраны гонщики высочайшего класса из 15 стран: олимпийский чемпион в «разделке» Вячеслав Екимов, двукратный победитель Giro d'Italia Паоло Савольделли, Джордж Хинкейпи, Мануэль Бельтран, Ярослав Попович, ставший на Tour-2005 лучшим молодым гонщиком. Во многих командах каждый из них был бы звездой номер один. Здесь же все они занимались по большому счету черновым трудом, и шанс лично отличиться им предоставлялся лишь на менее престижных гонках, чем Tour, где все делалось ради Армстронга. Поразительный факт, свидетельствующий о командной дисциплине в группе: победы на этапах «Тур де Франс» — 2005 Хинкейпи и Савольделли стали первыми, добытыми партнерами Армстронга во всех выигранных им многодневках!

Все интересующиеся шоссейным велоспортом люди, разумеется, в курсе, что лидеру нужна помощь команды. У болельщиков, регулярно наблюдающих за гонками по телевидению, есть и приблизительное представление о том, в чем эта помощь выражается: в том, что лидер остается один на трассе крайне редко — в решающие минуты на финишах этапов. Все остальное время он экономит силы при поддержке грегари.

Но вот важность этой поддержки наверняка мало кто себе представляет. Так вот, 80% энергии во время этапа любой велосипедист тратит на преодоление сопротивления воздуха. И чтобы это сопротивление стало минимальным, надо во время этапа поместить лидера в самую, что ли, комфортную точку внутри его группы, выстраивающейся примерно так, как выстраиваются машины «Формулы-1» на старте. Эта точка находится во втором ряду. Иными словами, партнеры должны быть как впереди, так и позади лидера. Больше всех сил тратит, разумеется, велосипедист, который едет первым (грегари постоянно сменяют друг друга). А вот главная звезда при этой схеме прилагает только 75% усилий от усилий первого.

Но такая схема работает лишь при встречном ветре. Если он подует сбоку, команда обязана тут же перестроиться в косую линию. В Discovery Channel все эти маневры доведены до автоматизма. Что, в общем-то, неудивительно, учитывая опыт и класс грегари Лэнса Армстронга. И понятно, почему американская группа неизменно побеждала в традиционных для «Тур де Франс» командных гонках с раздельным стартом, сразу — уже в первую неделю — обеспечивая Армстронгу отрыв.

Теперь о вещах куда менее известных, а потому интересных. В 2005 году телеканал Discovery, перекупивший сильнейшую велогруппу мира у почтовой службы США, снял документальный фильм «Наука Лэнса Армстронга», который можно расценивать как своеобразный ответ на книгу «Секреты Армстронга», авторы которой — Пьер Баллестер и Дэвид Уолш, — ссылаясь на сотрудников U. S. Postal, рассказали о якобы действовавшей в команде масштабной фармакологической программе. По их словам, запрещенной фармакологией активно пользовался и Армстронг.

В фильме показаны совсем другие методы достижения цели. И этим кадрам веришь гораздо охотнее, поскольку, во-первых, Армстронга проверяли на допинг чаще, чем кого-либо из велосипедистов, и он ни разу не попался, а во-вторых, тому, что видишь своими глазами, всегда ведь веришь больше, чем чьим-либо словам.

В этом фильме, в частности, рассказывается о работе группы F-1. Не правда ли, говорящее название, навевающее ассоциации с «Формулой-1», самым высокотехнологичным видом спорта? Ассоциации, сразу скажем, оправданные. Эта группа, в которую входят высококлассные специалисты в различных областях, начала помогать U. S. Postal в конце 90-х. До сих пор о том, в чем эта помощь заключалась, говорилось мало, но Discovery, верный своему названию, решил приподнять завесу тайны.

Например, показал аэродинамическую трубу, по размерам, кажется, не уступающую аналогичным трубам в «Формуле», даже крупнейшей, которой располагает «Заубер». Вряд ли хотя бы у одной велогруппы мира есть что-то похожее. В трубе тестируются и велосипед, и костюм, и шлем гонщика. Затем с помощью компьютера производятся расчеты. После них выбирается оптимальная форма для всей экипировки. А затем уже при непосредственном участии в анализе самого Армстронга принимается решение об оптимальной форме его посадки. Она должна быть хорошей как с точки зрения аэродинамики, так и с точки зрения удобства самого гонщика. Ведь он должен занимать такую позицию, чтобы не только разрезать воздух, но еще и с максимальной отдачей крутить педали.

Сходства с автогонками добавляют кадры, иллюстрирующие процесс создания велосипеда. Его рама, как у машин «Формулы», карбоновая, т. е. одновременно и прочная, и легкая (из того же — очень дорогого, к слову — материала делалась и подошва для обуви американца). Точнее, «легкая» — здесь не совсем то слово. Вы ни за что не догадаетесь, сколько весила модель Trek Madone SSLx, на которой в июле 2005 года Лэнс Армстронг уезжал от соперников в Альпах и Пиренеях и на которой за 20 с небольшим минут, что длилась первая «разделка» в день открытия, «привез» основным конкурентам минуту. Этот велосипед весил 6,7 кг! Средний вес машин конкурентов — около 10 кг.

В F-1, впрочем, имели дело не только с карбоном и компьютерами. В группу входили физиологи, эксперты по питанию, психологи. Они тоже регулярно занимались с Армстронгом, давая ему возможность подходить к «Тур де Франс» на пике формы.

Раскрыли в фильме и секрет самого Армстронга. Ведь даже невезучие противники американца признавали: при всей мощи поддержки он уникум. Не все, однако, догадываются, насколько Лэнс уникален. А главное — в чем.

В том, например, что его сердце перерабатывает 34 л крови в минуту, а сердце среднего человека — 19. Организм Армстронга обладает способностью усваивать 83 мл кислорода из вдыхаемого им воздуха на 1 кг тела, у среднего человека этот показатель — 45 мл. Основным источником энергии для нас является кислород. Мощность, которую благодаря ему способен развивать Армстронг, — 500 Вт, хотя у обычного молодого человека лимит — около 250 Вт. В горах на крутых подъемах гонщиков губит не только недостаток кислорода, но и то, что называют тяжестью в ногах. Боль в мышцах появляется вследствие выделения молочной кислоты. Невероятно, но у Армстронга она, оказывается, почти не выделяется!

Хотя, конечно, не только в этом его уникальность заключается. Но мы не будем ее дотошно исследовать, потому что, во-первых, о том, что произошло с ним в 1996 году, уже написано слишком много, а во-вторых, почему он смог побороть рак и стать после этого семикратным победителем тяжелейшей из гонок, все равно, видимо, объяснить никому и никогда не удастся. Даже с помощью самых совершенных технологий. Должны же в герое оставаться какие-то загадки.

> СЕЙЧАС Я ОКОНЧАТЕЛЬНО ПОНЯЛ, ЧТО ВСЕ МЫ
> ПЕРЕД НИМ БЕССИЛЬНЫ И НАШИ ВЫСТУПЛЕНИЯ,
> ПО БОЛЬШОМУ СЧЕТУ, БЕССМЫСЛЕННЫ.
>
> Тьерри Виньерон о Сергее Бубке

Хотя бы для того, чтобы их пытались разгадывать. Так, в одном серьезном американском журнале автор-профессор постарался с научной точки зрения объяснить, почему Сергей Бубка все время выигрывает. Его прыжки были разложены, что называется, по полочкам. И вот вывод: просто Бубка использует шест, который предназначен для человека более солидной комплекции, и научился держать его максимально близко к концу — вот, собственно, и вся разгадка!

Подобных попыток объяснения «феномена Бубки» появлялось немало. Ведь появление Бубки стало настоящим потрясением. Для всех — и болельщиков, и его соперников, потому что в спорте еще не было такого превосходства одного атлета над другими. В течение 1984 года он девять раз устанавливал мировые рекорды. На одном из турниров француз Тьерри Виньерон в борьбе с Бубкой тоже установил рекорд. Однако в следующей попытке советский прыгун легко улучшил этот результат. «Сейчас я окончательно понял, что все мы перед ним бессильны и наши выступления, по большому счету, бессмысленны», — признался тогда Виньерон.

На несколько лет прыжки с шестом как спортивные состязания потеряли всякий смысл — ведь победитель был известен заранее. Но вопреки аксиоме, согласно которой вид спорта тем интереснее, чем выше конкуренция, соревнования приобрели огромную популярность. Зная, что Бубка в любом случае выиграет, зрители все равно ходили на стадион. Его выступления превратились в шоу с почти обязательной кульминацией в виде рекорда мира. Всего их Бубка установил 35.

Причем каждый раз он поднимал планку на один сантиметр выше... Его парижский прыжок на шесть метров в 1985 году сравнили с полетом Гагарина в космос. На чемпионате мира 1991 года в Токио Бубка выиграл со скромным для себя результатом 5 метров 95 сантиметров, но компьютеры определили, что в победной попытке он перелетел планку на высоте 6 метров 37 сантиметров. В итоге Бубка стал революционером легкой атлетики задолго до того, как в ней произошла революция коммерческая. По сути, сам же Бубка ее и готовил. Прыжки с шестом из гарнира превратились благодаря ему в главное легкоатлетическое блюдо. Начали даже проводиться отдельные турниры только для шестовиков, один из которых организовал сам Бубка в 1990 году в Донецке.

К тому моменту он стал в спорте культовой фигурой. Его называли «уже бессмертным». А впереди была еще победа в серии Гран-при, четыре титула чемпиона мира (всего их на его счету шесть), наконец, «прыжок в следующее столетие»... «Я понимаю тех, кому со стороны моя карьера кажется безоблачной, — сказал как-то Бубка. — На самом деле это не так. Все мои победы — это адский труд и внутренние терзания».

Видимо, Бубка имел в виду в первую очередь Олимпиады. Для него, победителя 45 крупных соревнований, золотая медаль Сеула так и осталась единственной олимпийской. Тогда же он объяснил свой выбор: «Мне кажется, что прыжки с шестом — это спорт для профессоров. В них нельзя взять одной силой, недостаточно только хорошо бежать и хорошо прыгать. Нужно еще все время думать: как правильно взять шест, какую стратегию выбрать... Думаю, ничего интереснее в легкой атлетике нет».

ВСЕ МОИ ПОБЕДЫ — ЭТО АДСКИЙ ТРУД И ВНУТРЕННИЕ ТЕРЗАНИЯ.
Сергей Бубка о победах

А ведь Сергей, по воспоминаниям своего тренера Виталия Петрова, был уникальным, универсально одаренным атлетом: «По-моему, он вообще мог бы заниматься любым видом спорта и добиваться в нем успехов — скажем, гимнастикой». Результатам Бубки в беге на 100 метров (10,2 сек.) и прыжках в длину (7,80 м) могли бы позавидовать многие специалисты по этим дисциплинам.

Однако в Лос-Анджелес он, как и все советские спортсмены, не поехал из-за бойкота. В 1992 году в Барселоне Бубка «смазал» все три свои стартовые попытки, уступив в итоге первое место Максиму Тарасову. В Атланте его золото считалось практически гарантированным для Украины. И никто не принимал в расчет тот факт, что за три месяца до тех Игр у Бубки впервые воспалилось ахиллово сухожилие и в какой-то момент боль была такой сильной, что он с трудом ходил. «Я очень хотел выиграть, — рассказывал Бубка. — Но мне вдруг, может в первый раз в жизни, стало по-настоящему страшно. Я осознал, что рискую здоровьем». В Атланте он отказался от прыжков.

Там же ему пришла в голову мысль, что карьеру пора заканчивать. Тем более что было очевидно: из-за сложной операции на ахилловом сухожилии придется пропустить как минимум сезон. А жизнь, по большому счету, уже сложилась. Он пользовался бешеной популярностью. Когда Бубка появился на чемпионате мира по фигурному катанию 2000 года, все зрители встали. Когда он приехал посмотреть Открытый чемпионат Австралии, теннисные суперзвезды подходили к нему за автографом.

Известие о том, что «бессмертный» намерен принять участие в афинском чемпионате мира 1997 года и снова победить, было воспринято как неудачная шутка: о каком чемпионате может идти речь, когда спортсмен к нему практически не готовился?

«Это была не самая красивая из моих побед, но одна из самых приятных», — улыбнулся Бубка на пресс-конференции после соревнований. Позади были прыжок на 6,01 и изумление Тарасова, уже уверенного в своей победе. Но была и попытка взять планку, установленную на высоте 6,15, т. е. на сантиметр выше, чем итальянский рекорд. Попытка, окончившаяся неудачей. И недовольный свист только что пребывавших в экстазе трибун... «Я их понимаю, — снова улыбнулся Бубка. — Они же привыкли к тому, что, если я прыгаю, должны быть рекорды».

А рекордов уже быть не могло...

«Не будет обидно, когда кто-нибудь побьет ваши рекорды?» — как-то спросили у Бубки журналисты. «Рекорды? — он на секунду задумался. — Мне кажется, для того чтобы это произошло, нужны какие-то радикальные изменения. Ну, скажем, новые, более совершенные шесты...» А потом, словно устыдившись собственной нескромности, добавил: «А вообще-то они, конечно, будут побиты. Когда-нибудь». Прошло уже почти 10 лет. Рекорды Бубки еще держатся — 6,15 в закрытых помещениях и 6,14 на открытом воздухе.

Впрочем, Бубка никогда не был пророком, да и не считал себя таковым. Как-то он заметил, что, пока женщины не преодолеют пятиметровый рубеж, не будет относиться к ним серьезно. Он не уточнил, сколько времени для этого понадобится спортсменкам, но уже через два года после того, как журналисты растиражировали его высказывание, 22 июля 2005 года в Лондоне Елена Исинбаева взяла 5,0. И стала такой же заложницей публики, каким в свое время был Бубка. Через три года, на Олимпиаде-2008 в Пекине от нее ждали не просто победы, а победы с рекордом.

К этому событию нужно было быть готовым. Складывалось ощущение, что оно настолько неизбежно, что не может уже вызвать сильные эмоции. Но перед третьей попыткой Елены на 5,05 прекрасный пекинский 90-тысячник стал таким тихим, словно на его переполненных трибунах не было ни единого человека. А когда Исинбаева перелетела планку, люди поднялись на ноги, их крики и аплодисменты грозили разрушить «Птичье гнездо», показавшееся вдруг слишком хрупким. Даже бег на стометровке Усейна Болта не вызвал таких последствий, какие вызвал 24-й по счету мировой рекорд российской прыгуньи с шестом. Притом, что финал с участием Болта хотя бы отдаленно напоминал спортивную борьбу.

В случае с Еленой Исинбаевой никакой борьбы, конечно, не было. Она размялась на высоте 4,70 — недостижимой ровно для половины из дюжины соперниц. По существу, золото Елена выиграла уже вторым прыжком — взяв 4,85. В это время с ней формально еще сражалась наглая американская девушка Дженнифер Стучински, перед Олимпиадой решившаяся заявить, что авторитет великой Исинбаевой на нее нисколько не давит и она собирается преподать ей урок. Стучински прыжком на 4,80 оставила с бронзой еще одну россиянку — Светлану Феофанову, а сама заказала 4,90.

И запорола все три попытки, а потом жаловалась на то, что ей почему-то давали на них не три минуты, как положено по регламенту, а две. «Всего по две! — повторяла она. — Разве я могла избежать в этой ситуации ошибок?!» Она словно и вправду считала, что отсутствие ошибок могло помочь ей обыграть королеву шеста. Или это была просто истерика так и не понявшей, что она нацелилась не на обычного человека, а на непобедимую королеву, девчонки?

А королева из-под накинутого на голову полотенца спокойно смотрела на все эти американские потуги и настраивалась. «Птичье гнездо» бурлило в предвкушении шоу Елены Исинбаевой. Она наконец осталась один на один со своим единственным противником — планкой. Сначала — на высоте 4,95, высоте нового олимпийского рекорда (прежний — 4,91 Исинбаева установила в 2004-м в Афинах), взятой с третьей попытки, затем — на высоте нового рекорда мира.

И вдруг показалось, что 4,95 она не возьмет. Она уже была олимпийской чемпионкой, но это было не то, чего от нее все ждали. Перед нами был наш кумир, это был наш Майкл Фелпс, но Майкл Фелпс без мирового рекорда. Нам было бы плевать на то, что китайцы и американцы на той Олимпиаде выиграли в несколько раз больше золота, чем мы, — но если бы только она победила с мировым рекордом, а не с 4,85. И не с 4,95. А она не могла взять 4,95 ни с первой, ни со второй попытки.

А потом была воцарившаяся внутри «Птичьего гнезда» жуткая, заставляющая замереть сердце тишина — и идеальный прыжок, породивший бурю. Стадион не хотел ее отпускать. Не хотели отпускать русские и китайцы, американцы и итальянцы, немцы и англичане. В эту минуту она смогла влюбить в себя и объединить если не весь мир, то по крайней мере этот кусочек мира. Для него воздушный поцелуй красавицы-королевы — двукратной олимпийской чемпионки, 24-кратной рекордсменки мира и просто очень-очень красивой девушки — был лучшим среди всех мыслимых подарков на свете.

Потом Елена рассказывала о секретах своих побед. О черном (ей он представлялся темно-бордовым) лаке на ногтях: «От сглаза... Такие ногти бросаются в глаза. И вот — чтобы отпугивали. Будут видеть такой кровавый цвет — и отойдут от греха»; о полотенце, под которое она пряталась то ли от стадиона («Чем громче будет стадион, тем легче мне сосредоточиться и уйти в себя»), то ли от соперниц («А то сидят некоторые рядом. Смотрят. Я же тоже все вижу — периферическим зрением своим. Но моих глаз они не видят»); о соперничестве («Я такая эгоистка в секторе...», «...я никогда и никому не перейду дорожку перед прыжком. Мне это не нужно. Я и без этого выиграю»).

И — о самом главном: «Главное — это любовь. Главное — любить, быть любимой. От этого крылышки вырастают. И ты бежишь и потом так взлетаешь: тык-тык-тык...»

Елена Исинбаева оказалась первым человеком на Олимпиаде-2008 (да и, возможно, вообще первым великим чемпионом в мире), кто признался, что для того, чтобы победить, надо любить. Никакого пафоса не было в этом признании, никакого кокетства. Можно сказать, это имело для нее прикладное значение.

И Елена совсем не считала себя великой: «Великая? Нет, я просто взрослая стала, — качала она головой. — Я выиграла не как в Афинах. Не от фонаря, не от балды. Я хотела только первого места. Я шла к нему. Поражения не нужны человеку. Поражения не помогают никому, а победы помогают многим».

И еще она подтвердила (как будто кто-то сомневался), что чемпионка, рекордсменка, триумфатор — прежде всего женщина: «Я выхожу на стадион и знаю, что должна показать людям праздник. Мне нравится, что на меня смотрят. Я от этого балдею. Я от этого хочу наизнанку вывернуться!»

Днем раньше Елены золотую медаль выиграл Валерий Борчин. По громкости эта победа уступала, конечно, триумфу королевы шеста: все-таки спортивная ходьба — не тот вид спорта, который заставляет умолкнуть почти сто тысяч болельщиков в томительном ожидании. Но по уровню искренности они — Валерий и Елена — друг другу нисколько не уступили. Правда, соревнований по тому, кто из чемпионов более искренен, никто не проводит — это уже вне спорта.

Но вот для того, чтобы так просто сказать, что спортивная ходьба — очень интересное состязание, потому что, пока идешь, в голову «мысли всякие лезут» (например, о том, что «надо дойти» или о том, что «хочется выиграть медаль»), нужно родиться победителем. Как и для того, чтобы признаться после олимпийской победы: «Я, честно говоря, очень уехать домой хочу. Я три дня назад ведь уже приехал. Долго не люблю за границей быть. Хочу домой, в Повадимово».

Кстати, на второй день после победы Елена Исинбаева замолчала. Она не разговаривала не только с журналистами, но и почти ни с кем вообще. Она тренировалась. Она выдумала себе тренировки два раза в день, и у нее больше не было свободного времени. Ее видели плачущей. Она просто приходила в себя. И тут нет ничего особенного. Так приходят в себя великие, когда с ними случается то, о чем они мечтали, и то, для чего они жили.

Человеческие трагедии

«Один выиграл, а другой проиграл, у одного золото, у другого серебро. И вы не можете даже представить себе, какие это два разных мира...» — рассказывал уже оставивший спорт великий борец Александр Карелин. Правда, бывают поражения, которые помнятся гораздо дольше, чем иные победы, — поражения в неравной, даже нечестной борьбе. Они демонстрируют величайшую силу духа, когда проигравший торжествует над победителем. А еще такие поражения закладывают фундамент будущих побед.

Ради них спортсмены готовы терпеть травмы и перебарывать страх, ради них они изматывают себя тренировками и травят допингом, ради них они готовы идти на смерть. Бронза дзюдоиста Дмитрия Носова, добытая с почти сломанной рукой, и безнадежная борьба Александра де Мерода с допингом — явления одного порядка. Отказ Ирины Коржаненко вернуть золото Олимпиады после положительной допинг-пробы и агония Майка Тайсона на ринге — тоже.

Нелепый «гол Филимонова», «Чудо на льду» и «отравленный матч», успокаивающий разъяренных очевидной несправедливо-

СТЬЮ БОЛЕЛЬЩИКОВ АЛЕКСЕЙ НЕМОВ И ЯРОСТНАЯ ОТПОВЕДЬ НОВЫМ ПРАВИЛАМ ФИГУРНОГО КАТАНИЯ ЕВГЕНИЯ ПЛЮЩЕНКО — ВСЕ ЭТО ОБРАТНАЯ СТОРОНА МЕДАЛИ. КАК И ГИБЕЛЬ АЙРТОНА СЕННЫ, АЛЬПИНИСТОВ НА ЭВЕРЕСТЕ И РАЛЛИСТОВ НА «ДАКАРЕ».

Химия тела

В 2002 году на трассе в Донингтоне во время свободной практики перед Гран-при Великобритании чемпионата MotoGP произошла страшная авария. Когда по телевидению прокручивали кадры падения на полной — за 200 км/ч — скорости гонщика на мотоцикле Honda, казалось, что у него нет шансов выжить. Спортсмену повезло. В госпитале у него обнаружили множество травм — сотрясение мозга, перелом большого пальца правой руки, ушиб бедра — и порекомендовали до конца сезона воздержаться от мотогонок. Он, наплевав на советы врачей, вернулся уже спустя несколько недель, принялся выигрывать этап за этапом и стал чемпионом мира.

В том году великий Мик Дуэн сказал про Валентино Росси: «Да он настоящий сумасшедший!» И эти слова итальянец до сих пор называет лучшим комплиментом, который ему когда-либо доводилось слышать.

В чемпионате MotoGP — той же, по сути, «Формуле-1», но где вместо четырех колес всего два, а вместо хоть какой-то защиты в виде кокпита защита в виде шлема и наколенников — действительно способны ездить лишь сумасшедшие. Такие, как тот же Дуэн, который закончил в 1999 году карьеру с двумя скрепляющими пластинами и дюжиной винтов в костях ног плюс пластиной в предплечье. Металлоконструкции появились в его теле после аварии в Ассене в 1992-м. Она чуть не стоила австралийцу потери ноги (после операции он так и не научился толком заново ходить), но не заставила бросить гонки. И он закончил карьеру не только с винтами в разбитых костях, но и с пятью титулами чемпиона мира.

Был еще двукратный чемпион мира Барри Шин, который шутил о себе: «Мое тело наполовину состоит из железа». И был, надо сказать, недалек от истины, поскольку всяких шурупов после аварии на скорости 260 км/ч в 1982 году в нем сидело больше, чем в Дуэне.

Были еще два блестящих американца — Кенни Робертс и Уэйн Рэйни. Они падали в своей карьере десятки раз. Многократно падали так, что все изумлялись: и как после этого можно было остаться живым?! Оба завязали с гонками после того, как получили перелом позвоночника и оказались прикованы к инвалидному креслу.

Было еще много таких же «смертников», добровольно обрекавших себя на риск куда больший, чем те, кто несется по асфальту за рулем автомобиля. И ни один из них — ни Дуэн, ни Робертс с Рэйни, ни кто-либо другой — так и не смог объяснить, что же заставляет людей подвергать себя такой опасности. А Шин незадолго до смерти (от рака, а не на дороге) сказал: «Сам не понимаю, зачем я занимался этими чертовыми гонками».

Как-то Росси спросили, чувствует ли он страх, когда падает. «Конечно. Каждый раз. Очень сильный страх. И каждый раз асфальт кажется мне более жестким, чем он был до сих пор. Это жутко больно», — ответил он.

> У МЕНЯ НЕ ГОСПИТАЛЬ, А СПОРТИВНАЯ КОМАНДА. У МЕНЯ ЛЮДИ ИГРАЮТ, А НЕ ЛЕЧАТСЯ.
>
> АНАТОЛИЙ ТАРАСОВ, ТРЕНЕР, О ТРАВМАХ

Иными словами, спортсмены боль и страх чувствуют и переживают так же, как и все обычные люди. Больше всего на свете они боятся именно боли — так, 90% опрошенных в Германии спортсменов заявили, что больше всего на свете боятся травм. Но все же они не обычные люди. Лишь единицы после травм начинают думать о том, чтобы бросить спорт. Травма для спортсмена — это не повод для сомнений, а всего лишь барьер, который надо во что бы то ни стало преодолеть. По сути — еще одно соревнование. После операции они обычно спрашивают не о том, когда выздоровеют, а о том, когда снова смогут начать тренироваться.

Эту готовность к самопожертвованию на уровне подвига (или саморазрушению на уровне безумия — как кому нравится) в спортсменах тщательно культивируют. Так, великий тренер Анатолий Тарасов говорил хоккеистам, которые жаловались ему на травмы: «У меня не госпиталь, а спортивная команда. У меня люди играют, а не лечатся». Многие предпочитали первое, а потом оставались инвалидами. Но это потом, а в разгар соревнований травму проще «не заметить».

В полуфинале футбольного турнира Олимпиады в Мельбурне в 1956 году на седьмой минуте второго тайма тяжелейшую травму получил Николай Тищенко. После столкновения с одним из соперников у него вывернулась ключица, она даже пробила кожу и вылезла наружу — зрелище было ужасное. Тищенко наложили тугую повязку, и он вновь вышел на поле. Замены тогда были запрещены, поэтому даже в таком состоянии, играя на обезболивающих уколах, футболист был нужен команде. Наши победили. Тищенко сразу после игры увезли в больницу.

На чемпионате Европы по греко-римской борьбе 1996 года Александр Карелин порвал грудную мышцу и тем не менее выиграл золото. В том же году, не закончив лечение, он победил на Олимпиаде в Атланте.

Меня погубили защитники-костоломы и врачи.

Марко ван Бастен, футболист, о травмах

Почти идентичный случай произошел на Олимпиаде-2004 в Греции. В полуфинале российский дзюдоист Дмитрий Носов, в одной из предыдущих схваток уже повредивший ногу, сошелся на татами с будущим олимпийским чемпионом Илиасом Илиадисом.

В равной схватке Дмитрий все-таки пропустил прием грека и крайне неудачно приземлился на левую руку. В этот момент ее пронзила жуткая боль (трещина и разрыв связок, как определили позже врачи). Но он сумел встать — и провел зачетный прием. А потом силы его окончательно покинули, и Носов оказался погребен под навалившимся на него всем телом Илиадисом. Тот, словно не веря собственной удаче, долго не отпускал поверженного соперника, а когда отпустил, выяснилось, что россиянин сам встать на ноги не может. Подбежали доктора, подвезли носилки. Носов снова встал. Он покинул татами на своих, хотя и подкашивающихся ногах.

Не прошло и получаса, как он вернулся. И выиграл бронзу. По смешанной зоне дзюдоист, чьим самым большим успехом до этого была бронза чемпионата Европы этого года, ковылял, буквально заливаясь кровью из рассеченной левой брови. И при этом давал интервью: «Как вышел на последний поединок? Сам не понимаю. И ведь укол мне даже обезболивающий не сделали. Так, поверхностная анестезия. Не мог, не имел права не выйти. Ведь такие старты бывают раз в четыре года».

Потом он даже нашел в себе силы подтрунивать над врачами: «Они посмотрели мою руку и говорят: "А вы могли бы избежать травмы? А что для этого надо было, по-вашему, сделать?" У меня нервы сдали. "Пишите, — говорю, — что хотите!" А они: "Нет, мы должны заполнить с ваших слов. Итак, какие действия следует, на ваш взгляд, предпринять, чтобы в будущем такая ситуация не могла повториться?.." Даже не смешно!»

Таких (или подобных) историй — великое множество. В 1988 году на Олимпиаде в Сеуле американский прыгун в воду Грег Луганис ударился головой о трамплин, но, несмотря на сотрясение мозга, продолжил выступление и выиграл. В том же году на играх в Нагано фигуристка Паша Грищук каталась с переломом руки, однако вместе с партнером Евгением Платовым заняла первое место в спортивных танцах.

17 февраля 2010 года на Олимпиаде в Ванкувере фаворит лыжного спринта Петра Майдич из Словении во время разминки на крутом вираже споткнулась о кусок льда и упала в трехметровый овраг. В тот же день она пробежала четыре заезда — квалификацию, четвертьфинал, полуфинал и решающую гонку, в которой финишировала третьей. С церемонии награждения ее увезли на инвалидной коляске.

При этом даже такие, казалось бы, совершенно нетравматичные виды спорта, как шахматы и шашки, не так уж и безопасны. Один из известных хирургов вспоминал, что к нему на прием попадали любители и этих видов спорта: переутомились за доской, а потом, уходя из зала, неудачно упали.

Правда, эти истории из разряда курьезов, а примеров тому, как травмы ставят крест на карьере или по крайней мере здорово ее осложняют, немало. Накануне московской Олимпиады 1980 года одна из сильнейших гимнасток мира Елена Мухина сломала позвоночник. Знаменитая спортсменка оказалась навсегда прикована к инвалидной коляске. В 1965 году многочисленные переломы, полученные при падении на чемпионате мира, оставили инвалидом велосипедистку Айну Пуронен.

Хоккеист Павел Буре в разное время перенес несколько операций по поводу разрыва коленных связок, из-за которых лишь в сезоне 2000 года смог по-настоящему стать лучшим в НХЛ, хотя давно был готов к этому. Вывернутая в феврале 1997 года лодыжка стоила российскому теннисисту Андрею Чеснокову места в элите — восстановиться до конца он так и не смог. А легендарный футболист Марко ван Бастен, карьера которого закончилась в 1993 году — лет на пять раньше «положенного», — как-то сказал: «Меня погубили защитники-костоломы и врачи». Сегодня ван Бастен в буквальном смысле слова держится на металлических скобах, вмонтированных в кости его ног.

С развитием спорта меняется и характер травм. От простых переломов, вывихов и ушибов до «высокотехнологичных» повреждений суставов, разрывов мышц и т. п. Нагрузки растут.

Результаты, которые показывает сегодняшнее поколение спортсменов, скажем, в легкой или тяжелой атлетике, на порядок отличаются от результатов предыдущего, а игровые виды стали гораздо более силовыми и контактными.

Растет интенсивность тренировок. К примеру, теперь лыжники летом проводят тренировки на лыжероллерах. С одной стороны, это хорошо — почти полная имитация реальной гонки; с другой — падение на крутом спуске головой об асфальт может привести к страшным последствиям.

И наконец, третья причина — допинг. Врачи заметили, что благодаря ему мышцы зачастую развиваются непропорционально и по силе не соответствуют возможностям опорно-двигательного аппарата. В итоге спортсмены иногда рвут связки и ломают кости собственными мышцами! Кроме того, тот, кто принимает допинг, начинает чувствовать, что ему все подвластно, поэтому уже не в силах оценить свой реальный потенциал.

И продолжает калечить себя или других на ринге или ковре. Но некоторые готовы это делать и вне спортплощадок. В 1994 году американская фигуристка Тоня Хардинг, известная тем, что второй в мире прыгнула тройной аксель, подговорила своего бывшего мужа и телохранителя избить соотечественницу — соперницу Нэнси Кэрриган, чтобы та не помешала ей выиграть Олимпиаду в Лиллехаммере. Нанятый ими некто Шейн Стэнт подкараулил Нэнси на тренировочном катке и ударил полицейской дубинкой по ноге выше колена. Ногу Кэрриган этот удар не сломал, но полученная травма все равно заставила Нэнси сняться с чемпионата США.

Чемпионат выиграла Тоня и... вместе с Нэнси поехала в Норвегию. Там Хардинг полностью провалилась, заняв восьмое место. Кэрриган выиграла серебро. Между тем экс-супруг Тони на допросах раскололся, и Хардинг пришлось признаться в том, что она тоже была организатором нападения на соперницу. Получив три года условно, 500 часов общественных работ и штраф в $160 000, Тоня Хардинг была навсегда отлучена от спорта.

Правда, через пять лет она попыталась вернуться в профессиональное фигурное катание, но новое судебное разбирательство (бытовое насилие четвертой степени, отягченное алкоголем, — Тоня, подвыпив, поссорилась со своим тогдашним бойфрендом, отвесила ему оплеуху и запустила в него не то автомобильной покрышкой, не то колпаком от колеса) окончательно поставило крест на карьере фигуристки.

В промежутке Тоня прославилась как порнозвезда — ее бывший муж продал запись постельной сцены с их участием в журнал *Penthouse*. Но кинокарьере все же предпочла спортивную, переключившись на... бокс. Первой ее соперницей в 2002 году стала не менее скандальная Пола Джонс, с которой в свое время начались сексуальные злоключения Билла Клинтона. Но то был «выставочный поединок», в рамках шоу «плохих девочек» на Fox TV. Тоня, правда, серьезно подошла к вопросу, основательно поколотив Полу. И перешла в профессионалы, но особых успехов не снискала (шесть боев, три победы, три поражения), в 2003 году оставив ринг.

И лавров самой скандальной спортсменки современности Тоня не снискала. Несмотря на то, что ее в своих предвыборных речах упоминал нынешний президент США Барак Обама. Несмотря даже на то, что именно такие, «персональные», скандальные истории так любят раздувать, а истории «системные», наоборот, стараются замять.

Самым обсуждаемым событием на чемпионате мира по легкой атлетике 2009 года в Берлине стали не феноменальные мировые рекорды спринтера из Ямайки Усейна Болта, а победа на 800-метровой дистанции в женском забеге молоденькой южноафриканки Кастер Семени. Международная ассоциация легкоатлетических федераций (IAAF) заподозрила ее в том, что она не имела права участвовать в нем — ибо была мужчиной.

Финал женской 800-метровки — дисциплины, которая вообще-то не входит в число легкоатлетических хитов, — захотели посмотреть очень многие из тех, кому чемпионат мира до нее был не очень интересен. Все из-за того, что незадолго до него IAAF сообщила о том, что фаворитка забега — Кастер Семеня — пройдет гендерный тест, т. е. проверку на половую принадлежность.

Фигура спортсменки действительно вызвала чувство легкого шока у тех, кто привык, что бегунья на средние дистанции — как правило, достаточно хрупкая и пропорционально сложенная женщина. 800 метров — это не спринт и не метание. Так вот, 18-летняя южноафриканка с узкими бедрами, плоской грудью и широченными плечами на фоне других участниц забега смотрелась примерно так, как смотрится профессиональный культурист, по ошибке пришедший потренироваться в группу здоровья.

Ее выступление тоже поразило. На финише Семеня легко убежала от остальных. Разрыв с чемпионкой двухлетней давности — кенийкой Джанет Джепкосгей — составил почти две с половиной секунды. Результат невероятный. А ведь речь шла о спортсменке, о которой никто ничего не слышал не то что в прошлом сезоне, а даже за месяц до чемпионата. IAAF заинтересовалась ею, после того как на юниорском чемпионате Африки Семеня, появившись буквально из ниоткуда, показала лучший результат сезона в мире — 1.56,72. В Берлине она улучшила его на секунду с лишним.

Генеральный секретарь IAAF Пьер Вайсс достаточно откровенно дал понять, что федерация сомневается, что причина взлета Семеня кроется в одном таланте, когда, объясняя, почему ее решили проверить на пол, сказал: «Мы же тоже имеем глаза и уши». Вайсс не стал в деталях расписывать, какие у его коллег были основания сомневаться, будто Кастер Семеня заявилась, что называется, не в свой забег, но это было и не особенно нужно. Пытливый журналист без труда мог раскопать несколько любопытных фактов. Допустим, такой: оказывается, директор школы, в которой училась Семеня, до того как она перешла в 11-й класс и во время урока физкультуры встала в девичью группу, был уверен, что она — мальчик. Потому что играла с мальчиками, носила брюки, а всем видам спорта предпочитала футбол.

Или такой: тренер сборной ЮАР по легкой атлетике — Эккарт Арбайт. Этот немец тренировал команду ГДР в 1970 — 1980-х годах и активно применял в своей методике допинг. Больше всего пострадала от него одна из спортсменок — толкательница ядра Хайди Кригер. С юношеского возраста ее пичкали анаболическими стероидами так, что она не только приобрела колоссальную физическую силу, но и перестала ощущать себя женщиной. Кригер признавалась, что в какой-то момент уже не понимала, кто она — женщина или мужчина. Поняла после окончания карьеры, когда решилась на операцию по смене пола, до этого впав в депрессию и совершив попытку самоубийства.

Вот такие вроде бы убийственные доказательства. Однако те, кто думали, что их будет достаточно для того, чтобы дисквалифицировать Кастер Семеню, сильно заблуждались. Секс-контроль в спорте — штука очень тонкая.

Международный олимпийский комитет (МОК) ввел его перед Олимпиадой в Мехико в 1968 году. Именно в 1960-е на легкоатлетических стадионах стало появляться все больше и больше спортсменок с мужской мускулатурой вроде советских сестер Тамары и Ирины Пресс, которые, так вышло, сразу после внедрения в практику подобных проверок синхронно с метаниями и бегом закончили. Но и гораздо раньше скандалы, связанные, так скажем, с неясностями в вопросе, была ли спортсменка спортсменкой или все-таки спортсменом, возникали.

Хрестоматийными можно считать случаи с двумя выдающимися легкоатлетками 1930-х годов. Мировая рекордсменка в прыжках в высоту Дора Ратьен была любимицей Адольфа Гитлера. Ее он часто приводил в пример как доказательство того, что женщины арийской расы развиты лучше, чем остальные. Только вот у соперниц Ратьен такая формулировка вызывала раздражение. Сталкиваясь с ней на состязаниях, они приходили в ужас от ее низкого голоса и демонстративных отказов мыться с коллегами по профессии в душе. Британка Дороти Тайлер вообще открыто заявляла, что Ратьен — мужчина, и даже где-то откопала, что при рождении немка носила имя Херман.

Олимпийская чемпионка на стометровке 1932 года Станислава Валасевич, которая после эмиграции в США выступала как Стелла Уолш, тоже удивляла результатами и внешним обликом. В 1980 году она, уже будучи членом Американского зала легкоатлетической славы, подверглась нападению грабителей и была убита. Если бы не этот трагический эпизод, никто никогда бы не узнал, что Валасьевич-Уолш обладала не только мужским басовитым голосом и характером, но и мужскими гениталиями.

Введение гендерного контроля к концу 1960-х и вправду назрело. Другое дело, что секс-контролеры моментально столкнулись с серьезными трудностями. Ведь на тысячу детей в среднем приходится один с «неправильным», не соответствующим своему полу набором хромосом. С «промежуточным», как говорят, полом. Такой ребенок вполне может ощущать себя вполне нормальным — мужчиной или женщиной, но обладать кое-какими признаками, свойственными противоположному полу. Характерный пример — бразильская дзюдоистка Эдинанси Силва, у которой некоторое время были и женские, и мужские половые признаки. В середине 1990-х она сделала операцию, устранив мужские, и выступила на трех Олимпиадах как женщина. Или бегунья из Польши Ева Клобуковска, которая проверку не прошла, но, по мнению экспертов, ее «промежуточность» никакого преимущества над соперницами не давала.

Слухи о том, что та или иная чемпионка вовсе не женщина, продолжали циркулировать — вспомнить хотя бы чехословацкую бегунью Ярмилу Кратохвилову, выступавшую как раз на 800-метровке (до ее мирового рекорда на этой дистанции — 1.53,28, установленного аж в 1983 году, далеко даже Кастер Семене). Гендерные проверки громких результатов не давали. А когда дали — накануне Олимпиады в Атланте в 1996 году, пойманные на тотальном гендерном контроле восемь спортсменок тут же подали в суд. Семеро процессы выиграли, доказав, что, раз сами считают себя женщинами и хотят ими быть, никто не вправе их такого удовольствия лишать.

После этого обязательные гендерные тесты были заменены выборочными. Проводятся они только в том случае, если есть веские основания для подозрений — как в ситуации с Кастер Семеня. Вопрос, кем является спортсменка, выясняется коллегиально. Свое мнение высказывают гинеколог, эндокринолог, психолог и специалист по генетике.

Прецедент, когда они признавали женщину мужчиной, уже был. Причем тоже с бегуньей на 800 метров. На Азиатских играх 2006 года не прошла гендерный контроль завоевавшая серебро на 800-метровке Санти Сударайан из Индии. Сударайан, которая всегда идентифицировала себя как женщину, впала в депрессию и совершила попытку самоубийства. К счастью, неудачную.

Семеня отстранили от соревнований на время проведения гендерного теста, что заняло почти год. На ее защиту встал Африканский национальный конгресс, но это ей не сильно помогло, как и распространяемые СМИ подробности о том, что Кастер Семеня на самом деле — гермафродит. По всей видимости, бóльшая часть из этих 11 месяцев ушла на раздумья о том, как IAAF выпутаться из щекотливой ситуации. Ведь один из адвокатов Кастер Семени — Грег Нотт — косвенно подтвердил, что медицинская комиссия так и не пришла к безапелляционному вердикту относительно половой принадлежности спортсменки.

В конце концов IAAF признала Кастер Семеню женщиной. Но подобные «гендерно-фармакологические» коллизии — все еще экзотика большого спорта. Куда больше происшествий и скандалов связано с применением самых разнообразных стимуляторов, т. е. с допингом. История таких стимуляторов гораздо дольше истории самого слова «допинг», появившегося где-то в конце XIX века, — тех же викингов, превращавшихся в легендарных берсерков под воздействием настойки из мухоморов, вполне можно назвать первыми европейскими «бойцами на стероидах». Сначала допингом называли смесь опиума и табака для курения, потом — прием любых наркотических веществ.

Массово использовать допинг первыми начали тренеры и наездники на скачках в США. Возбуждающие средства вводились лошадям перед стартом. В 1903 году информация об этом впервые попала в европейские и русские газеты. В том же году скаковые общества решили строго преследовать это уродливое явление. Первым пойманным нарушителем был наездник Фрэнк Старр. Во время бегового дня 8 июня 1913 года у него был найден эликсир, который дается лошади для возбуждения и усиления ее хода во время бега. Старр был лишен права езды навсегда.

> КАК ТОЛЬКО СПОРТСМЕН ВПЕРВЫЕ ПОПРОБОВАЛ ДОПИНГ, ОБРАТНОГО ПУТИ УЖЕ НЕТ, ОН ПОНИМАЕТ, ЧТО ВСЯ ОСТАЛЬНАЯ ИГРА — ЭТО ВСЕГО ЛИШЬ ФИЗКУЛЬТУРА, ПУСТАЯ ТРАТА ВРЕМЕНИ.
>
> ОЛЕГ ВАСИЛЬЕВ, спортивный врач

Но к этому времени допинг уже активно использовали не только для лошадей. Пожалуй, первый случай фармакологической стимуляции зафиксирован на марафонском забеге во время Олимпийских игр 1904 года в Сент-Луисе, США. Тот забег вообще оказался довольно курьезным. Так, американец Фред Лорц сошел с дистанции, пробежав 12 километров, из-за того, что ему судорогой свело ногу. Атлета подобрал сопровождавший бегунов автомобиль и повез в сторону финиша для оказания медицинской помощи. За восемь километров до окончания дистанции бегун «почувствовал себя лучше», вернулся на дорожку и пришел первым. Дочь президента США Теодора Рузвельта Алиса собственноручно вручила Фреду Лорцу золотую медаль и сфотографировалась с «чемпионом». Когда до финиша добрались остальные участники состязаний и обман вскрылся, Фред Лорц заявил, что это была «просто шутка». Атлетический союз США пожизненно дисквалифицировал марафонца, правда, уже в 1905 году Лорц был восстановлен в правах и победил на марафоне в Чикаго.

В Сент-Луисе же победителем был объявлен пришедший вторым Томас Хикс. Во время забега он пользовался не механической, а фармакологической помощью — его тренер Чарльз Лукас, заметив, что посреди дистанции спортсмен начинает сдавать, сделал ему инъекцию миллиграмма сульфата стрихнина и заставил выпить стакан бренди. Однако до финиша этого не хватило, и Лукас вколол своему подопечному еще одну дозу. По тем временам это считалось не только не предосудительным, а даже необходимым — в официальном отчете было специально отмечено, что подобные медикаменты полезны для бегунов на длинные дистанции.

После финиша Хикс несколько дней провел в больнице между жизнью и смертью (третья доза убила бы его). Его выходили, он забрал свою золотую медаль и прожил еще 60 лет. В соревнованиях Хикс больше не участвовал.

Различные виды допинга (включая кокаин) спортсмены продолжали принимать и дальше. И до 60-х годов XX века спортивные чиновники не обращали на это особого внимания. Все изменилось с приходом в Международный олимпийский комитет принца Александра де Мерода. В ту пору у себя в Бельгии этот страстный спортсмен (увлечение, типичное для европейского аристократа) и убежденный холостяк (тоже вполне аристократическая привычка) уже был довольно авторитетным спортивным чиновником, несмотря на свою молодость (ему едва исполнилось 30 лет).

В 1967 году, спустя три года после избрания в члены главной олимпийской организации, де Мерод выступил с инициативой создания в ее рамках новой структуры — медицинской комиссии. Список жертв допинга продолжал регулярно пополняться — в 1960 году, например, на римской Олимпиаде во время шоссейной велогонки прямо на трассе умер один из ее участников. Тщательного расследования не проводилось, однако было фактически доказано, что велосипедист переборщил с медикаментами. Выяснили даже, препараты какой группы он принимал — амфетамины, существенно повышающие выносливость за счет резервных сил организма. Слово «допинг» вошло в обиход.

Я ПРИНИМАЛ ДОПИНГ — ЭРИТРОПОЭТИН. ЭТО БЫЛО ЧАСТЬЮ КАЖДОГО МОЕГО ДНЯ В КАЧЕСТВЕ ГОНЩИКА.

БЬЯРНЕ РИЙС, ПОБЕДИТЕЛЬ «ТУР ДЕ ФРАНС» — 1996

Так вот, де Мерод убедил руководителей МОК, что спортивной медицине нужно уделять больше внимания. Но роль комиссии долгое время была крайне незначительной. В основном она давала материал для желтой прессы, которой очень нравилось, что де Мерод и его подчиненные одной из своих задач поставили ту самую проверку спортсменок на подлинность пола. Правда, громких удач, когда удалось бы обнаружить подлог, зафиксировано так и не было. Да и любителей допинга не обнаруживалось. На Олимпиаде в Мехико в 1968 году, правда, отловили пятиборца Ханса-Гуннара Лильенвалля, но оказалось, что атлет перед состязаниями перебрал алкоголя.

Надежные методики допингового контроля оказались настолько дорогостоящими, что руководителям олимпийского движения показалось безумием расставаться с третью своего бюджета ради решения спортивной проблемы, выглядевшей — все еще — отнюдь не самой главной. Ко времени той же Олимпиады в Мексике борцы с допингом умели обнаруживать лишь амфетамины, эфедрин, кофеин и стрихнин. Де Мероду помогла ситуация, сложившаяся в мировом спорте в середине 70-х. Атлеты из ГДР, которые до тех пор находились на вторых ролях, вдруг начали выигрывать все подряд. Причем в ключевых олимпийских видах — легкой атлетике и плавании (немецкие пловчихи забирали до 80% медалей на континентальных и мировых первенствах). Только 22 года спустя выяснилось, что все немецкие спортсменки употребляли сильнейшие стимуляторы. Сами они об этом и не подозревали — тренеры кололи им препараты под видом витаминов. Впоследствии почти у всех немецких пловчих были серьезные проблемы со здоровьем, а их бывшие тренеры накануне Олимпиады-2008 перебрались в Китай. В 1972 году в Мюнхене в ходе анонимного опроса две трети спортсменов признались в употреблении анаболиков. В 1973 году анаболические стероиды запретили.

Ведущие спортивные державы (США, СССР, ФРГ) решили действовать заодно: терять позиции не хотелось никому. Предложение де Мерода ужесточить борьбу с допингом (а значит, и с восточными немцами) было встречено с пониманием. К Олимпиаде 1976 года борцы с допингом научились диагностировать анаболики метандростенолон и нандролон, и за их применение было дисквалифицировано 12 спортсменов.

И в 1977 году медицинская комиссия превратилась из заурядной структуры в мощную силу. В ее руках оказались два инструмента. Во-первых, ввели правило об обязательной проверке призеров на употребление запрещенных препаратов на всех крупных международных соревнованиях, а не только на Олимпийских играх. Во-вторых — правило об обязательной аккредитации при МОК антидопинговых лабораторий, где проводились анализы.

Поговаривали, что оба инструмента де Мерод и его коллеги использовали не только в благих целях охраны здоровья спортсменов. Дескать, тесты позволяли действовать избирательно — одних казнить, других миловать, кому-то уделять больше внимания, кому-то — меньше. Аккредитация же лабораторий казалась банальным средством выкачивания из Национальных олимпийских комитетов (НОК) и иных ведомств, курирующих спорт, побольше денег. Кроме того, концентрация такой спортивной власти в руках европейцев немедленно привела к тому, что американцы несколько раз открыто обвиняли де Мерода в том, что он делает все, чтобы помочь спортсменам из Европы за счет их американских соперников.

Сегодня коллеги де Мерода говорят, что все на самом деле было не так. Вспоминают, скажем, то, что произошло на лос-анджелесской Олимпиаде 1984 года. Там сразу у пяти спортсменов из США в организме были обнаружены следы эфедрина. Документы, свидетельствующие о положительных результатах теста, лежали на столе в гостиничном номере, где жил глава медицинской комиссии. И чиновник просто... забыл о них. А горничная, убирая номер, видимо, выбросила их в мусорную корзину.

В 2000 году сам де Мерод рассказал, что перед Олимпиадой-1988 в Сеуле узнал о применении запрещенных препаратов целым рядом американских спортсменов. Ему об этом сообщили друзья, которые работали в лаборатории, проводившей тесты. Но Олимпийский комитет США, по словам де Мерода, скрыл факт поступления разоблачающих документов, а МОК не имел права их затребовать. «Я точно не помню фамилии всех этих атлетов, но, по-моему, кто-то из них даже стал олимпийским чемпионом», — шокировал прессу бельгийский принц.

1988 год называют переломным в борьбе с допингом. Но начался этот перелом двумя годами раньше. Во-первых, в 1986 году к допингу были причислены диуретики — мочегонные препараты, маскирующие употребление допинга. А во-вторых, в том же году на Играх доброй воли в московской лаборатории сдавал тест Бен Джонсон, сенсационно победивший на легкоатлетической стометровке. Результаты того теста обнародовали лишь несколько лет назад. Тогда в пробе Джонсона нашли допинг, но, чтобы не портить впечатление от соревнований, решено было не раскрывать результатов теста.

А через два года в Сеуле разразился первый громкий допинговый скандал XX века. Бен Джонсон был уличен в применении стероидов после того, как с мировым рекордом выиграл бег на сто метров — едва ли не самую популярную дисциплину из олимпийской программы. Тогда же была дисквалифицирована сборная Болгарии по тяжелой атлетике практически в полном составе. А в 2000 году болгары были изгнаны всей командой и с сиднейской Олимпиады. Повезло лишь Алану Цагаеву, уроженцу Владикавказа, выступавшему за эту сборную: медаль ему оставили, поскольку он заявил, что был в Болгарии два раза, живет в России и не знает, кто такие эти болгары.

После того как с велогонки «Тур де Франс» в 1988 году была снята в полном составе одна из лучших команд мира — Festina, в МОК сформировались две группы сторонников абсолютно разных путей решения допинговой проблемы. Первая отстаивала максимально жесткие методы борьбы, поскольку действующие не обеспечивали успеха.

К началу 1990-х ученые добились успеха в диагностике стероидов через длительный срок после их применения, и в отдельных дисциплинах новые рекорды перестали появляться вообще. Рассуждения о том, что огромные сроки дисквалификации должны вразумить спортсменов, а также их тренеров и врачей, доказывали свою несостоятельность ежегодно. Бегуньи Людмила Нарожиленко и Дайан Модал, прыгун в высоту Хавьер Сотомайор и лыжница Любовь Егорова — лишь малая часть списка знаменитостей, которые в 90-е пострадали, попавшись на допинге.

Вторая (довольно, надо сказать, многочисленная) группа вполне серьезно настаивала на том, чтобы... официально разрешить допинг, раз его, даже под угрозой пятилетней дисквалификации, все равно принимают. Де Мерод не присоединился ни к той, ни к другой группировке. Судя по всему, представляя реальную ситуацию, он не знал, где выход. Победили в итоге сторонники жесткой линии, у которых была сильная поддержка — производители оборудования для обнаружения стимулирующих препаратов.

Забавной вехой в споре подходов стал 1996 год — Олимпиада в Атланте. Уже в ходе Игр был признан допингом препарат бромантан (одновременно повышающий защитные силы организма и скрывающий применение других средств). На бромантане было немедленно поймано несколько олимпийцев, в том числе бронзовые призеры россияне Андрей Корнеев и Зафар Гулиев. Однако решение МОК удалось оспорить. Спортсменам были возвращены медали: только что ставший допингом бромантан не был вовремя внесен в запретные списки.

Как бы то ни было, когда спор разрешился, де Мерод фактически перестал быть первым лицом в борьбе с главным спортивным злом. МОК в 1999 году создал независимое Всемирное антидопинговое агентство (WADA). Оно зарезервировало за собой право без предварительного уведомления брать пробу на допинг у любого спортсмена, где бы он ни находился — на закрытой ли тренировочной базе, в аэропорту по дороге на соревнования, в собственном доме или непосредственно на состязаниях. Одновременно был расширен черный список препаратов. В него попал эритропоэтин. Сам по себе он не является допингом в общепринятом смысле этого слова, т. е. не способствует повышению результатов. Зато хорошо маскирует следы употребления большинства самых распространенных запрещенных веществ — тех же стероидов. В черном списке оказались также кофеин и эфедрин. Первый, как известно, содержится в кофе. А второй, и об этом прекрасно знают все спортивные медики, входит в состав многих лекарств от простуды. Правда, МОК, перестраховываясь, уменьшил максимальный срок дисквалификации за первый прокол спортсмена до двух лет. Но это, по сути, мало что изменило: медали-то в любом случае продолжали отнимать.

Сказать, что с появлением WADA спортсмены стали меньше использовать допинг, невозможно — ведь совершенно неясно, сколько и как его применяли до создания агентства. Но вот то, что WADA стало одним из главных поставщиков скандалов в мировом спорте, это совершенно точно.

Так, в 2000 году до Олимпийских игр в Австралии не доехала треть китайской сборной, не прошедшая так называемые внесоревновательные проверки. А уже непосредственно в Сиднее на допинге попался известный американский толкатель ядра Си Джей Хантер, также была дисквалифицирована чемпионка по спортивной гимнастике румынка Андреа Радукан. Накануне открытия Олимпиады в Афинах в августе 2004 года два греческих бегуна неожиданно исчезли из Чикаго, где проходил предолимпийский сбор, и затем появились уже в Афинах. Но они не явились на допинг-контроль и в результате загадочной аварии оказались в больнице.

В общем, привычная череда допинговых инцидентов продолжилась. «Я давно знал, что так обязательно будет», — с грустной улыбкой резюмировал де Мерод, когда у него еще в Сиднее поинтересовались, что он думает по этому поводу.

При этом WADA, по сути, вмешивалось непосредственно в соревновательный процесс. На Олимпиаде в Солт-Лейк-Сити в феврале 2002 года тотальному контролю со стороны WADA подверглась российская команда лыжников и биатлонистов. После серии проверок (в ходе которых биатлонистов будили ночью накануне старта и забирали у них из вены до двух пробирок крови) Россия понесла крупные потери. За полчаса до начала эстафетной гонки лыжниц медицинская комиссия сняла из-за повышенного уровня гемоглобина (само по себе это не считается доказательством приема допинга) Ларису Лазутину. Сделать замену не разрешили, и Россия осталась без планируемого в этой дисциплине золота. Протесты российской делегации привели только к учащению проверок, и в конечном счете у Лазутиной, а также у другой лыжницы — Ольги Даниловой нашли следы применения запрещенных препаратов. Попытки Лазутиной и Даниловой доказать, что допинг-пробы были взяты с грубыми нарушениями установленной процедуры, успехом не увенчались.

> Я давно знал, что так обязательно будет.
>
> Александр де Мерод, глава антидопинговой комиссии
> МОК, о допинговых скандалах

Между тем количество допинговых инцидентов не снижалось. И они становились все более скандальными. На чемпионате мира по лыжному спорту в 2001 году шестеро финнов — хозяев первенства — попались на применении запрещенных субстанций. Сборная Финляндии была снята с турнира. Руководство федерации лыжного спорта уволили; врачам, работавшим с командой, запретили даже подходить к спортсменам.

В велоспорте звезд ловят пачками ежегодно — добычей агентства становились, например, Марко Пантани, Джильберто Симони, Ян Ульрих. Самый громкий скандал грянул 27 июля 2006 года, когда впервые в истории «Тур де Франс» на допинге был пойман победитель гонки — американец Флойд Лэндис. Активная борьба с допингом в велоспорте привела в 2006 году к невыходу на старт около трети участников «Тура», помнящих по прошлым состязаниям совместные ночные рейды в их гостиничные номера в поисках допинга французских полицейских и агентов WADA.

Летом 2003 года после серии внутренних тестов было зафиксировано свыше 20 случаев применения запрещенного препарата тетрогидрогестринона среди участников чемпионата США по легкой атлетике. Американская федерация пыталась держать сам скандал, а затем хотя бы имена попавшихся спортсменов в секрете, ограничиваясь лишь информацией, что среди них есть олимпийские чемпионы и призеры чемпионатов мира. Однако по настоянию WADA американцам пришлось не только дисквалифицировать на два года 13 ведущих легкоатлетов, обескровив сборную США по легкой атлетике перед Олимпиадой в Афинах, но и принять новый внутриамериканский антидопинговый закон.

25 сентября 2006 года, за четыре дня до начала чемпионата мира, была дисквалифицирована вся сборная Ирана по тяжелой атлетике — одна из сильнейших в мире по этому виду спорта. Из 11 иранских тяжелоатлетов на допинге попались девять. Скупые строчки антидопинговых отчетов сухо перечисляют фамилии провинившихся спортсменов вместе с названиями препаратов, но людей за этим перечеслением не видно. Хотя для спортсмена попасться на допинге — трагедия пострашнее поражения. После поражения почти всегда можно вернуться. Попадание на допинге — практически прямой путь вон из большого спорта.

История российской толкательницы ядра Ирины Коржаненко — тому самый яркий пример. Выиграв золото афинской Олимпиады-2004, официально она пробыла олимпийской чемпионкой чуть меньше пяти дней. Допинг-проба обнаружила в ее организме остатки архаичного стероида станозолола. Это известие показалось особенно циничным на фоне предолимпийских заявлений главного спортивного врача России Валентина Санинского о том, что все спортсмены-олимпийцы непосредственно перед выездом в Афины прошли тестирование на допинговую чистоту; аппаратура, закупленная федеральным спортивным агентством для этой цели, способна выявлять самые последние новинки в этой области, а препараты восстановительно-поддерживающего характера, которые будут выдаваться нашим спортсменам уже в Афинах, закуплены, что называется, централизованно, и «бомб» в них нет.

Это моя медаль!

ИРИНА КОРЖАНЕНКО, ТОЛКАТЕЛЬНИЦА ЯДРА, НА ТРЕБОВАНИЕ ВЕРНУТЬ ЗОЛОТУЮ МЕДАЛЬ ОЛИМПИАДЫ-2004

Сама спортсменка, которую в 1999 году уже наказывали за станозолол, уверяла, что близко к допингу не подходила. МОК ожидаемо принял решение лишить российскую спортсменку золотой медали и обязал ее покинуть Олимпийскую деревню. А дальше произошло неожиданное. Ирина Коржаненко отдавать медаль отказалась наотрез.

Корреспондент «Коммерсанта» провожал ее в афинском аэропорту. Ирина приехала рано и встала на регистрации не в ту очередь. Вместе с ней были ее муж, тренер и другая толкательница ядра Светлана Кривелева с мужем. Похоже, никто из них не знал английского, вот и путались.

Они уже виделись — журналист и спортсменка, когда Ирина победила. И теперь она обрадовалась знакомому лицу и замахала рукой. Муж резко сказал ей, что не надо разговаривать с журналистами. Она ему ничего не ответила и даже не посмотрела в его сторону. Описать дальнейшее в безличном тоне совершенно невозможно. Проще предоставить слово очевидцу — тому самому корреспонденту «Коммерсанта» Андрею Колесникову.

«Она хорошо держала удар. Ее подружка Светлана Кривелева, стоявшая рядом с тележкой, тяжело груженной вещами (я потом в какой-то момент хотел помочь им откатить ее — и не вышло: в нее как будто ядер натолкали), была мрачна и глядела на меня с ненавистью, словно это я был доктором, обнаружившим у Ирины станазолол. Я этого не заслуживал.

Я понимал, что не надо даже спрашивать ее, принимала она станазолол или нет. Ее ответ был очевиден. Если бы я спросил, я бы очень обидел ее. Она и отцу Николаю, духовнику нашей делегации на Играх, сразу сказала, что не употребляла допинг.

— Я буду добиваться справедливости, — сказала она. — Они втаптывают нас в грязь. Но мы тоже будем душить их.

Я понимал: она объявила войну. С кем она собиралась воевать? Кого надо душить? Международный олимпийский комитет? Международную федерацию легкой атлетики? Своих, которые предали, она уверена, не задумываясь? Так легко отказались от нее?

Она стояла с этой тележкой в руках, не зная, куда ее толкнуть. В этот момент своей жизни, самый, я уверен, страшный для нее и решающий, она осталась совершенно одна. Тренер, муж, подруга перешли на сторону противника. Они говорят ей, что российская федерация во всем разберется и поможет. Они не понимают или не рискуют признаться себе в том, что федерации просто не нужен скандал, пока идут соревнования, и лучше принести в жертву одну Коржаненко, чем восстановить против себя МОК и потерять еще, может, нескольких победителей.

— А медаль где? — спросил я.

Ее лицо дернулось, как от пощечины.

— Медаль пока не отдана, — она надменно улыбнулась.

Уж не знаю, как далась ей эта улыбка. Браво.

— Медаль не будет отдана, — так же надменно продолжала она, — пока не восторжествует справедливость.

— То есть никогда?

— Ира, хватит! — крикнул тренер.

— А может, пусть подавятся? — спросил я.

— Ира! — это был уже муж. — Ты что?!

— Это моя медаль, — сказала она...»

В итоге Всероссийская федерация легкой атлетики (ВФЛА) приняла решение пожизненно дисквалифицировать Ирину Коржаненко. Столь суровые санкции в отношении попавшихся на употреблении запрещенных препаратов атлетов в российском спорте еще не применялись. Это означало, что федерация из возможного (во что, правда, не верил никто, кроме разве что самой Коржаненко) защитника спортсменки превращается в ее главного обвинителя (и судью).

Скорее всего, именно история с медалью, которую Ирина Коржаненко, так и не признавшая свою вину, категорически не пожелала отдавать, стала последней каплей, переполнившей чашу терпения отечественных спортивных чиновников. Во время февральского заседания бюро Олимпийского комитета России Леонид Тягачев лично позвонил губернатору Ростовской области, где проживает спортсменка, Владимиру Чубу, чтобы решить проблему с наградой. Однако по ходу получасового разговора выход из сложной ситуации так и не был найден. По некоторым данным, Ирине Коржаненко предлагали сделать копию олимпийской медали из чистого золота взамен настоящей, которая лишь позолочена, но она наотрез отказалась от этого варианта.

После того как стало ясно, что толкательница не уступит, ВФЛА вынесла вердикт, означающий, что ее карьера закончена.

Один из главных парадоксов борьбы с допингом состоит в том, что это столь же неблагодарное занятие, как борьба с выращиванием опиумного мака в Афганистане: результаты обычно не стоят потраченных средств. В некоторых видах спорта допинг принимают все или почти все. Поймать всех нарушителей — значит оставить мир без профессиональных велосипедистов, лыжников, легкоатлетов и тяжелоатлетов.

По оценке медиков, до 80% профессиональных спортсменов используют допинг. Как говорит спортивный врач Олег Васильев, на определенном уровне спортсмен встает перед выбором: оставаться на месте или идти дальше, побеждать на чемпионатах, ставить мировые рекорды. Во втором случае без допинга не обойтись. «Как только спортсмен впервые попробовал допинг, обратного пути уже нет, он понимает, что вся остальная игра —

это всего лишь физкультура, пустая трата времени, — заметил Олег Васильев. — При этом в большом спорте каждый считает, что он сам использует программу активного восстановления, а его конкуренты — допинг».

В других видах, вроде шахмат или, например, настольного тенниса, допинг абсолютно не нужен. Но теперь любой гроссмейстер должен остерегаться принять не те капли от насморка (эфедрин) или выпить несколько лишних чашек кофе, где, как известно, содержится кофеин.

Абсурдность этой ситуации прекрасно осознают и руководители WADA, и спортсмены. И те и другие воспринимают ее как данность, поскольку в спортивной практике борьба с допингом превращается в увлекательную игру под названием «кого поймают в следующий раз». «Закладывание» конкурентов и «отмазывание» своих спортсменов становится непременным атрибутом состязаний в «допинговых» видах спорта. Хрестоматийный случай произошел на сеульской Олимпиаде 1988 года: болгарские тяжелоатлеты тогда намеревались обмануть допинг-контроль — они впрыснули в мочевой пузырь свежую мочу с помощью катетера. Уловку сорвал один из членов сборной СССР, запершись в единственном туалете в медицинской лаборатории. Болгары терпели пять часов, потом не выдержали и сняли свою команду с Олимпийских игр.

Есть и еще одна проблема антидопинговой борьбы — сложность в точном определении грани между разрешенным и запрещенным. Насколько справедливы, например, исключения из допинговых правил для «больных» спортсменов? Астматикам дозволено пользоваться лекарствами, увеличивающими объем легких, что нелишне в беговых дисциплинах. Сборные многих стран по биатлону или лыжам, например, почти сплошь состоят из астматиков.

Близко знавшие скончавшегося в 2002 году Александра де Мерода люди говорят, что принц, в отличие от сегодняшних борцов с допингом, никогда не действовал по принципу «главное — наказать», а напротив, «предпочитал найти решение, которое бы не шло вразрез с интересами спорта». Во всяком случае, ясно, что принц де Мерод был прав, считая войну с допингом если не бессмысленной, то по крайней мере бесконечной — такой, в которой не может быть ни победителей, ни побежденных.

Послевкусие поражения

9 октября 1999 года. Стадион «Лужники». 88-я минута последнего группового матча отборочного турнира на Евро-2000. Россия — Украина. 1:0 в нашу пользу. Французская *l'Equipe* уже заготовила таблицу с первым местом в группе у россиян (французы наконец-то вышли вперед в домашнем матче с Исландией, но Россия по дополнительным показателям их обходила) ...

Штрафной с 20 с лишним метрах от ворот, да еще и под углом. «Резаный» удар Андрея Шевченко, удар, который должен брать любой вратарь, даже новичок. Неловко пятящийся назад Александр Филимонов. И мяч, выскальзывающий из его рук в сетку... Такие ошибки принято называть «детскими». Вот только результат этой ошибки оказался недетским — Россия не поехала на чемпионат Европы.

Голкиперу «удалось невозможное — он вмиг сделал несчастной целую страну. Такое не под силу ни одному политику». Возможно, журналист в своем репортаже с матча и преувеличил значение филимоновского ляпа. Но болельщикам так точно не казалось.

По дороге со стадиона они проклинали Филимонова: «Зачем его поставили в ворота, он же не умеет играть?! Ему что, заплатили украинцы?!» Одни чуть ли не рыдали от досады, другие неистово матерились. Дни, недели и месяцы спустя после этой встречи те, кто видел футбол 9 октября, вспоминали о нелепом движении голкипера, «похоронившем» сборную. И еще вспоминали, что именно спартаковец Филимонов, не вовремя выйдя из ворот, пропустил совсем не обязательный гол от «Спарты»; вспоминали три мяча, забитые ему слабенькой «Жемчужиной»; вспоминали его вальяжность (тогда, впрочем, сходившую за уверенность в собственных силах) во время тренировок. Вряд ли в «Лужниках» или вообще в стране в тот момент, когда украинцы сравняли счет, нашелся хоть один, кто посочувствовал вратарю.

Выходило, что один человек подвел не только хорошую команду, но и лично каждого болельщика, и, по сути, всю Россию. Филимонова призвали навсегда отлучить от сборной: мол, голкипер, однажды совершивший такое на глазах у 100 млн веривших в него россиян, не имеет больше права защищать честь национального флага.

Это ляп стал символом выступления сборной России в 1999 году. Не будь его, таким же символом было бы исступленное лицо Филимонова в июньском матче на «Стад де Франс» с французами (который мы выиграли 3:2), когда, казалось, вратарь был готов пожертвовать ради нашей победы жизнью. Его игру в том матче, выдающуюся, вдохновенную, в одночасье забыли.

Оправдания оплошности в «Лужниках», конечно, не было. И быть не могло. Не столько из-за ее нелепости (заговорили даже о каком-то «роке», нависшем над сборной), сколько из-за безнадежности. Ошибаются все, но одно дело — совершить промашку, когда все еще можно исправить, другое — когда ни сил, ни, главное, времени на это уже нет. Тогда ошибка становится трагедией.

1962 год, чемпионат мира по футболу в Чили. И великий Лев Яшин, пропускающий четыре гола от сборной Колумбии, в ту пору далеко не лучшей в Южной Америке команды, а затем еще два (один из них — из-за той самой «детской ошибки») — от чилийцев. Советские футбольные чиновники тогда обвинили в провале сборной его одного и надолго отлучили от команды. Европейские спустя год вручили Яшину «Золотой мяч», забыв о его чилийских ошибках.

1994 год, финал очередного мирового первенства в США. И слезы Роберто Баджо (великолепного, неподражаемого Баджо!), не забившего решающий пенальти бразильцам. Потом он, лучший футболист Европы, надолго осел на скамейке запасных — сначала в «Милане», а потом в «Интере», потеряв место в сборной Италии.

ПОРАЖЕНИЯ НЕ НУЖНЫ ЧЕЛОВЕКУ.

ЕЛЕНА ИСИНБАЕВА, ДВУКРАТНАЯ ОЛИМПИЙСКАЯ ЧЕМПИОНКА

Такие испытания могут сломать даже прирожденных чемпионов. Сил на то, чтобы подняться после подобного падения, уходит вдесятеро, во сто крат больше. Но бывают трагедии еще более драматичные — необъяснимые, непредсказуемые, нелепые провалы фаворитов. И то, что такая трагедия для кого-то другого становится триумфом, только оттеняет драматизм произошедшего.

Представляя команде «Питтсбург пингвинз» в 1999 году нового тренера, владельцы клуба болельщикам о его карьере не рассказывали почти ничего. Им было достаточно одной фразы: «Херб Брукс. Тот самый, кто сотворил "Чудо на льду"».

Так в Америке называют то, что произошло 22 февраля 1980 года на льду хоккейной арены олимпийского Лейк-Плэсида. Это событие стало настоящим национальным праздником в США.

Его там помнят до сих пор. В тот день американская сборная победила команду СССР и лишила ее золотых медалей Олимпиады. «Чудом» эту победу именуют потому, что в нее никто не верил. В конце 70-х советский хоккей внушал соперникам не просто уважение, а страх. С Виктором Тихоновым, который стал главным тренером в 1978 году, наша сборная выиграла два кряду чемпионата мира, разгромив в пух и прах и чехов, и канадцев, и шведов. На Олимпиаде в Лейк-Плэсиде от нее требовали только победы. Сомнений в том, что ее удастся добиться, не было.

НЕТ НИЧЕГО ОБИДНЕЙ ВТОРОГО МЕСТА.

ХАСАН БАРОЕВ, ЧЕМПИОН ОЛИМПИАДЫ-2004,
СЕРЕБРЯНЫЙ ПРИЗЕР ОЛИМПИАДЫ-2008

На предварительном этапе сборная СССР выиграла все пять матчей с общим счетом 51:11 и вышла в финальный мини-турнир. Там ей предстояла встреча с американской командой. Обсуждалось в основном то, сколько шайб пропустят хозяева. Сходились на том, что немало. Американцев, чья команда на 90% была составлена из студентов колледжей, вообще не рассматривали как серьезных конкурентов: за две недели до Олимпиады в товарищеской встрече в Нью-Йорке сборная СССР разгромила их — 10:3.

За день до игры общее отношение к вероятному итогу олимпийского хоккейного турнира высказал журналист Дейв Андерсон в *New York Times*: «Если только лед не растает или если американская или какая другая сборная не сотворят чудо, то русские... легко выиграют олимпийские золотые медали в шестой раз за последние семь турниров».

И сборная США вышла на лед в потрясающей готовности совершить такое чудо. Американцы были предельно отмобилизованы. Одна из стен их раздевалки была целиком заклеена телеграммами с пожеланиями успеха, пришедшими со всей страны. Выпуская своих студентов на лед, Брукс сказал: «Вы были рождены, чтобы быть игроками. Это ваша судьба — попасть сюда, на эту игру. Держитесь сами и держите шайбу».

И они держались. Уступая в первом периоде, они сравняли счет, а за секунду до конца вышли вперед. Сборная СССР ушла в раздевалку, а тренеры попытались доказать, что гол был забит после окончания периода. Гол был засчитан, и командам пришлось доиграть оставшуюся одну секунду периода. Из раздевалки СССР «для вбрасывания» вернулись три полевых игрока и второй вратарь Владимир Мышкин, заменивший Владислава Третьяка (все посчитали, что эта замена — для вбрасывания, но во втором периоде Мышкин остался на воротах).

Американцы держались и тогда, когда наши во втором периоде повели 3:2. Обычно это означало победу сборной СССР — она всегда переигрывала соперников в третьем периоде за счет лучшей «физики». Но не в тот день.

Игроки советской сборной, участники той встречи, рассказывать о ней не любят и отделываются дежурными фразами: «Как следует не настроились», «Это был черный день». Насчет черного дня, в общем-то, верно. В ключевом третьем периоде, в котором американцы Марк Джонсон и Майк Эразион забили два роковых гола, наши хоккеисты в течение семи с половиной минут не могли даже бросить по воротам соперника!

Последние несколько секунд прошли под скандирование «Ю-ЭС-ЭЙ!!!» и «обратный отсчет» секунд. Комментатор *ABC* Эл Майклс вошел в историю своими словами на последних секундах: «Вы верите в чудеса?! Да!!! Невероятно!!!» За пару секунд до финальной сирены, под рев трибун, американская команда высыпала на лед и кинулась обнимать вратаря Джимми Крейга...

Единственный человек, никогда не списывавший то поражение на невезение, — тренер сборной СССР Виктор Тихонов. Он признавал, что ошибся, объединив ветеранов — Петрова, Михайлова и Харламова — по их просьбе в одно звено. Некогда «железные» лидеры сборной к концу матча попросту устали и не смогли повести за собой команду. Неверным решением признавал Тихонов и замену вратаря, пусть гол на последней секунде первого тайма и был забит после ошибки Третьяка. «Потом я извинился перед Владиславом», — рассказывал великий тренер.

К тому же мало кто знает, что один из помощников Брукса — Лу Вайра — был хорошо знаком с Анатолием Тарасовым и не скрывал, что научился у того, как играть против советской сборной. Игровая модель с акцентом на коллективную оборону, предложенная Вайром Бруксу, сработала. Поражение в Лейк-Плэсиде было для наших шоком. Тихонов даже «забыл» после матча пожать руку Бруксу. Для Брукса же и его игроков это был день триумфа: в раздевалке после матча они плакали.

«Чудо на льду» так и осталось чудом. После той Олимпиады советская сборная вновь вернула себе титул сильнейшей в мире и на протяжении всего десятилетия никому его не уступила. Члены же «золотой» американской сборной были, что неудивительно, быстро раскуплены клубами НХЛ, но ни один из ее лидеров — Марк Джонсон, Кен Морроу, Майк Рэмзи, братья Бротены, Дэйв Кристиан, Джим Крейг — так и не стал звездой. Брукс продержался в «Питтсбурге» всего один сезон.

Сегодня в Америке их помнят только как соавторов «Чуда на льду»...

С тех пор прошло еще 20 лет. И в апреле 2000 года составленная практически из одних звезд российская сборная начинала «домашний» чемпионат мира в Санкт-Петербурге. Семь лет до того Россия не завоевывала ни одной (!) награды в хоккее. Но в этот раз все должно было быть по-другому.

Эту сборную загодя называли «особенной». Во-первых, в Питер приехали не просто игроки из НХЛ, а лучшие из тех, кто мог приехать: Валерий Каменский, Алексей Жамнов, Андрей Коваленко, Максим Афиногенов, Сергей Гончар, Андрей Николишин, Игорь Кравчук, Алексей Яшин и Павел Буре, наконец. А во-вторых, что еще важнее, приехали они отнюдь не с «отпускным» настроением, а выигрывать. Соперники же и близко не могли похвастать таком букетом звезд. Им оставалось уповать разве что на игровую дисциплину и самоотдачу.

Для начала российская «Дрим тим» размялась на традиционно нехоккейных французах — 8:1, а затем начала удивлять по-настоящему. После матча с американцами зрители, забившие трибуны нового Дворца спорта до отказа, явно пребывали в растерянности. Такого не ожидал никто. Атакуя на протяжении всего матча, российские звезды беспомощно натыкалась на стену обороны, выстроенную никому не известными игроками. И получили 0:3. Ассоциации с Лейк-Плэсидом 30-летней давности напрашивались сами собой... Тем более что Лу Вайра, главный тренер сборной США, тогда был ее вторым наставником.

Случившееся посчитали досадным казусом, не более, и привычно объяснили недонастроем. Но через два дня наши играли, может, чуть с более хоккейной, чем Франция, державой — Швейцарией. Ее главный тренер Ральф Крюгер в полдень перед матчем послал всем своим игрокам на мобильные телефоны по одному короткому сообщению. «Невозможное может случиться, если вы будете в это верить», — услышали хоккеисты запись на своих автоответчиках. Банальность? Ну что еще можно сказать перед встречей с заведомо более сильным соперником... Швейцарцы выиграли 3:2.

Когда работники Дворца спорта вновь убирали после игры, как в день фиаско в матче с американцами, со льда пустые бутылки — фирменное выражение негодования питерских болельщиков — у российского тренера Александра Якушева спросили, не приходило ли ему в голову предпринять что-то подобное, — с намеком: мотивации, дескать, россиянам недостает. Якушев отшутился: мол, неужели это могло помочь? Как оказалось, на одном классе звезд НХЛ обыграть никого нельзя. Даже дважды ведя в счете по ходу встречи и забрасывая красивые шайбы. Необходимо что-то еще помимо сверхзвуковой скорости, набора потрясающих финтов, умения применять силовые приемы и мощно бросать по воротам.

Особо издевательским стечением обстоятельств выглядело то, что от полного позора в сборную России в Петербурге спас американский хоккеист Майк Пелузо. Он забросил в ворота французов шайбу, которая, как выяснилось чуть позже, не только принесла его команде победу в матче и первое место в группе, но и вывела в квалификационный раунд главного фаворита чемпионата, сборную России. Будь Пелузо, никогда не отличавшийся снайперскими способностями, чуть менее точен, наша команда простилась бы с чемпионатом уже после встречи со швейцарцами.

Вопрос к нашей сборной оставался только один — да и тот риторический: не стыдно ли «команде-мечте» терпеть на предварительном этапе два поражения кряду и пробираться в следующий круг благодаря некоему Пелузо?

Следующие два матча дали однозначный ответ: не стыдно. Потому что ощущения стыда совершенно несравнимы с ощущением полного и абсолютного позора. Причем позора национального. Сначала сборная России проиграла латышам, а потом и белорусам. Победа над шведами в последнем матче чемпионата позволила отвертеться от главного, наверное, унижения — участия в утешительном этапе.

Картина получалась самая что ни на есть неприглядная: Якушев нахватал «звезд», и они честно приехали побеждать. И не просто побеждать, а побеждать красиво, для собственного удовольствия, играть легко и весело, в атмосфере дружбы и жаркой любви болельщиков. Но дело как-то сразу не склеилось, трудиться их Якушев — он сам это признал — заставить не смог, горе свое они топили, нарушая режим, — и вот закономерный, хотя и крайне неприятный результат.

Главным козлом отпущения тут же согласился стать главный тренер, но Якушева кровожадной общественности явно было мало. Корень зла нашли быстро — энхаэловцы зазнались. С ними носились, их уговаривали, на них, наконец, смотрели как на богов, а они двух шайб белорусам забить не могут. Режим, опять же, нарушают. Официальных подтверждений этому не было, неофициальных — сколько угодно. После изрядного нарушения спортивного режима не то что играть в хоккей — лежать иной раз противно. Все российские болельщики это точно знали. И злились на хоккеистов, позволивших себе человеческие слабости.

А потом все разом вспомнили, что вообще-то у российской сборной и не было никаких оснований рассчитывать на победу в Петербурге. Ни контрольные матчи, ни турниры в течение сезона, ни вообще сам по себе уровень отечественного хоккея начала XXI века не говорили о начавшемся возрождении. Добротная команда, иногда выдающая неплохие результаты. У такой команды мог запросто случиться и провал. Он и случился.

Правда, такого провала в истории 25-кратных чемпионов мира не было никогда. Но той команде, что была у нас в 2000 году, ни дом, ни стены не помогали. Вот однажды в Вене был чемпионат мира, так сборная Австрии в нем вообще участия не принимала. А сборная России дома, перед своими зрителями играла, что уже, наверное, неплохо. В 2000 году надо было просто свыкнуться с тем, что слава советского хоккея осталась в далеком прошлом вместе со всем советским. Старая система, если еще не распалась совсем, дышала на ладан, а новой толком и видно не было.

Когда же в сборную пришло новое поколение хоккеистов и тренеров, вернулись «старики» вроде Сергея Федорова, не успевшие отвыкнуть от вкуса побед и не желавшие этого, дела пошли на лад. Во всяком случае, провалом стали считаться не поражения от Латвии в предварительном раунде, а от Канады в четвертьфинале, как в Ванкувере в 2010-м. Трагедия в конце концов оказалась оптимистической.

Но это редкий случай. Оптимистических трагедий в спорте почти не бывает. Поражение остается поражением. И чем ближе к вершине был проигравший, тем оно горше. Как, например, в финале олимпийского турнира по греко-римской борьбе на Олимпиаде-2008. В финале, в котором Хасан Бароев не имел права на поражение как действующий обладатель титула, а его соперник — кубинец Михайн Лопес — потому, что лозунг Patria o Muerte (Родина или смерть) еще никто не отменял.

Все начиналось очень даже неплохо. Бароев встретил ринувшегося в атаку кубинца как надо, отхлестал того в соревновательном запале по щекам да надавал тумаков. Но для победы этого было мало. Ключевым моментом всей схватки, пожалуй, стала первая жеребьевка в середине стартового периода. У Бароева сразу все пошло наперекосяк: сначала в жребии удача улыбнулась Лопесу, потом рефери строго наказал россиянина за движения в партере раньше свистка, отдав кубинцу два балла.

ЧЕТЫРЕ ГОДА ПРОШЛИ БЫСТРО, НО ВПУСТУЮ.

ХАСАН БАРОЕВ, БОРЕЦ, О СЕРЕБРЯНОЙ ОЛИМПИЙСКОЙ МЕДАЛИ

А потом Лопес сделал то, что с Бароевым до него не мог сделать никто (наверно, не осмеливались), — провел результативный прием в партере. Уступая 0:4, Бароев поднялся на ноги злой как черт и ринулся в контратаку, но кубинец, словно перемазанный клеем, намертво прилип к ковру. Во втором периоде рефери снова отправил Бароева в партер, а это означало, что россиянину предстояло в обязательном порядке идти ва-банк самому.

Секундировавший Бароеву Гоги Когуашвили в ярости швырнул на пол полотенце. На предыдущей Олимпиаде в Афинах Бароев оказался в не менее трудной ситуации. Тогда, проигрывая Георгию Цурцумия за минуту до конца схватки, 21-летний в ту пору Хасан успел за это время размазать несчастного противника по ковру. Чего стоило Лопесу устоять против яростной полуминутной атаки Бароева, знает только он сам. Но он устоял.

В раздевалке борцы и тренеры сидели и молчали. Они ждали, когда победивший в тот день Асланбек Хуштов — он победил как будто легко и непринужденно, поклонился трибунам и ушел в раздевалку — придет с допинг-теста и с пресс-конференции. Потом из комнаты вышел еще один великий борец Вартерес Самургашев и упал на ковер в тренировочном зале вниз головой. Он лежал без движения, вытянув руки вперед и уткнувшись лицом в ковер. Кто-то из борцов выскочил из комнаты, подбежал к нему, свернулся возле его головы клубком, начал гладить ему волосы и что-то шептать. Самургашев не реагировал. Подошел еще один борец, тоже лег на ковер, обнял его; они так и лежали теперь вместе. Можно было подумать, что Вартерес плачет. Но, когда он поднял все-таки голову через несколько минут, стало видно, что глаза у него сухие. Нет, он, конечно, не плакал. Ему просто не хотелось жить.

В отличие от Бароева, Самургашев проиграл даже не в полуфинале, а раньше. И не сопернику, а чиновнику. Российский борец побеждал, но после броска, за который судьи присудили ему три очка, на ковер выскочил вице-президент Международной федерации объединенных стилей борьбы Марио Салетниг. Он остановил поединок и потребовал у судей отменить решение. Не оставлял он Самургашева и во втором периоде. Когда Вартерес произвел очередной бросок и судьи снова пересматривали видеозапись, Салетниг уже находился у монитора и говорил арбитрам, какое принять решение. Судьи просто не могли не подчиниться его требованиям. В итоге Самургашев проиграл. И пусть через год он победил Салетинга в суде — спортивный арбитражный суд Лозанны признал, что «права спортсмена были нарушены на Олимпийских играх в Пекине во время схватки с Петером Бачи», — ту схватку ему никто не даст переиграть...

Уже позже, в машине по пути в «Боско-клуб» Хасан Бароев сказал, пряча медаль в карман: «Четыре года прошли быстро, но впустую».

Ему, конечно, стали говорить, мол, да разве это впустую, да ты посмотри, что это за чудо — серебряная медаль...

— Как быстро мы стареем, — сказал он вроде бы невпопад и так вздохнул, что, показалось, за это мгновение постарел еще больше.

ДА ЭТО БРЕД ПОЛНЫЙ, А НЕ ФИГУРНОЕ КАТАНИЕ!

Евгений Плющенко, фигурист, о новых правилах
подсчета очков

Потом Бароев говорил, что его истинные поклонники в Осетии все равно накроют стол, поднимут тост, скажут: «Пусть Хасан не расстраивается, за четыре года второй финал в Олимпийских играх у него»... А потом осекался: «Только нет ничего обидней второго места, и все».

— Медаль в кармане? — уточнили у него.

— В кармане, — пощупал он.

— А если бы золотая была, надел бы?

Этот вопрос застал Хасана врасплох. Он долго думал, потом увидел золото на груди Асланбека:

— Да, надел бы. Золота стыдиться нечего. Я сегодня пришел с допинг-контроля, тренер говорит: «Покажи медаль». — «Эта медаль не того цвета, чтобы ее показывать», — говорю. «Покажи, — говорит, — в этой медали половина нашей жизни».

Может быть, и хорошо, что половина. Ну не должна вся жизнь спортсмена уходить в спорт — в секунды, голы, очки и рекорды. Иначе вне спорта жизни уже не останется. И покинуть спорт будет уже невозможно, а «маленькая смерть» поражения будет превращаться в мучительную агонию, как это случилось, например с Майком Тайсоном.

К моменту матча против Джеймса «Бастера» Дугласа 11 февраля 1990 года на счету Железного Майка было 37 побед в 37 боях. Были объединенные в одних руках в кратчайшие сроки все три престижных чемпионских пояса. Были разгромы за полторы минуты таких достойных тяжеловесов, как Майкл Спинкс или Карл Уильямс. А ставший его промоутером Дон Кинг уже сказал свою знаменитую фразу о том, что, мол, людям не интересно, нокаутирует ли Тайсон своего оппонента, потому что ясно, что в любом случае нокаутирует; интересно, как быстро он это сделает и в каком стиле.

Кинга не в чем винить — Дугласа за соперника для Тайсона не считал никто. Менеджер Дугласа Джон Джонсон очень откровенно рассказывал, что Джеймсу вообще-то ни в коем случае не следовало заниматься боксом: «Он чересчур добрый». На пресс-конференции перед боем претендент огорошил всех своим ответом на вопрос, за счет чего он намерен победить Тайсона: «Наверное, я должен ударить его». На официальном взвешивании на него не обратил внимания ни один — ни один! — фотограф.

А потом был странный бой. Публика, уверенная, что вот сейчас, как обычно, Тайсон незаметно, буквально одним движением подберется к своему оппоненту и уложит его коротким и резким апперкотом, с удивлением обнаружила, что Дуглас, который выше чемпиона на 13 см, без проблем держит того на дистанции, более того, сам время от времени попадает правой. А второй раунд Дуглас закончил довольно хлестким апперкотом, попавшим в челюсть Тайсону.

Удары претендента проходили настолько часто, что в пятом раунде левый глаз Тайсона заплыл. Потом Железный Майк признавался, что уже как следует не мог видеть движения противника, действовал скорее интуитивно. И эта интуиция чуть было не принесла ему победу. В концовке восьмого раунда Дуглас наконец на мгновение раскрылся, и у Тайсона прошел его фирменный апперкот. Дугласа отбросило на канаты. Казалось, что на этом жуткий бой все же благополучно для чемпиона закончился.

Потом вокруг этого эпизода была куча споров. Все, разумеется, обратили внимание, что рефери Октавио Мейран Санчес начал отсчет примерно на две секунды позже, чем он начался по видеотабло. И, возможно, именно эти две секунды оказались спасительными для Дугласа, с трудом успевшего на счет «девять» подняться на ноги. Дальше был девятый раунд, в котором претендент совсем не походил на только что побывавшего в нокдауне человека и избивал Тайсона, чей глаз закрылся окончательно. И десятый, в котором чемпион после очередной пропущенной серии впервые в карьере упал. На сей раз Мейран Санчес начал считать вовремя... Прошло еще пять лет. И бой, на который нацеливался Кинг, наконец состоялся. Но для начала Тайсон получил травму, а потом оказался в тюрьме.

Строго говоря, 9 ноября 1996 года в казино MGM Grand в Лас-Вегасе состоялся не первый, а второй бой Тайсона с Холифилдом. Первый прошел в 1984 году, когда тренеры олимпийской сборной США решили устроить спарринг между двумя молодыми бойцами на базе в Колорадо-Спрингс. Из тренировки он превратился в настоящее побоище. Боксеров пришлось растаскивать. Полутяж Холифилд в итоге попал в олимпийскую команду, Тайсон — нет. Но профессиональная карьера у него тем не менее складывалась куда более благополучно, чем у Холифилда, который стал лучшим в главной категории ближе к 30 годам. Победив, между прочим, того самого Дугласа.

Потом в карьере Холифилда были взлеты и падения. Последних — вроде поражений от Майкла Мурера и Риддика Боу, из-за которых он расстался со своими поясами, — даже, пожалуй, больше. А еще врачи обнаружили у него какую-то загадочную болезнь сердца, чуть было не прервавшую карьеру боксера. В любом случае многие считали, что она уже, что называется, на излете.

У Тайсона же наступил ренессанс. Выйдя из тюрьмы, он одержал четыре громкие победы, вернул себе титул чемпиона. И очень хотел доказать, что стал прежним — неуязвимым Железным Майком. Доказать окончательно, поскольку все и так думали, что он стал прежним и что уж, во всяком случае, битого тяжеловесами отличными, но не самого высокого калибра Холифилда Тайсон разделает под орех. Букмекеры принимали на исход боя ставки примерно в том же соотношении, в котором распределился призовой фонд боя: $ 30 млн Тайсону, $ 10 млн Холифилду.

Возможно, ни поражение от Дугласа, ни последующие неудачи Тайсона не были столь унизительными, как эта. В бою, названном журналом *Ring* лучшим боем года (конкурентов у него быть просто не могло), Железного Майка победили не характером, не терпением, не случайным ударом. Его победили классом.

Холифилд просчитал все. Он просчитал, что, дабы не нарваться на удары Тайсона, надо не уходить от них, а, напротив, стараться попасть первым. И попадал. Он просчитал, что ни в коем случае нельзя уходить в глухую защиту, потому что Тайсон все равно рано или поздно достанет. И сам атаковал. И атаковал разнообразно: с дистанции, в клинче.

Нет, Тайсон был неплох. Но Холифилд был лучше — лучше на порядок. Он переигрывал Тайсона, но при этом не торопил развитие событий. Не бросился добивать его после нокдауна в шестом раунде, а дождался момента еще лучше — в десятом. За этот раунд Холифилд попал по оппоненту 23 раза! А в 11-м раунде кулак правой руки Холифилда врезался в голову чемпиона и пригвоздил его к канатам. Рефери Митч Халперн зафиксировал нокаут.

Тайсон потом признавался, что не помнит фактически ничего из того, что было с ним во время боя. Все как-то стерлось из памяти. В ней осталось лишь одно — ощущение, что с ним творится нечто невероятно плохое и ничего с этим поделать нельзя. Кажется, именно после того боя он окончательно потерял контроль над собой.

Прошло чуть более полугода. Снова были переполненные трибуны MGM Grand. Снова на кону стояли чемпионский титул и огромная сумма денег (с учетом доходов от продажи телетрансляций участники боя заработали примерно по $ 35 млн). Снова дрались Холифилд и Тайсон.

Перед матчем-реваншем делалось много прогнозов. Кто-то считал, что Холифилд в ноябре уже нашел способ, как справляться с Тайсоном, и поэтому снова выиграет. Кто-то был уверен, что во второй раз Тайсон не допустит прежних ошибок и разорвет Холифилда. Никто не догадывался, что будет в реальности.

Тайсон начал активно, но с каждой минутой становилось все очевиднее, что он опять проигрывает. И с каждой минутой становилось все очевиднее, что он теряет самообладание. До конца третьего раунда оставалась минута, когда публика увидела нечто такое, что, может быть, никогда больше не увидит. Боксеры сошлись в клинче, Тайсон выплюнул капу и в следующую секунду, словно бультерьер, вцепился Холифилду в правое ухо, лязгнул зубами и отхватил кусочек.

Чемпион от боли закрутился волчком. Рефери Миллз Лэйн, похоже, как, впрочем, и те, кто был на трибунах, сразу и не понял, что сделал Тайсон. Он дал указание снять с него два очка, а бой продолжить. Продолжался он считаные секунды, поскольку Тайсон опять пошел в клинч и вцепился теперь уже в левое ухо Холифилда. Лэйн наконец поединок остановил. К рингу подтянулась полиция — организаторы поняли, что проводят опасный матч. Но даже полиция не смогла предотвратить несколько стычек болельщиков в холле MGM Grand Hotel сразу после поединка.

Для Холифилда все завершилось счастливо. В больнице Лас-Вегаса ему пришили найденный на полу кусочек правого уха. Он был наконец-то признан всеми по-настоящему великим чемпионом, а Тайсону пришлось проходить обследование у психиатров. Пришлось лишиться лицензии на право участия в боксерских поединках в Неваде и Лас-Вегасе, в частности (а это, между прочим, неофициальная столица бокса). И пришлось в третий раз проделывать путь к вершине.

У подножия вершины он оказался в 2002 году, когда свое согласие на бой с Тайсоном дал Леннокс Льюис. Не мог он не дать его по двум причинам. Во-первых, с учетом продажи телеправ гонорар победителя должен был достичь сумасшедшей суммы — около $50 млн. Во-вторых, несмотря на все достижения Льюиса, Америка очень долго отказывалась признавать его, британца, равным выдающимся чемпионам прошлого. Для признания необходимо было побить кого-то из американских кумиров. Тайсон был идеальным вариантом.

О самом матче, проходившем в Мемфисе, подробно рассказывать нет смысла. Ажиотаж ему сопутствовал исключительный, подогретый в том числе самим Тайсоном, который на январской пресс-конференции набросился на Льюиса с кулаками и пообещал съесть его детей. Ход поединка ажиотажу не соответствовал. Он слишком напоминал первый поединок Тайсона против Холифилда. Разница, по существу, заключалась в том, что Льюис намного крупнее Холифилда и бил жестче. О том, на что похож был этот бой, лучше всего говорит, пожалуй, статистика пропущенных ударов: у Льюиса меньше 50, у Тайсона — почти 200. Последним был страшной силы удар правой в голову претендента.

Некоторые эксперты тут же заметили, что лучше бы Тайсону после такого поражения уйти из бокса. Через год с небольшим ушел Льюис, а Тайсон осталась.

Остался он не столько потому, что хотел снова стать лучшим, а потому, что каким-то загадочным образом умудрился промотать 300-миллионное состояние и влезть в долги. Добыть требуемые кредиторами $40 млн Тайсон мог лишь одним способом — боксом. К счастью, публикой он все еще был востребован так, что за заурядный рейтинговый бой против довольно заурядного британского бойца Дэнни Уильямса смог выбить гонорар $6 млн. Известный промоутер Боб Арум вообще, говорят, уже держал в уме возможный в случае эффектной победы контракт с Тайсоном на четыре боя и сумму $100 млн.

Ветеран Уильямс 30 июля 2004 года в Луисвилле разрушил Аруму все планы. Вернее, это Тайсон их разрушил. Он бил как-то совсем слабо. Он мало двигался. А за три раунда выдохся так, что в четвертом превратился в тренировочную грушу и очутился в нокауте. Тайсона едва ли не хором призывали уйти наконец из бокса и не доводить дело до полного позора. Но Майк призывам не внял.

Его бой против огромного ирландца Кевина Макбрайда 11 июня 2005 года только подтвердил то, что и так уже было ясно: Тайсон прозевал момент, когда можно было уйти, сохранив хотя бы остатки достоинства. Он был вынужден объявить об уходе после того, как шесть раундов без толку пытался хоть что-то сделать с этим малоподвижным, вялым, неспособным на акцентированный удар противником. А в конце шестого без сил рухнул на пол и долго не мог подняться на ноги. Отказавшись снова выпускать почти 39-летнего боксера на ринг, тренер Джефф Фенек, видимо, поступил гуманно. И по отношению к боксу в целом тоже.

Сентенция о поражениях, за которые не стыдно, банальна до непристойности. В конце концов, это всего лишь политкорректный способ признать полное превосходство соперника и снять с себя ответственность за проигрыш. Но раз уж упрекнуть себя не в чем, зачем вообще было выходить на арену?

> МНЕ ВСЕ СПОРТСМЕНЫ СКАЗАЛИ, ЧТО Я ВЫИГРАЛ. А ЧТО ТОЛКУ? Я И САМ ЗНАЮ ЭТО.
>
> ЕВГЕНИЙ ПЛЮЩЕНКО, СЕРЕБРЯНЫЙ ПРИЗЕР
> ОЛИМПИАДЫ-2010

Но бывают поражения, которые вызывают чувство гордости. Это редкость невероятная. Такие поражения становятся триумфом. Триумфом воли, духа, благородства. Такие поражения — на вес золота, полноценного и уже не спортивного.

Последний день гимнастического турнира на Олимпиаде-2004 в Афинах для нас поначалу ничем, по сути, не отличался от всех предыдущих. Алексей Бондаренко дважды падал на приземлении в опорном прыжке. Второй раз — жутко неудачно. Его унесли из зала на носилках и сразу отправили в больницу — повреждение позвоночника. Бронза Павловой в опорном прыжке, бронза женской команды, серебро Светланы Хоркиной в многоборье — вот все наши награды на этой Олимпиаде, которую мы, полвека лидировавшие в гимнастике, проиграли...

Я СЧАСТЛИВЫЙ ЧЕЛОВЕК, Я БЛАГОДАРЕН БОГУ, ЧТО УШЕЛ ДОСТОЙНО.

АЛЕКСЕЙ НЕМОВ, 4-КРАТНЫЙ ОЛИМПИЙСКИЙ ЧЕМПИОН

Последним снарядом была перекладина — любимое упражение четырехкратного олимпийского чемпиона Алексея Немова. Великий Немов и его уникальные шесть перелетов были нашей последней надеждой на золото.

Он выступал третьим. И сделал все потрясающе красиво. Идеальным не вышел лишь соскок. На табло появились оценка — 9,725 — и место, которое Немов на тот момент занял. Третье, ниже неплохих, но не более того, Исао Йонеды и Моргана Хэмма.

Того, что было дальше, никогда не видели даже видевшие, кажется, все на свете пожилые люди с тренерскими аккредитациями. Зал загудел. Шум — смесь свиста и возмущенного «Бу-у-у!» — нарастал с каждой секундой, пока не стал невероятно громким. Люди, положив на пол российские, американские, греческие флаги, вставали и опускали вниз большие пальцы.

«Итальянец, который потом первое место занял, подходит ко мне, пока гул этот стоит, и говорит: "Вот это да! Я такого в жизни своей не видел! Все стоят! Классно!" Я говорю, что я тоже не видел. Люди же готовы были разорвать этих судей. Я не верю, что это все со мной было!» — вспоминал Немов.

В зале засуетились униформы чиновников из Международной федерации гимнастики. Примерно через десять минут цифры на табло вдруг изменились. 9,762 — судьи из Малайзии и Канады подняли оценку. Это тоже был уникальный случай. Но Немов все равно оставался третьим. Полтора десятка тысяч человек ответили на изысканный цинизм новым криком. Выступавший следом американец Пол Хэмм стоял с растерянным выражением лица, просто не понимая, что ему делать. Немов улыбался. Это российское торжество, казалось, никогда не закончится, несмотря на то что диктор уже дважды просил трибуны успокоиться.

Алексей Немов сам прервал его и снова вышел на помост — утихомирить зрителей. «Я знал, что у гимнаста, выходящего вслед за мной, остынут мышцы и он может получить травму», — сказал он потом. И добавил, словно оправдываясь: «Я когда вышел, чтобы народ успокоить, чтобы спасибо им сказать... — все камеры на меня... Я даже спуститься обратно хотел, так стало неудобно... Уйти хотел даже... Ну, подумаешь — Немов выходит, да? Это труба была, мужики, такая труба...»

Продолжение удивительной истории было уже глубокой ночью, когда один за другим дворец стали покидать ее главные действующие лица. Они выглядели по-разному. Алексей Немов и его тренер Евгений Николко — счастливейшими людьми, только что одержавшими очень важную победу.

«Я просто хотел достойно закончить», — сказал Алексей, поднявшись на крышу Bosco-дома — одного из российских олимпийских клубов в центре Афин, где после соревнований расслабляются спортсмены и сочувствующие им болельщики — в кафе.

У него получилось. Так, как уходил он, должен, кажется, мечтать уйти любой великий спортсмен и не ушел еще пока никто в истории спорта. Тысячи людей, на которых смотрел весь мир, 12 минут скандировали: «Нэ-мов, Нэ-мов!» Волонтеры блокировали переходы между секторами: толпа в любой момент могла хлынуть вниз, поближе к судьям, чтобы заглянуть в их бесстыжие глаза. Испанский принц Альберт, вскочив со своего места, входил в историю королевской семьи жестами, от которых выступил бы румянец на щеках его пуделя (тоже королевского).

«Я счастливый человек, я благодарен Богу, что ушел достойно, — как заведенный повторял Немов. — Я такого в жизни не испытывал. У меня такие мурашки по коже бегали! Я весь липкий от пота до сих пор. Здесь где-нибудь есть душ?»

Он вспотел, пока зал аплодировал ему.

«Ну все, ну вот и все, я — счастливый человек», — опять с облегчением повторял Алексей, словно достиг очень конкретной цели, которую тренер поставил перед ним на этих соревнованиях. Евгений Николко стоял в нескольких метрах от него и спрашивал, не слишком ли все это было.

«Ну, не переборщили ли мы? Могут не так понять... Подумают теперь, что мы рисовались, что ли... Но это же не мы виноваты! Все же по своей инициативе встали и гудели. Мы-то здесь при чем?»

Это был самый честный, самый настоящий момент той Олимпиады.

Вообще-то, в случае конфликта с системой самое лучшее, на что может надеятся спортсмен, — моральная победа. Такой конфликт оптимистическим не бывает никогда. Это драма, практически всегда переходящая в трагедию, — неважно, выходит ли человек за рамки системы или система меняется быстрее человека. Финал всегда один — система его отторгает.

На церемонии награждения призеров в мужском фигурном катании Олимпиады-2010 в Ванкувере произошла сцена, которая могла бы показаться забавной. Евгения Плющенко пригласили занять место на пьедестале вторым — вслед за завоевавшим бронзу японцем Дайсуке Такахаси. И он вдруг, словно по привычке, шагнул на самую высокую ступеньку подиума, и только чуть-чуть — какие-то мгновения — постояв на ней под овации зала, спустился на свою — серебряную.

Вы видели, это и есть мое место, как будто давал он понять нам всем. А нам и так было ясно. Плющенко и без высшей награды, безусловно, вошел в число героев Олимпиады. Но, когда он смотрел на стоявшего на самой почетной ступеньке этого подиума Эвана Лайсачека, мысль о том, что он такой же победитель ванкуверской Олимпиады, как и американец, вряд ли грела Евгению Плющенко душу.

«Я уже говорил, что приму любой результат», — произнес он, отвечая на вопрос, как относится к своему второму месту. Но через секунду слово «поражение» все же соскользнуло у Плющенко с языка. И его можно было понять. Легко принять серебро, которое и не могло обернуться ничем иным, кроме серебра. Но такое, как у него, принять действительно жутко сложно...

Это было великое соперничество — из тех, которые хочется потом пересматривать снова и снова, из тех, по поводу которых люди ведут бесконечные споры и никак не могут прийти к единому мнению. Прийти к нему, видимо, просто невозможно.

Зал, кажется, не рисковал дышать, опасаясь сорвать то вдохновение, которое посетило Лайсачека. В тот вечер он был попросту удивителен. Его катание — по эмоциям, по чистоте — было лучше, чем в короткой программе, хотя и в ней он вроде бы прыгнул выше головы, расположившись сразу вслед за Плющенко, с мизерным отрывом в десятые доли балла. Он не дрогнул ни разу, ни на одном прыжке, в том числе никогда не дававшихся ему тройных акселях.

Эван получил за свою произвольную великолепные баллы — больше 167. Обойти его не удалось никому. Оставался один Плющенко.

Фрэнк Кэрролл, тренер Лайсачека, улыбаясь, вспоминал, что сказал своему ученику перед тем, как настала очередь Евгения Плющенко выходить на лед: «Ну, парень, это будут самые долгие четыре минуты в твоей жизни». Для Pacific Coliseum это были четыре минуты такого же наслаждения, как и те, которые он пережил, видя «Шахерезаду» Римского-Корсакова в интерпретации Лайсачека.

Плющенко чисто сделал каскад из четверного и тройного тулупов, два тройных акселя, тройной лутц. В перерыве между прыжкам он успевал заигрывать с публикой, которая под его танго заводилась и распалялась. Она, уже заранее влюбленная в него, была в экстазе и, может, если бы он был настойчивее, не ограничившись посланным трибунам воздушным поцелуем, ринулась бы, круша борта и заградительные стекла, на лед поздравлять кумира. По крайней мере речь о той ее части, которая в четверг не болела за Америку.

Но что-то после этого в целом блистательного проката Евгения Плющенко кольнуло душу. Что-то едва различимое. Например, запись в официальном заявочном листе, в котором значился каскад не из четверного и тройного прыжков, а из четверного и двух тройных. Ощущение, что пару раз на приземлениях Плющенко немножко дрогнул, что дорожки и вращения у него не такие интересные, как у Лайсачека. А ведь дорожки и вращения с того момента, как Евгений Плющенко ушел из спорта, стали цениться гораздо выше, чем прежде.

А еще через несколько секунд на табло появились оценки россиянина. Он проиграл Эвану Лайсачеку — проиграл балл с небольшим. И зал мгновенно разделился на две равные половины. Одна торжествовала, а другая недовольно гудела, считая, что чемпионом заслуживал стать не американец. И правду было искать совершенно бесполезно. В тот вечер у каждого была своя правда.

Тренер Евгения Плющенко Алексей Мишин не понимал, как может существовать такая система, которая не поощряет стремления готовить четверные прыжки, т. е. повышать сложность программы. Фрэнк Кэрролл говорил о цельности программы, мелких неточностях и нюансах судейских оценок. Глава техкома Международного союза конькобежцев, эксперт по актуальному как никогда судейству Александр Лакерник в целом соглашался с Кэрролом: «Система состоит из множества, что ли, мелких деталей. Все дело в нюансах. С одной стороны, четверные — это здорово, а с другой — нельзя, чтобы фигурное катание превращалось в состязание по их исполнению». И добавлял, что подходить к исходу этого противостояния, оперируя терминами «справедливо» и «несправедливо», попросту нельзя.

А сам Евгений поначалу ничего не говорил. Он все время оглядывался на большой экран, по которому его катание показывали с помощью кинопроектора в натуральную величину. Ему, наверно, нельзя было это смотреть. Это было, без преувеличения, похоже на самоубийство. То, что он делал, был самый страшный изо всех видов мазохизма. Он смотрел, как он проигрывает. Вообще-то это выше сил нормального человека. Можно было попросить выключить экран. Нужно было попросить.

Но это был не тот случай. Нормальные люди не возвращаются в спорт после трехлетнего перерыва, когда достигли в нем всего, о чем мечтали. Но оказалось, что он и продолжает мечтать. Это был большой сюрприз для всех. Почти никто не верил. Возможно, он сам не верил.

Но он вернулся. Выиграл московский этап мирового Гранпри, чемпионат Европы. Приехал на Олимпиаду. Он ведь почти выиграл и ее. Прыгнул четверной. Но оказалось, что его четверной не нужен тому фигурному катанию, которое жило без него три этих года. Так же, как, похоже, и он сам. Он в нем, похоже, оказался лишним. Он мешал этому фигурному катанию. Оно только-только решило, куда развивается: транзишн, дорожки, вращения... А тут вдруг опять возникает он со своим четверным, который никому, кроме него, и не дается — а значит никому и не нужен. Без Плющенко им всем было спокойней. Они думали, что так уже и будет всегда.

А он вернулся — и проиграл одну из самых крупных ставок, которые делал в своей жизни. Весь его гигантский опыт долготерпения оказался ничтожным на фоне его второго места. После этого он не хотел и не мог быть великодушным и снисходительным ни к кому. Он называл вещи их именами.

«Да это бред полный, а не фигурное катание! Не мужское фигурное катание! Кто-то там сказал, что я не прыгнул четыре-два... Да, и два четверных не прыгнул. Потому что прыгай не прыгай, а они нашли бы, откуда баллы срезать!

Вот Лайсачек сказал, что четверные не нужны! Что у нас другие компоненты, что у нас транзишны... сраные, извините за выражение... Так давайте разделим: мужское фигурное катание и мужское катание "танцы на льду"! Здорово! Давайте!..»

Потом в прямом эфире «Первого канала» он уже ставил ультиматум функционерам: «Весь спорт движется вперед, а фигурное катание ушло назад. Раз сегодня олимпийский чемпион не умеет прыгать четверные, значит, это такая система. Что нужно сделать, чтобы удачно выступить на Олимпиаде в Сочи? Нужно поменять всю систему».

Зачастую — слишком часто, пожалуй — на подобные высказывания спортсмены и спортивные чиновники решаются в самый последний момент, когда трагедия спортивная переходит (или вот-вот перейдет) в трагедию человеческую, цена которой — уже не медали, а сама жизнь. Лучше всех, пожалуй, это на себе почувствовали баскетболисты ЦКСА в 1995 году.

В тот сезон ЦСКА произвел настоящий фурор в европейском баскетболе. Какая это была команда! Карасев, Куделин, Кисурин, Панов, Корнев, Курашов, Спиридонов, Моргунов и Еремин на тренерском мостике. Все молодые, красивые, «голодные». Им месяцами не платили зарплату. В их раздевалке порой не было горячей воды. На игры еврокубков они летали не клубными чартерами, а регулярными рейсами «Аэрофлота», сложившись в три погибели в переполненном салоне. Но зато как играли!

В групповом турнире клубного чемпионата Европы-94/95 (так тогда называлась Евролига) ЦСКА победил «Реал» с неувядающим Сабонисом и греческий «Панатинаикос», занял в группе третье место и в плей-офф вышел на «Олимпиакос». В первом четвертьфинальном матче армейцы вновь поразили Европу. Афинский суперклуб с бюджетом более $20 млн (середина 90-х — эпоха финансового расцвета греческого баскетбола) был разгромлен в Москве с позорным счетом 95:65!

Чтобы выйти в «Финал четырех», ЦСКА оставалось выиграть один из двух оставшихся матчей, которые проводились уже в Афинах. Вторая игра состоялась 14 марта. «Олимпиакос» выиграл с большим трудом и не без помощи судей — 86:77. А накануне третьей, решающей схватки случилось то, что стало одной из самых постыдных страниц европейского баскетбола.

Перед первой афинской игрой хозяева, как принято, поставили возле скамейки гостей минеральную воду. На разминке и во время матча эту воду пила вся команда. Выпили почти все. После игры Никита Моргунов схватил одну из немногих оставшихся бутылок, надавил — и увидел, что из нее идет маленькая струйка. Тогда никто не придал этому значения. Подумаешь, дырка...

Правда, как только игроки начали переодеваться после игры, в раздевалку забежал человек из персонала «Олимпиакоса» с перепуганными глазами, схватил один из двух ящиков с Gatorade и убежал. На это, впрочем, тоже никто особого внимания не обратил.

Уже потом, много месяцев спустя, один весьма компетентный человек утверждал, что, даже если бы на пути у «Олимпиакоса» в том четвертьфинале стоял клуб НБА, ему все равно не дали бы выиграть. Ставки в «черном» греческом баскетбольном тотализаторе в тот вечер были слишком крупными, чтобы воротилы подпольного бизнеса, в чьих друзьях греческая молва упорно числила тогдашнего тренера «Олимпиакоса» Янниса Иоаннидиса, могли рискнуть и положиться на баскетбольную фортуну.

А тогда... Недомогание многие игроки ЦСКА почувствовали уже вечером, после первого греческого матча. Но списали его кто — на акклиматизацию, кто — на переутомление. То, что ситуация гораздо серьезнее, поняли только на следующий день на тренировке. И то не сразу.

У Никиты Моргунова начало сводить мышцы во время броска: «Я бросаю и тут понимаю, что моя голова сама легла на плечо...» Разыгрывающий ЦСКА Василий Карасев потом вспоминал: «Когда Никита положил голову себе на плечо, всем было весело. Когда он сел на стул в какой-то непонятной позе — еще веселее. А тут еще Куделин тоже начал "дурачиться". Это потом всем стало не до смеха...»

Моргунов с Куделиным оказались в больнице. За ними последовал Панов. Потом Карасев. И Корнев. У тренера ЦСКА Станислава Еремина осталось лишь пятеро баскетболистов. Причем они тоже находились не в лучшем состоянии. Возник вопрос: играть или не играть?

ФИБА настаивала, чтобы ЦСКА играл. Генеральный секретарь ФИБА Борислав Станкович отдыхал где-то на даче. До него удалось дозвониться, но он технично самоустранился: «ФИБА не хочет вмешиваться в это дело», — спихнув окончательное решение на болгарского комиссара матча Валентина Лазарова. Греческие врачи заверили того, что ничего серьезного с игроками ЦСКА не случилось и они должны быстро вернуться в строй. При этом медики категорически отказались выдавать какие-либо документы, заявив, что сделали 25 различных анализов и ничего криминального не нашли.

Лазаров все же обратился к «Олимпиакосу» с просьбой о переносе игры на день-два. В ответ менеджер греческого клу-

part II

ба развернул телевизионный контракт и спросил, кто будет платить неустойку за срыв трансляции? Речь шла о сумме порядка $50 000 — для ЦСКА это были огромные деньги. При этом формально никаких причин для отмены матча не существовало. После этого комиссару осталось только сказать: сначала надо сыграть, потом будем разбираться.

Тогдашний президент Российской федерации баскетбола Сергей Белов предложил было ЦСКА помощь РФБ, но руководители армейского клуба заявили, что разрешат ситуацию сами. От растерянности, возможно. Потому что реакция на происходящее из Москвы повергла армейцев в шок. Тогдашний председатель антидопингового комитета в каком-то интервью заявил: он не исключает, что ЦСКА мог использовать запрещенные препараты. Клуб, не имевший нынешней экономической и юридической базы, оказался беззащитен. Оставалось только биться на площадке.

«Выходит стартовая пятерка», — грустно пошутил Еремин на предматчевой установке. Вадеев, Кисурин, Спиридонов, Грезин и Курашов шли на этот матч как на последний бой. За свою страну. За свой клуб. За лежащих под капельницами товарищей по команде. «Мы хотели отомстить за ребят и даже не задумывались о том, что обречены. Бросились на амбразуру, как Матросов», — вспоминал потом Спиридонов.

> ЕСЛИ БЫ ЦСКА ПОБЕДИЛ, МЫ РИСКОВАЛИ НЕ ВЫЙТИ ИЗ ЗАЛА ЖИВЫМИ.
>
> ОЛЕГ ПАРФЕНОВ, КЛУБНЫЙ ВРАЧ БК ЦКСА
> ОБ «ОТРАВЛЕННОМ МАТЧЕ»

Пятеро в красно-синих майках вышли из раздевалки в красный коридор, а из него — на площадку, окруженную 15-тысячной огнедышащей толпой. Наиболее ретивые из фанатов «Олимпиакоса» бросились к барьеру и принялись жестами имитировать укол шприцем в вену — все греческие газеты вышли в тот день с сообщениями о том, что ЦСКА якобы пострадал от чрезмерной дозы анаболиков. Эллада жаждала крови.

Но... армейцы жаждали ее не меньше. Кто-то — то ли Кисурин, то ли Вадеев — выходя на паркет, оскалившись (улыбкой это назвать вряд ли рискнул хоть кто-нибудь), бросил в камеру: «Будем рвать!» И они рвали. Обескровленная пятерка «смертников» сразу повела в счете! 5:0 на 2-й минуте, 12:5 на 5-й, 16:7 на 8-й,

21:19 на 12-й, 28:27 на 16-й! Растерянные греки не понимали, что происходит.

Лишь незадолго до перерыва «Олимпиакос», ведомый Накичем и снайпером из НБА Джонсоном, впервые вырвался вперед. Остальное было делом времени. На 5-й минуте второго тайма (тогда матчи состояли из двух периодов по 20 минут) ЦСКА остался вчетвером — получил 5-й фол Курашов. А за 6.10 до финальной сирены, когда Спиридонов травмировал ногу, — втроем.

Но перепуганному тренеру греков было не до благородства — лишь когда его подопечные иезуитским прессингом довели свое преимущество до 25 очков, он снял двух игроков, чтобы уравнять составы и хоть как-то соблюсти приличия. К этому моменту Вадеев тоже получил 5-й фол. Играть в баскетбол вдвоем официальные правила, как известно, запрещают, однако «отравленный матч» не прервался. Спиридонов, невзирая на травму, вернулся на паркет и доиграл встречу до конца.

Зачем он это сделал, баскетболист не смог объяснить ни тогда, ни потом, но все равно считал свое решение верным. На самом деле Спиридонов просто не мог не выйти — даже хромая, он все еще мог бросать, а значит, не должен был оставлять своих товарищей на поле боя, в которое превратился паркет 15-тысячного баскетбольного зала Peace and Friendship Sport Hall. Никаким миром и дружбой там тогда и не пахло.

Но после игры яростные греческие фаны провожали армейцев овацией. Потрясенный легионер «Олимпиакоса» Александр Волков после матча приехал в гостиницу к ЦСКА и не смог сдержать слез. «Много я видал на своем веку, но такого — никогда», — признался олимпийский чемпион Сеула.

По возвращении в Москву ЦСКА начал собственное расследование. Экспертиза выявила присутствие галаперидола в воде и в организмах игроков. Специалисты говорили: содержание галаперидола в воде было почти смертельным. Однако дальше пресс-конференции и заверений бороться за справедливость дело не пошло. ФИБА признала результат матча действительным. Заключение московской экспертизы уже никого не волновало. Время было упущено, матч сыгран...

Сегодня эта история выглядит достаточно наивно. Трудно представить, чтобы такой скандал был замят всего за неделю. Но тогда он был замят. Но не забыт.

В офисе БК ЦСКА и сейчас можно увидеть любопытную скульптурную композицию — русский богатырь, на копье кото-

рого наколот плюшевый львенок в красной баскетбольной унифор
форме. Автор произведения генеральный менеджер ЦСКА Юрий
Юрков рассказывал, что эта идея пришла ему в голову в день
возвращения из «отравленной» афинской поездки. Замысел был
приведен в исполнение немедленно — уж слишком явное неприятие
вызывал в тот момент гривастый талисман «Олимпиакоса».
И кто знает, может, именно этот языческий «обряд мести» повлиял
на жеребьевку следующего клубного чемпионата Европы —
ЦСКА попал в одну группу с «Олимпиакосом».

Отчасти армейцы утолили жажду реванша в ноябре, когда
выиграли у греков в Москве. Но та победа досталась ЦСКА очень
тяжело, несмотря на огромную поддержку полного зала. Настоящая
вендетта состоялась 11 января 1996 года. В тот день ЦСКА
вновь вошел в красные катакомбы Peace and Friendship Sport Hall.

После представления команд Василий Карасев, традиционно
обменявшись рукопожатием и сувенирами с кем-то из соперников,
повернулся и уверенно, не снимая улыбки, сказал: «Ну все,
сегодня грекам — конец». Даже не сказал — вынес приговор.

...Это был фантастический баскетбол высочайшего класса,
в котором победа досталась действительно сильнейшему. 78:72
в пользу ЦСКА. «Ради таких матчей стоит жить», — произнес Еремин,
спустившись после игры к раздевалкам. Именно в этот день
о ЦСКА всерьез заговорили как о претенденте на титул клубного
чемпиона Европы.

Идущие на смерть

есчастья на Гран-при Сан-Марино 1994 года в Имоле начались еще в пятницу. Во время предварительного заезда автомобиль бразильца Рубенса Баррикелло взлетел в воздух, затем ударился о землю и рассыпался. Сам гонщик отделался небольшими ушибами. В субботу во время квалификационного заезда разбился австрийский пилот Роланд Ратценбергер. От антикрыла его машины внезапно оторвался кусок, он врезался в стену и погиб почти мгновенно.

В воскресенье столкновение на старте заезда стало причиной ранения девяти зрителей, которые были буквально засыпаны градом обломков. На седьмом круге в повороте «Тамбурелло» на скорости 330 км/ч болид под вторым номером, который пилотировал Айртон Сенна, врезался в стену. В воздух взлетели колеса и обломки кузова, а покореженный кокпит проехал еще несколько десятков метров и остановился.

Сезон-94 Сенна начинал безоговорочным фаворитом. Контракт с Фрэнком Уильямсом давал ему заветное сверхоружие — «Уильямс-Рено», а Прост, вечный соперник и единственный, кого считали способным противостоять бразильцу, заявил, что покидает «Формулу-1». Никто, казалось, не сомневался, что Айртон Сенна сравняет счет в давнем поединке и станет чемпионом мира в четвертый раз; спорили лишь о том, сколько Гран-при он выиграет и сколько отдаст соперникам.

А ему было не так легко после семи сезонов, проведенных с одной командой, перейти в другую, ужиться с новыми людьми, приспособиться к новому стилю работы. Ему нужно было привыкать к превосходной, но незнакомой машине, да и превосходство «Уильямсов» в том году было не так велико. Двигатели Renault по-прежнему оставались самыми мощными, но новое шасси оказалось капризным и плохо поддающимся настройке. Три поулпозиции Сенны достались ему ценой большого риска.

В первой же гонке сезона Айртона постиг тяжелый удар. Он, ненавидящий проигрывать даже в безнадежных ситуациях, уступил Михаэлю Шумахеру Гран-при Бразилии, который просто не мог не выиграть. Даже телетрансляция позволяла видеть, что Сенна сохранял контроль над машиной ценой массы усилий.

Эдди Ирвин вспоминал после гонки: «Когда меня обгонял "Бенеттон" Шумахера, он шел четко, будто приклеенный к трассе. Увидев в зеркале Сенну, я пропустил его вперед в длинном левом повороте и видел, как он обходил меня. Абсолютно никакого сравнения. Не понимаю, как он держался».

После дозаправки Шумахер вырвался вперед. На родной трассе, где еще мальчишкой побеждал в картинговых соревнованиях, на глазах у сотен тысяч болельщиков — своих болельщиков, Айртон проигрывал 25-летнему немцу. В невероятном напряжении, на грани потери контроля, Сенна медленно, круг за кругом сокращал разрыв. Ему удавалось такое и раньше, но в тот раз он ошибся. Аварии не произошло, это был медленный поворот, но его «Уильямс» занесло и развернуло. Бразилец выбыл из гонки.

На втором этапе все решилось в первом же повороте. Проиграв Шумахеру старт, Сенна ринулся за ним и тут же, задетый сзади Хаккиненом, оказался на обочине, получив вдобавок удар в бок от Ларини. Шумахер снова спокойно выиграл гонку, доведя свой отрыв до 20 очков. Трудно представить, что чувствовал бразильский пилот, ведь известно, как тяжело он всегда переносил поражения.

Имола — скоростная трасса, именно на ней, по общему мнению, мощность моторов должна была сыграть решающую роль. И Сенна понимал, что больше проигрывать нельзя. После страшной аварии с Рубенсом Баррикелло и гибели Роланда Ратценбергера нервы у всех были напряжены до предела. Авария на старте, остановка гонки, напряженное ожидание повторного старта — все это сильно нервировало и без того взвинченных пилотов. Кто-то должен был сорваться.

Вырвавшись со старта первым, Айртон Сенна безуспешно пытался увеличить отрыв — Шумахер вцепился в него мертвой хваткой. Вот что говорит сам Шумахер: «За круг до аварии я шел вслед за Айртоном и видел, что в этом повороте машина у него начала рыскать, заиграла. На следующем круге его стало заносить, и он потерял контроль».

Трагедия в Имоле не была абсолютно непредвиденной, по крайней мере для специалистов: запрет электроники вызывал множество мрачных прогнозов, да и аварии Лехто, Ферстаппена, Алези в начале сезона были плохим предзнаменованием. «В сезоне будет много аварий, и, я не побоюсь сказать, хорошо, если не произойдет что-нибудь страшное», — это были слова самого Айртона, обычно сдержанного в оценках.

Но было совершенно невозможно поверить в то, что несчастье случилось именно с Айртоном Сенной. С лучшим гонщиком на планете, пилотом, который никогда не ошибался. Да, его инстинкт самосохранения часто отступал перед его желанием победить, но над тем и другим всегда стояло феноменальное, абсолютное чувство машины.

После аварии гонка была прекращена. К остаткам болида поспешили врачи и механики, с трудом извлекли из кокпита пострадавшего. В рукаве его комбинезона был найден испачканный кровью австрийский флаг. По всей видимости, Сенна собирался посвятить свою победу погибшему за день до этого Ратценбергеру, хотя никому не сказал об этом. Была сделана экстренная трахеостомия — Сенна еще мог дышать. Тут же приземлился санитарный вертолет, на котором гонщика доставили в госпиталь.

ПОБЕЖДАТЬ — ЭТО КАК НАРКОТИК. НИКОГДА, НИ ПРИ КАКИХ ОБСТОЯТЕЛЬСТВАХ Я НЕ МОГУ ПРОСТИТЬ СЕБЕ ВТОРОГО ИЛИ ТРЕТЬЕГО МЕСТА.

АЙРТОН СЕННА, ЧЕЛОВЕК ДОЖДЯ

Сенна потерял четыре литра крови, у него были множественные травмы черепа. При столкновении правое переднее колесо оторвалось вместе с куском подвески и ударило его по голове. Металлический кусок подвески пробил шлем... Вскоре после прибытия в госпиталь врачи констатировали клиническую смерть.

Могила Айртона Сенны на кладбище Морумби стала местом паломничества. Говорят, она привлекает больше людей, чем могилы Джона Кеннеди, Мэрилин Монро и Элвиса Пресли вместе взятые. Надпись на могильном камне гласит: «Теперь ничто не мешает моей любви к Богу». В 1996 году в повороте «Тамбурелло» был установлен памятник Айртону Сенне: на высоком подиуме он сидит, свесив ноги, в комбинезоне пилота, и смотрит свысока на трассу, которая стала для него последней...

Сложно представить более достойный монумет спортсмену, возведенный когда-либо человеком. Выше него — в прямом и переносном смысле — только горы. Точнее, одна гора. Эверест. Мечтать о том, чтобы взобраться на нее, люди, наверное, начали сразу после ее открытия. Пробовать покорить — гораздо позже, когда появилось соответствующее оборудование. Причем третья попытка едва не завершилась успехом. Только вот успеха никто, увы, уже не мог доказать...

Раскопала эту историю экспедиция Эрика Симонсона в 1999 году. Один из ее членов, Дэйв Хан, обнаружил вмерзшее в лед тело примерно в 600 метрах от вершины Эвереста. Труп сохранился отлично: сверхнизкие температуры сделали свое дело. Когда тело извлекли изо льда, на экипировке Симонсон нашел нашивку: «Джордж Мэллори».

Сын чеширского священника, по словам близко знавших его людей, всегда мечтал найти дорогу от земли до неба. После окончания Кембриджа он работал учителем, но это поприще казалось ему слишком скучным. Альпинизм с юности был его хобби и превратился потом в профессию. В 1920 году Джордж вместе с другом Эндрю Ирвайном, выпускником Оксфорда, приехал в Тибет, где в течение трех лет они готовились к восхождению. Их не испугала неудача двух первых, тоже английских, экспедиций на Эверест. Мэллори был уверен в том, что доберется до пика.

В мае 1924 года экспедиция, которой официально руководил полковник британской армии Эдвард Нортон, началась. Мэллори и Нортон вроде бы выбрали самое подходящее время для восхождения — май. Но с самого начала с погодой не заладилось. Сильный ветер, густой туман — все это очень мешало альпинистам. Два шерпа погибли почти сразу. Остальные участники устали и были деморализованы. Сохраняли оптимизм только Мэллори с Ирвайном.

Последний лагерь команды располагался в двух километрах от вершины. Там Джордж Мэллори написал свое последнее письмо домой. «У нас еще остался шанс. Главное — это сделать все быстро и просто. Я планирую добраться до вершины за три дня. Надеюсь, что погода на сей раз не подведет».

На заключительный отрезок дистанции Мэллори взял с собой лишь Ирвайна и шерпа-проводника. Спутники остались ждать их в лагере. 7 июня туда пришел измможденный, еле стоящий на ногах шерп. В руке у него был клочок бумаги с посланием Джорджа Мэллори: «Мы постараемся взойти на пик завтра, если погода будет ясной. Если в восемь утра вы посмотрите наверх, то, наверное, увидите нас».

С раннего утра 8 июня обитатели лагеря напряженно всматривались в даль. «В 12.50 небо прояснилось, и мне наконец-то удалось разглядеть пик, — вспоминал географ экспедиции Ноэль Оделл. — Он был очень отчетливо виден. А вскоре мое внимание привлек движущийся темный силуэт на фоне снега. Вернее, это был даже не силуэт, а какая-то темная точка. Затем появилась другая черная точка, она догнала первую. На какое-то мгновение я увидел, что обе стоят на снежном гребне недалеко от пика. А потом небо затянуло облаками».

Джордж Мэллори и Эндрю Ирвайн не вернулись. Скорее всего, у альпинистов кончился кислород. А может быть, они просто замерзли.

Мнения по поводу того, удалось ли Мэллори с Ирвайном взойти на Эверест, разделились. Рассказа очевидца — Оделла — для доказательства не хватило. Дело в том, что на том маршруте, по которому шли Мэллори и Ирвайн, есть три скалы, три снежных гребня. На каком из них географ видел альпинистов? Если на последней скале, которая находится в 150 метрах от пика, то можно почти с полной уверенностью утверждать, что Джордж Мэллори взошел на Эверест. Но уточнить это не у кого: все участники той экспедиции давно умерли.

Джордж Мэллори оставил, пожалуй, лучшую из всех формулировок, почему людям так хочется взойти на Эверест. «Просто потому, что он есть», — сказал он однажды.

Сами альпинисты, кстати, называют Эверест без излишней патетики «гигантской свалкой» или «кладбищем альпинистов». Оба названия вполне соответствуют действительности. За полвека, что прошли со времени восхождения Хиллари и Норгея, считающегося первым успешным покорением Горы, на Эвересте побывало несколько тысяч человек, 660 из них достигли вершины. И все оставляли после себя мусор. На склонах Джомолунгмы его скопилось уже больше 50 тонн. Убрать все это не представляется возможным: условия экстремальные.

КОГДА Я УВИДЕЛ ВСЕ ЭТИ ТРУПЫ, ТО ДАЛ СЕБЕ ЗАРОК НИКОГДА БОЛЬШЕ НЕ ВОЗВРАЩАТЬСЯ СЮДА.

ДЖАМЛИНГ НОРГЕЙ, СЫН ПЕРВООТКРЫВАТЕЛЯ ЭВЕРЕСТА ТЕНЦИНГА НОРГЕЯ, ШЕРПА, КОТОРЫЙ ВЕРНУЛСЯ

Среди мусора во льду лежат трупы так и не добравшихся или добравшихся, но погибших во время спуска людей. Всего их — тех, кто остался на «кладбище», — около 200. Это не считая выживших, но вернувшихся калеками — с обмороженными конечностями, частично ослепшими от солнечного света.

До середины 80-х годов на Эверест шли исключительно профессиональные альпинисты. Профессионалы тоже погибали. Но это были единичные случаи. Некоторые выглядят сегодня даже курьезно. Так, в 1934 году к Эвересту пробирался англичанин Уилсон, переодевшись тибетским монахом. Он решил молитвами воспитать в себе силу воли, достаточную для восхождения на вершину. После безуспешных попыток достигнуть Северного седла, покинутый сопровождающими его шерпами, Уилсон умер от холода и истощения. Тело его, а также написанный им дневник были найдены экспедицией 1935 г.

Массовые трагедии начались чуть позже. В 1985 году техасский миллионер Дик Басс, начинающий альпинист, побывал на вершине. На свое восхождение он потратил в общей сложности примерно $200 000, из которых $65 000 заплатил альпинисту-профи Дэвиду Бриширсу (он стал его компаньоном) и еще нескольким шерпам-проводникам. Стало понятно, что за деньги можно попасть даже на Эверест.

Оказалось, что желающих повторить его путь — сотни. Но те, кто стремится туда, часто не подозревают, что их там ждет. Что такое лишиться нормального воздуха, что такое температура −40° и ледяной ветер скоростью 100 км/ч.

Подавляющее большинство происшедших на Эвересте трагедий связано именно с коммерческими группами. Самая страшная случилась в мае 1996 года. Вообще-то, май — идеальное время для восхождения. Но в турагентстве вас, конечно, предупредят, что май на май не приходится. Тот, 1996 год, был кошмаром. В снежном буране погибли известные альпинисты Роб Холл и Скотт Фишер, а также все шесть туристов, которых они вели.

Среди спасателей был Джамлинг Норгей (сын первооткрывателя вершины Тенцинга Норгея), побывавший на всех самых высоких гималайских вершинах. «Когда я увидел все эти трупы, то дал себе зарок никогда больше не возвращаться сюда», — рассказывал потом шерп. Он все равно вернулся.

В течение 1997 года на Эвересте погибло еще 15 человек. Но никто не сомневался, что желающих взойти на вершину это не остановит. «Трагедии едва ли что-то изменят. Второго, безопасного, Эвереста не построишь. Нет, если у человека есть желание и деньги, он обязательно пойдет сюда», — сказал как-то Дэвид Бриширс — тот самый, что первым привел на вершину туриста.

Примерно о том же, но более романтично (все-таки как же сильно могут отличаться друг от друга американский и российский бизнесмены) говорил петербургский предприниматель

Юрий Пожидаев, который с завидным упорством заявлялся на все престижные ралли-рейды, отдавая себе отчет в том, что в одиночку, без большой группы опытных механиков, никогда не добьется ничего выдающегося. «Я считаю, что у мужчины есть несколько способов проверить, кто он на самом деле. Лучший, наверное, все-таки — сужу по личному опыту — альпинизм. А ралли-пустыня — второй. Здесь как-то по-другому, заново, что ли, оцениваешь себя», — ответил он.

Так что не будет большим преувеличением сказать, что ралли стали «горизонтальным» аналогом Эвереста. А среди всех этапов мирового ралли-рейда всех остальных стоит один — «Париж — Дакар». «Дакар» стоит Эвереста и по уровню экстрима, и по цене, которую приходится платить за участие.

«Черная сторона "Дакара"». Так говорил выдающийся мотогонщик Фабрицио Меони, когда 10 января 2005 года узнал о смерти в больнице города Аликанте другого мотоциклиста — Хосе Мануэля Переса — от полученных при аварии травм внутренних органов. «У этой гонки есть особая магическая притягательность, — сказал тогда Меони, когда его спросили о том, не слишком ли часто на «Дакаре» гибнут люди. — Но, увы, есть и эта, черная, сторона. И, может быть, от нее никуда не денешься...»

На следующий день медицинский вертолет найдет Меони лежащим на 10-м километре очередного спецучастка. Врачи констатируют сердечный приступ — и очередную дакаровскую гибель. А его коллеги-раллисты на финише того этапа будут, не скрывая слез, рассказывать, что ничто не предвещало трагедии, что двукратный победитель «Дакара» выглядел в свои 47 лет самым здоровым человеком на свете.

Фабрицио Меони не скрывал, что собирается уйти из ралли после этой гонки. Уйти с третьей победой. Последнее ралли в жизни он так и не закончил.

После Меони погибли еще трое — два бельгийца, на мотоциклах сопровождавшие на трассе своего друга-гонщика Рене Делаби и попавшие в аварию, и пятилетняя сенегальская девочка, за которой не уследили родители. Она выскочила на трассу, не заметив мчащийся на полной скорости какой-то из грузовиков-«техничек». Типичные дакаровские смерти.

«Дакар» проводится с 1979 года. Фабрицио Меони стал 22-м его участником, погибшим во время марафона (после него нашли свою смерть еще трое, доведя счет жертв до 25). Точного учета тех, кто погиб, не будучи его участником (механиков, журналистов, зрителей), не существует. Французы, наиболее внимательно следящие за «Дакаром», подсчитали, что их уже более 30. Очень похоже на правду.

Известно, какой из «Дакаров» был самым черным, — 1988 года. Тогда на нем оборвались жизни шести человек. Из них гонщиками были трое.

Причин, по которым происходят эти трагедии на «Дакаре» и других ралли-рейдах, очень много. Самая распространенная — аварии. В пустыне крайне низка вероятность столкновения с другим автомобилем (хотя и такое случается), зато есть возникающие вдруг на пути дюны-трамплины, среагировать на которые на скорости 150 км/ч практически невозможно.

В 1988 году перевернулся на трассе известный мотогонщик из команды BMW Жан-Клод Югар. Спасти французского спортсмена не удалось. В 2001 году на «Мастер-ралли», российско-азиатском аналоге «Дакара», неподалеку от сирийского города Пальмира не справился с управлением BMW сильнейший британский мотоциклист Джон Дикон. Он скончался от тяжелых травм головы. На «Мастер-ралли» 1996 года в Монголии, в мрачном алтайском ущелье, ветер бросил на камни лидера местного мотоспорта Сурдена Эрденбилега. За день до этого он говорил, как его будут встречать в родном Улан-Баторе: толпа народа на центральной площади, флаги. Камни сломали ему позвоночник. Он выжил, но остался инвалидом.

Очередная трагедия произошла в сентябре 2004 года на египетском Pharaons International Cross Country Rally (или «Ралли фараонов»), считающемся не самым трудным из рейдов, с самым знаменитым из его участников. Неподалеку от оазиса Сива разбился трехкратный победитель «Дакара» Ришар Сайнкт. Когда прибывшие на вертолете врачи оказывали французу первую помощь, он был еще жив, хотя и не приходил в сознание. Смерть, причиной которой стали многочисленные травмы, полученные при падении, зафиксировали по прибытии в больницу в окрестностях Каира.

Мотогонщики получают тяжелые травмы иногда даже не от падения на землю, а от удара о руль фактически ничем не защищенным телом. Именно такой удар стал роковым для Переса. Чуть было не стал он роковым и для Патси Квик, первой британской женщины — участницы «Дакара». Отважная владелица антикварного магазина серьезно повредила позвоночник.

Те, кто едет в автомобилях, защищены от травм гораздо лучше, но отнюдь не стопроцентно. В 2001 году на трассе «Дакара» перевернулся автомобиль Даниэля Небо. Пилот отделался сильными ушибами, штурман погиб. В 2003 году «проспал» трамплин опытнейший японский гонщик Кендзиро Синозука. Его надежный Nissan был разбит вдребезги, сам Синозука несколько дней провел в состоянии комы. Врачи говорили, что, опоздай они к месту аварии на 10 минут, спортсмена было бы уже не спасти.

Но аварии — это далеко не самое страшное, к чему должен быть готов участник ралли-рейда. Есть, например, еще жара и ближе к экватору уже, кажется, насквозь, будто в микроволновке, прожигающие тело солнечные лучи.

На «Мастер-ралли» 1999 года по дороге в Туркмению пропал израильский экипаж. Израильтян долго искали и обнаружили на дороге, ведущей в прямо противоположную от финиша сторону — к Душанбе. Спасательный вертолет настиг гонщиков, которые двигались со скоростью за 100 км/ч. При этом оба — и пилот, и штурман — были в невменяемом состоянии. Они не могли объяснить, почему поехали в Душанбе. Они вообще ничего не могли объяснить. Врач развел руками: тепловой удар, солнце...

В 2002 году на ралли Desert Challenge в ОАЭ, которое, как и «Ралли фараонов», считается относительно безопасным, при прохождении спецучастка стало плохо немцу Михаэлю Зефельду, накануне жаловавшемуся на усталость. Прилетевшие в указанную точку на вертолете врачи обнаружили Зефельда лежащим на песке в расстегнутом комбинезоне и без шлема. Согласно заключению специалистов, смерть наступила в результате обезвоживания организма.

Есть и специфические, именно дакаровские опасности. Африка — это ведь помимо дюн и жары и высокий уровень преступности, а также войны, продолжающиеся или закончившиеся, но оставившие по-прежнему дающие о себе знать жуткие следы.

В 1989 году африканские бандиты-туареги расстреляли на «Дакаре» Citroen, в котором ехал француз Шарль Кабанн. Он погиб. Через семь лет на мине подорвался грузовой Mercedes. Погибли два сидевших в нем человека. На «Дакаре» 2001 года джип сопровождения, в котором ехал португалец Жозе Эдуарду Рибейру, также наехал на мину на границе Марокко и Мавритании. Ему оторвало ногу. Руководитель «технички» команды «КамАЗ-мастер», которая ехала следом, Михаил Мясоедов рассказывал, что на границе был очень узкий коридор между минными полями, отклоняться от него нельзя было ни на метр. Португалец отклонился. Наши проехали аккуратно.

Нельзя сказать, что организаторы «Дакара» ничего не делают, чтобы повысить безопасность гонки. Меры принимаются. Скажем, в населенных пунктах скорость ограничена 50 км/ч. С «Дакара»-2005 грузовики нигде не могут ехать быстрее 150 км/ч. Солиднее стала медслужба «Дакара». Но эти меры мало помогают. По-прежнему повышенному риску подвергаются и зрители, и участники.

На вопрос, почему по тысяче человек до сих пор, несмотря на длинный список трагедий, готовы подвергать себя смертельному риску, ответить гораздо труднее, чем на вопрос, откуда раллистам следует ждать беды. Выдающийся мотогонщик, ныне шеф команды KTM Repsol Хорди Аркаронс признавался, что отправлялся на свой очередной «Дакар» с мыслью о том, вернется ли он домой через три недели. «Но когда ралли начиналось, эта мысль куда-то пропадала. Я думал только о том, как быстрее проехать спецучасток, как стать первым», — удивлялся Аркаронс.

Победитель «Дакара» в мото Сирил Деспре рассказывал, что, узнав о смерти партнера по KTM Gauloise Фабрицио Меони — своего друга и, можно сказать, кумира, был в шоке. Хотел, как многие мотоциклисты, вообще отказаться от продолжения гонки. А стоя на финишном подиуме, испытывал странное чувство: с одной стороны, безумная радость от покорения раллийной вершины, с другой — безумная горечь от потери человека, который был по-настоящему дорог. «Однако в тот момент на подиуме я одновременно понял, что обязательно вернусь на "Дакар" через год. Понял, что слишком люблю это ралли, эту пустыню, чтобы отказаться от нее», — продолжал Деспре.

Основатель «Дакара» Тьерри Сабен, впрочем, давно предупреждал, что африканские пески и эта придуманная им адская гонка могут оказывать на людей странное, почти волшебное воздействие. Такое, какое в свое время оказывала Африка на автора «Маленького принца» Антуана де Сент-Экзюпери. Кажется, он был прав.

Тьерри Сабен, кстати, тоже погиб на «Дакаре» — в 1986 году потерпел крушение вертолет оргкомитета, в котором он находился. Последний «Дакар» тоже взял свою кровавую дань. И не с гладиаторов ралли. Не имеющему никакого отношения к гонкам местному жителю Марсело Реалесу не повезло очутиться на трассе в районе городка Тиногаста в тот момент, когда по ней мчалась гоночная машина — внедорожник Toyota аргентинского пилота Эдуардо Амора. С многочисленными переломами Реалес, находившийся после аварии в сознании, был доставлен в больницу, где скончался. Амор и его штурман отделались ушибами.

Марсело Реалес стал второй жертвой «Дакара»-2011. 2 января на первом спецучастке ралли погибла Наталия Соня Гальярдо. Она наблюдала за гонкой на обочине трассы, и один из автомобилей, проезжавших на полной скорости по спецучастку, сбил ее. Кроме того, во время этого «Дакара» от удара электрическим током скончались двое рабочих, обслуживавших ралли.

ЕСЛИ БЫ НЕ РАЛЛИ, Я БЫ ДАВНО УМЕРЛА...
ОБЯЗАТЕЛЬНО ПОЕДУ ЕЩЕ.

РИЦУКО НОСИРО, ПЕНСИОНЕРКА, УЧАСТНИЦА РАЛЛИ
«ДАКАР»-2000

Подобные истории развеивают романтический флер, саваном прикрывающий могилы раллистов, гонщиков и альпинистов, не хуже, чем это делают списки спортсменов, погибших, например, от злоупотребления стимуляторами.

Считается, что хронология допинговых смертей началась в 1886 году с английского велогонщика Дэвида (или Артура) Линтона, перебравшего странного вещества под названием триметил. Что это такое, никому не известно. Обычно полагают, что это была смесь кокаина с героином. Но путаница с именем и веществом — не единственная странность в истории Линтона.

Дело в том, что через десять лет после своей «смерти» — в 1896 году — Артур Линтон выиграл велогонку Бордо — Париж. Вряд ли это был другой уроженец Уэльса с тем же именем и фамилией — велогонщиков, способных выигрывать гонки, в те времена было примерно столько же, сколько летчиков. Ну, или немногим больше, и знали их, что называется, в лицо. Странно другое — через два месяца после победы, вернувшись домой, Линтон «снова» умер, на сей раз — от брюшного тифа.

Казалось бы, на этом все. Выдающегося гонщика реабилитировали и с почестями похоронили. Но в 2006 году ученый из Института спорта Австралии Робин Паризотто убил Артура Линтона в третий раз. В своей книге «Кровавый спорт» (Blood Sports) он написал, что велогонщик по имени Артур Линтон погиб во время «Тур де Франс» из-за употребления того самого триметила. С учетом того, что первая гонка «Тура» состоялась в 1903 году, приходится предположить либо то, что труп Линтона восстал из могилы с помощью этого таинственного препарата, действие которого закончилось во время гонки, либо то, что исследователь все-таки ошибся.

Во всяком случае, смерть марафонца на Олимпийских играх 1912 года в Стокгольме от передозировки наркотического препарата задокументирована более или менее точно.

В 1960 году во время велогонки от чрезмерного употребления амфетаминов скончались Кнуд Йенсен и Дик Ховард. Семь лет спустя во время велогонки «Тур де Франс» от передозировки препаратов той же группы скончался Томми Симпсон. Особенно неудачным выдался 1987 год, когда скончались сразу три спортсмена: профессиональный футболист Дон Роджерс (передозировка кокаина), многоборец Беджит Дрессел и культурист Дэвид Синг (оба — от анаболических стероидов). Это, конечно, не полный список, да и вряд ли таковой существует. К тому же многие спортсмены умирали уже после завершения своей карьеры. И хотя причины их смерти на первый взгляд не были связаны со спортом, вопрос об употреблении ими допинга возникал так или иначе.

В 1998 году, например, весь спортивный мир потрясла смерть американской бегуньи, олимпийской чемпионки в беге на 100 и 200 метров Флоренс Гриффитс-Джойнер, впрочем, никогда за свою карьеру так на допинге и не попавшейся. Между тем феноменальные рекорды, установленные ничем до этого не выделявшейся американкой в далеком 1988 году, когда на Олимпиаде в Сеуле ей удалось пробежать 100 метров за 10,49 секунды, до сих пор не побиты. Подавляющее большинство специалистов считают, что показать такой результат без дополнительных стимуляторов невозможно. Кроме того, настораживает и то, что о завершении своей карьеры Гриффит-Джойнер объявила сразу же после того, как МОК ужесточил правила прохождения допинг-контроля.

Впрочем, губит спортсменов не только химия. Те же нечеловеческие нагрузки на тренировках вкупе с нервным напряжением на соревнованиях способны свести в могилу и самого здорового человека, а спортсмены, как это ни парадоксально, самыми здоровыми людьми не являются. В самых разных видах спорта ведутся свои мартирологи, первые строчки в которых выглядят достаточно похоже: «Такого-то числа во время матча или тренировки умер от сердечной недостаточности (кровоизлияния в мозг) имярек».

Губят спортсменов и все более ужесточающиеся условия состязаний, технические и механические ошибки, цена которых становится все выше. Один из последних трагических случаев произошел на ванкуверской Олимпиаде-2010.

12 февраля, за несколько часов до ее официального открытия, во время тренировочного спуска насмерть разбился 21-летний грузинский саночник Нодар Кумариташвили. Он, казалось, довольно уверенно выполнял свою попытку. Однако на выходе из заключительного, 16-го виража, перед которым Нодар допустил ошибку, забравшись на более высокую траекторию, чем следовало, его выбросило из саней, словно из катапульты. Кумариташвили, развивший перед аварией скорость более 145 км/ч, пролетел несколько метров вперед, ударившись спиной и головой об опору трассы и потеряв сознание. Спустя несколько часов он умер.

Оргкомитет Олимпиады объявил, что причиной трагедии явилась ошибка спортсмена, поздно вошедшего в вираж. «Нет никаких признаков того, что причина заключается в недостатках трассы», — было сказано в пресс-релизе.

Однако подавляющее большинство специалистов обратили внимание на то, что еще до трагедии целый ряд куда более опытных спортсменов тоже потеряли управление санями на трассе в Уистлере. Причем среди них оказался и двукратный олимпийский чемпион Армин Цоггелер: итальянцу с огромным трудом удалось избежать травмы. А румынка Виолета Страматуру, упав с саней, ненадолго потеряла сознание.

Трассу было решено «подправить». Старт перенесли. Нодара Кумариташвили похоронили 20 сентября в Бакуриани. За это время на трассе, на том же 16-м вираже, разбились еще несколько гонщиков, включая два швейцарских экипажа бобов-двоек, в одном из которых был бронзовый призер Олимпиады-2006 Беар Хефти. Он отделался сотрясением мозга и сильными порезами на ногах. Первые изменения в конфигурацию трассы были внесены 22 февраля, когда счет аварий походил к двум десяткам...

Но спортсмены — и профи, и любители — все равно возвращаются туда, где могут погибнуть. Возвращаются, чтобы еще раз проверить себя, чтобы снова почувствовать себя победителями, чтобы почувствовать себя живыми, наконец.

Рицуко Носиро. Миниатюрная — метр с кепкой ростом — старушка долго была директором престижного детского сада в Токио, а в свободное время — участницей ралли-рейдов. На «Дакаре»-2000 она сошла с дистанции за два дня до финиша. От японки сбежал, скрывшись перед очередным участком где-то за барханом, молодой штурман! Не выдержал... Она чуть не плакала от досады.

«Что, теперь больше не поедете на ралли?» — спросили у нее. «Обязательно поеду, — отвечала она. — Если бы не ралли, я бы давно умерла...» В этих словах Рицуко Носиро нет ни грамма преувеличения. В начале 90-х у нее обнаружили тяжелую форму рака. По словам врачей, жить ей оставалось год, от силы — два. И тогда она, не имевшая даже водительских прав, впервые в жизни села за руль. И так и не смогла остановиться. Пустыня спасла ее.

Двенадцатый игрок

Без болельщиков спорт практически теряет смысл. Остается своего рода сублимация войны — столкновение двух «армий» на «поле боя», огороженном линиями, веревками или бортиками. Без болельщиков спорту никогда не превратиться в Игру. Страсти, бушующие на поле, передаются на трибуны и там усиливаются тысячекратно. Торжество победы над канадцами и восторг от выступления российских фигуристов в Турине, горечь поражения «Челси» в финале Лиги чемпионов в Москве или нашей сборной в полуфинале ЧЕ-2008 в Вене, традиционно бескомпромиссная ярость борьбы «Реала» и «Барсы», «Селтика» и «Рейнджерс»...

Но вышедшая из-под контроля стихия становится страшной. И тогда — ужас на стадионе «Эйзель» в 1985 году, бешенство и ярость погромов на Манежной в 2002-м и 2010-м, стыд и бессилие перед толпой, неуправляемой, как цунами или землетрясение, но стократ более жестокой.

Глава 9

Зрелище трибун

Ч

сли вы болельщик, вам не надо объяснять, что бывает такой момент — на стадионе, на кухне, в вагоне метро, в спорт-баре, да мало ли где еще, — когда начинаешь ощущать свою личную, непосредственную причастность к происходящему. Это ты там, на поле (на корте, в ринге), это ты забиваешь (пасуешь, мажешь из убойной позиции), это тебя бьют (засуживают, обводят) и т. д. И еще понимаешь, что вместе с тобой это делают все окружающие — и те, кто там, и те, кто рядом.

Если вы не болельщик, то объяснить этого нельзя. Это единение можно только почувствовать. Только самому. Или рядом с другим болельщиком. Только услышав гимн болельщиков английского «Ливерпуля» — You'll Never Walk Alone («Ты никогда не будешь одинок»), — понимаешь, что это самая популярная спортивная песня в мире и почему.

Болельщиков «Челси», приехавшие в Москву на финал Лиги чемпионов, были особенными. Вы видели болельщиков «Челси» в Барселоне? Вот те были болельщики так болельщики. Страшные безо всяких оговорок люди. Лучше даже не вспоминать.

А эти люди пришли на футбол, как на праздник. Это были лучшие из лучших. Те, которым хватило денег, чтобы приехать в Москву и прожить тут пару дней. Один из этих людей, высокий худой джентльмен в очках, деликатно покашляв, остановился, правда, у тротуара перед входом на стадион и на виду у сотен таких же, как он, искренних любителей футбола и связанного с ним пива, долго и с нескрываемым наслаждением мочился на зеленый газон. Его пример, впрочем, не стал заразительным, а инициатива — наказуемой.

Каждый второй фанат «Челси» надел черную меховую шапку-ушанку. На Старом Арбате продается много всяких шапок специально для гостей столицы — разных фасонов, цветов и оттенков. Недостатка в предложении нет, но эти люди все были в одной и той же шапке. Кто из них первым ее купил и вышел в ней на улицу, конечно, загадка. Но он был, этот человек, и его увидели все остальные.

Очереди англичан в районе трибуны Д, отданной на растерзание фанатам «Челси», за час до начала матча сосредоточились у ларьков, торгующих сосисками и шашлыками. Шашлыки жарил мрачный пожилой узбек. Англичане совали ему деньги. Русских денег там не было. А никакие другие ему были не нужны. На все их вопросы, мольбы, ругательства он раз в две минуты поднимал голову и говорил:

— Очередь там, чурка!

И после этого погружался в процесс переворачивания шампуров.

Кто-то спросил его, не даст ли он шашлыков без очереди. По-русски. Узбек обрадовался. Тут его опять окликнули англичане, и он крикнул одному прямо в его лицо, искаженное фанатизмом, который был вызван, прежде всего, похоже, голодом:

— Да дай ты своего обслужить!

Тут же, в очереди, молодой парень продавал программки. Можно было подумать, что это русский, но тут, в районе трибуны Д, русских было до обидного мало. Здесь царило английское право. Но и узбекский шашлычник тоже. И шашлычник побеждал, потому что английское право работает по прецеденту, а такого прецедента, чтобы узбек продал шашлык английскому фанату, тут не было.

Англичанином был и продавец программок. Парень объяснил, что ни у кого больше программок тут нет и что эти, штук 20, привез из Англии, а там сам купил, божился он, в клубе поддержки «Челси» по 7.50 штука. Понятно, что фунтов. И теперь это стоило 750 рублей. Он брал рублями (потому что, наверно, тоже хотел шашлыков). Он-то брал. Но ему не давали. Узбекский шашлык был ближе людям, чем английские программки.

На трибунах фанаты «Челси» вели себя на самом-то деле смирно. Они, конечно, размахивали флагами перед началом матча и пели песни, но это и было «смирно». Команды «вольно» фанаты так и не получили. До конца игры так и не зажглось ни одного файера, и не было ни одной драки на трибуне. Ну конечно, им, на первый взгляд, не с кем было драться: фанаты «Манчестера» сидели напротив, на трибуне Б. Но вот наши люди в крайнем случае между собой давно бы подрались, если уж больше не с кем. Не посрамили бы чести российского футбола.

А на алой трибуне Б тем временем появилось огромное белое BELIEVE. У парней на противоположной трибуне буквально опустились руки. Ответить им было нечем. Размахивание голубыми флажками выглядело в этой ситуации как капитуляция.

Они неистовствовали, как могли, и постепенно становилось понятно: три четверти этих людей в голубом на самом деле — русские. Рядом сидел угрюмый кавказец, поглощенный созерцанием игры. Он за весь матч не произнес ни одного слова. Но его выдали необыкновенно хороший маникюр и большая полиэтиленовая сумка, с какой челноки ходят куда угодно, но только не на футбол.

Этот маникюр и эта сумка, на первый взгляд, совершенно противоречили друг другу, и их примиряло только одно обстоятельство: террористу надо было же в чем-то пронести взрывчатку. И когда стало абсолютно понятно, что он вот-вот эту сумку взорвет, он повернулся и сказал с хорошим кавказским акцентом, который, как выяснилось, был чеченским:

— Это моя сумка.

Ему, конечно, поверили. Он понял, видно, что ему поверили, и рассказал, что приехал из Лондона, что он верный болельщик «Челси» с того самого дня, как с ребятами приехал туда и обосновался надолго по причинам, о которых умолчал. Выяснять эти причины дураков не было.

Тем более что игра увлекала все больше. Вскочивший в самом начале матча на ноги пожилой англичанин ни разу за 90 минут так и не присел, а перед первым пенальти попросил у соседа сигарету и закурил: судя по его виду, впервые за 40 лет.

Но и это не помогло. Они проиграли. И они страдали так, как только и может страдать человек, у которого отняли все, что у него только что было, кажется, уже в кармане. И из того, что там завалялось, смысл жизни был далеко не самой главной вещицей.

И страдали они так примерно полминуты. А потом подняли головы и все в слезах и соплях стали аплодировать своей команде. Их лица светились тем же светом, что и перед началом этой игры.

Ты видел, Абрамович зашел в сортир?!
Один! Сам Абрамович!

РЯДОВОЙ БОЛЕЛЬЩИК О ДЕМОКРАТИЗМЕ НА ТРИБУНАХ

Одно дело — сопереживать хоть в чем-то и близким нам, но в своей массе все-таки иностранным болельщикам «Челси» и совсем другое — сопереживать своим. Сопереживать, понимая, что, честно говоря, нам не светит. Но все же надеяться...

Как надеялся вместе со всеми российскими болельщиками корреспондент «Коммерсанта» Андрей Колесников 26 июня 2008 года, когда в получинале ЧЕ-2008 наша сборная встречалась с испанской. Второй раз на этом чемпионате.

«В тот день Вену бороздили бело-сине-красные машины в таком же, по-моему, количестве, как после победы российской сборной над голландцами по Тверской. (Такого количества наших флагов в Вене не было, уверен, даже когда ее освобождали в 1945-м.) И так это все было духоподъемно, и такие светлые лица я видел кругом (и не потому, что пили светлое... честное слово, не потому...), что ни я, ни они даже мысли не допускали, что со всеми нами может стрястись какое-то горе или хотя бы несчастье.

В каком-то кафе нас встретили парни из Екатеринбурга.

— Дождались! — закричали они, увидев-то нас, но не нас имея в виду.

Они ждали сегодняшнего дня уже две недели, не пропустив ни одной игры сборной на чемпионате, и победа им нужна была сегодня, а главное — 29 июня, в финале. У них больше не было никаких сомнений ни в чем. Сборная, столько лет показывавшая игру, которая могла бы уничтожить, растоптать их любовь к ней, за эту неделю стала их вечным кумиром и смыслом их жизни.

Они, клянусь, ничего не пили, кроме кофе. Они хотели быть трезвыми в этот день.

— Вы что, даже не допускаете, что можете проиграть? — спросил я их.

— Допускаем, — сказал один. — Но эта сборная если и проиграет, то так, что ею можно будет гордиться. Наши потомки будут гордиться ее игрой. И потомки австрийцев будут гордиться! Но она не может проиграть!

Я хотел спросить, будут ли гордиться ею потомки испанцев, но я уже слишком любил этих екатеринбуржцев, чтобы задавать такие вопросы.

Мы спросили, как лучше проехать к стадиону, раз они тут все знают. Они сказали, что к стадиону на машине уже не проехать и что надо ехать на метро. Пять станций, десять минут. Еще через три минуты мы были в метро. Уши закладывало не от рева поездов, а от рева трех испанцев, которые стояли у входа на эскалаторы и ревели, как их быки, смертельно раненые на корриде. Я подумал, что рев этот все-таки преждевременный и что такому реву никто не удивится через полтора часа. А сейчас они, как я понял, просто искали потерявшегося товарища.

Я уточнил у одного австрийского полицейского нужную нам ветку.

— Да можно на русском, — засмеялся этот русский парень. — Вообще-то ветка U-2, остановка так и называется «Штадиум»,

но вам лучше туда не ездить. Ее только что заблокировали. На-
плыв людей... Езжайте по другой ветке, станция называется...
сейчас скажу... там до стадиона идти минут десять. Победа будет
за нами!

Я и так уже ничему не удивлялся, а уж в этом-то вообще был
уверен. А вагон был заполнен испанцами, которые раздавали ав-
стрийцам какие-то свои разрисованные бумажные шапки. Веж-
ливые австрийцы шапки брали, так же вежливо и аккуратно скла-
дывали их в несколько раз и засовывали в карманы. Что-то у них
было к этим испанцам. Что-то такое, чего бы я не хотел, чтобы
было к нам.

И ничего у них не было к нам, кроме искренней радости узна-
вания. Нас сдержанно (а нас выдавали, кроме других внешних
данных, красные футболки с надписью во всю спину RUSSIA),
чтобы не обратили лишнего внимания испанцы, хлопали по спи-
нам, подбадривая и отправляя в последний бой с предпоследней
остановки.

Но на стадионе что-то было не так. Или наоборот, все слишком так. Это были какие-то просто "Лужники". Здесь везде были
русские. Это был правда наш стадион. Наши флаги, наша речь...
Я почти не видел испанцев. Зато я везде натыкался на знакомых.
Многих из них я давно не встречал и рад был бы, как говорится,
поболтать, но дело было превыше всего.

Все пели гимн. Его нельзя было не петь, такая вот странная
сложилась обстановка. Вот нельзя, и все. Слова шли на этот раз
то ли из сердца, то ли бегущей строкой на табло, и многотысячное
караоке сотрясало стадион.

Потом я услышал звуки военного оркестра и под барабанную
дробь родное: "Нас ждет огонь смертельный..." Барабанщицы
и сами не подозревали, как близки они были к истине...

За несколько секунд до матча я увидел, как один человек, вы-
ставив перед собой четыре полулитровых пластиковых стакана
с пивом, лихорадочно пил из каждого по глотку. Стремясь успеть
до стартового свистка.

— Да не торопись ты, — сказал я ему, — это надо видеть трез-
вым.

— Да я увижу, — сказал он. — Просто поставить некуда: все
равно собьют. Надо успеть выпить. А так-то пиво безалкогольное.
Другого не продают.

Все шло как надо, пока не начался матч.

Ветераны российского футбола переживали за Аршавина:

— Андрюха мысленно уже в "Барселоне"... А зря... Ох, зря... Вот этого я и боялся...

Эти люди боялись всего — и правильно делали. Ибо то, что происходило на поле, стало внушать не просто страх, а настоящий ужас. Минут через десять после начала матча по полю ходила советская команда. В ней была защита Бышовца, полузащита Романцева и нападение Ярцева. Все эти люди в свое время потренировали нашу сборную, и вот теперь она во всем своем блеске играла так, как они ее научили. Вот почему, черт возьми, именно в этот день они решили отдать должное их урокам?!

От предматчевой эйфории не осталось и следа. "От того, что я видел, — писал потом Андрей Колесников, — хотелось плакать, потому что было ясно: это конец. Потому что очень скоро все, что я чувствовал, было мучительно похоже на то, что я чувствовал десятки лет: они играли и проигрывали, а ты надеялся на чудо. А его не было!"

Я с трибуны смотрел на главное наше чудо, Гуса Хиддинка, и понимал, что сегодня это — чудо в перьях. Он медленно ходил вдоль бровки, уходил к скамейке запасных, возвращался — и таким до обидного прогулочным шагом, что я вдруг осознал: да он же все понял и ничего не может сделать. Чудес не бывает.

Хотелось не видеть всего этого — и нельзя было не смотреть. Они перестали бегать — и у меня тоже отнялись ноги.

Я смотрел на людей вокруг меня. На их лицах застыла какая-то тупая детская обида: за что? Что сделали мы всем этим 11 игрокам? За что они это сделали с нами? Почему не играют? Да они же играли еще несколько дней назад!

При этом счет был 0:0. Перерыв. Подходя к туалету, я услышал, как болельщики потрясенно говорят между собой:

— Ты видел, Абрамович зашел в сортир?! Один! Сам Абрамович!

Им как будто не верилось, что Роман Абрамович, владелец "Челси", как простой смертный, может зайти в туалет, где уже застряли, каждый на несколько минут, сотни полторы людей. Так раньше не верили, что генсек Леонид Ильич Брежнев тоже ходит в туалет.

Но тут Роман Абрамович вышел из туалета. Его спросили:

— Страшно вам?

— Что проиграют? — переспросил он. — Есть немного. Но еще не очень плохо все.

Он оказался прав. Второй тайм был гораздо хуже. Российские сектора просто потеряли дар речи. Испанцы разминались на нас, как будто берегли силы для финала и даже, казалось, жалели, что жребий выбрал им такого слабого соперника, с которым и время нельзя считать не напрасно проведенным.

Было ужасно тоскливо и стыдно — за это их генетическое безволие, так легко передавшееся и нам. Все сидели, окаменев, а потом, после третьего гола, некоторые нашли в себе силы уйти. Самое обидное — испанцы не так уж и радовались этой победе. А чему тут и в самом деле радоваться — еще один раз выиграли у русских.

После матча мы сидели в австрийском пивном баре, и молодой финн подходил к нам с бутылкой водки в кубиках льда, наливал ее в стаканы из-под пепси и, виновато улыбаясь, протягивал нам. Больше всего он удивлялся потом, что все стаканы так и остались нетронутыми. Видимо, парень только в этот момент осознал глубину и величие этой трагедии, кивнул и тихонько отошел от нас.

Австрийцы жали нам руки и играли самую веселую музыку, какая у них только была. Через некоторое время на них тоже стало жалко смотреть. И мы ушли, чтобы не портить людям праздник футбола.

Последнее, что я услышал в это утро перед входом в отель от двух прохожих на улице под проливным венским ливнем, превратившим всех нас в начинку для штруделя:

— Да ладно, 1 июля уже "Спартак" (Нальчик) с "Зенитом" играют...

Они еще не знали, что этот матч перенесли...»

Но даже лишенный чуда болельщик все равно остается болельщиком. Он все равно будет поддерживать свою команду, даже высказываясь об ее игроках нелицеприятно и непарламентски, — такая любовь.

А уж если эта любовь подкрепляется хотя бы минимальной организацией, направляется харизматичным лидером, да еще на фоне мощнейшего соревновательного драйва... Выиграть матч за свою команду болельщики, конечно, не могут. А вот помочь — вполне.

За 20 минут до начала олимпийского четвертьфинала Россия — Канада в Турине болельщики вдруг начали появляться отовсюду: из автобусов, из такси, из служебных автомобилей, изо всех переулков. От криков «Рос-си-я!» стены стадиона содрогались, когда болельщики были еще на улице.

Кленовые листья втоптали в асфальт еще до начала игры.

Зал был небольшой, на четыре с небольшим тысячи мест. Накануне наша сборная побеждала американцев в другом, нормальном помещении на 10 000 мест. Олимпийская чемпионка Татьяна Навка пришла с мамой. У них билетов на эту игру не было. Она попросила помочь главу Федерального агентства по физкультуре и спорту Вячеслава Фетисова. Он достал ей билеты. Навка пришла на игру, положив в сумочку золотую олимпийскую медаль — как талисман. Ну и правильно: деньги к деньгам, золото — к золоту.

Теннисистка Елена Дементьева сидела где-то на 12-м ряду и пыталась сфотографировать разминающихся на льду хоккеистов. Вернее, ее интересовал только один человек, и вы его знаете: это Максим Афиногенов. Только теперь стало понятно, зачем же он здесь все время брал игру на себя. Наверное, думал, что Елена Дементьева может появиться в зале в любой момент.

Прямо за скамейкой запасных оказались канадский мальчик лет десяти и итальянская девочка примерно такого же возраста. Мальчик, казалось, был чем-то расстроен. Ему тут же подарили российский значок с клюшкой. Он не поверил своему счастью. Его мама оказалась русской, вернее, почти: латышкой с русским языком.

— Он не расстроен. Он просто очень нервничает, — сказала она, улыбнувшись.

Улыбка была жалкой. Стало ясно: в этой паре очень нервничает не один человек.

— Вы за кого болеете? — спросили ее.

— Его папа — канадец, — сказала она. — Сын болеет за канадцев. А я — за наших.

— За латышей? Они же не вышли в четвертьфинал.

— За каких латышей? — обиделась она. — За наших!

Маленькая итальянка тоже получила значок. За кого бы она до этого ни болела, теперь она тоже болела за наших.

Когда началась игра, мы оказались в большинстве. Этот зал был наш. Это был зал хоккейной славы болельщиков нашей сборной. Канадцам тут нечего было делать. Это относилось и к игрокам.

Победа далась болельщикам непросто. Пришлось поработать, в том числе и головой. На игру с Латвией один латышский умник принес барабан, с помощью которого пытался контролировать ситуацию на трибунах и на поле. В результате он был все-таки повержен (в том числе и физически; сам, как говорится, напросился со своим барабаном; а не надо было стучать; вот и ему настучали), но этот случай заставил задуматься, и прежде всего директора Имперского русского балета Гедиминаса Таранду, все ли мы делаем правильно, нет ли чего-то, в чем мы могли бы упрекнуть себя. И оказалось: есть. Нам нужен был барабан.

Вообще-то один барабан был. На нем играл барабанщик из оркестра Валерия Сюткина. Это был его рабочий инструмент. По вечерам Сюткин-бэнд играл в Русском доме. Трудно сказать, какие аргументы использовал господин Таранда, чтобы барабанщик отдал ему свой барабан. Логических аргументов у артиста балета в такой ситуации ведь нет. Сам господин Таранда категорически отказывается комментировать эту ситуацию. Главное, уже на матч с американцами господин Таранда пришел с барабаном.

Но самое удивительное: за ним пришел весь оркестр со всем своим рабочим инструментом. Парни из Русского дома подумали, что негоже отсиживаться дома, когда все уходят на фронт, и решили поработать на страну.

И как же они болели! Под два удара барабана кричится «Шай-бу!», под три — «Рос-си-я!», «Мо-лод-цы!» и «О-веч-кин!» Под их музыку в перерыве поется «День Победы» и «Врагу не сдается наш гордый "Варяг"». «Сюткин-бэнд» в перерыве собирает вокруг себя огромную толпу болельщиков. На матче с канадцами сотни людей, обступив музыкантов, пели «Великолепную пятерку». Они исполняли ее и в зале. Когда это случилось в первый раз, наши хоккеисты, сидевшие на скамейке запасных, как один повернули к ним головы. Несколько человек зааплодировали. (Хорошо, что этого не сделали те, кто был в это время на поле.) И не случайно следующий гол наши забили сразу после этого события.

А один из музыкантов признался, что ощущение, когда тебе по телефону из Москвы звонит жена, заказывает песню, ты исполняешь ее, и это слышит весь мир, сравнить больше не с чем.

Вот так приходит земная слава.

И что, они могли в этот день не выиграть? Конечно, все мы чуть не сошли с ума в последние пять минут этой игры. Но ведь не сошли же, а чуть-чуть не считается. После этой игры сошли с ума канадцы. Навзрыд рыдал десятилетний мальчик. Его утешали, подарили еще два значка, но он не взял их.

А когда канадские тренеры уходили с поля, мы перекинули российский флаг к ним на скамейку запасных и скандировали:

«Рос-си-я!» «День Победы» гремел в зале. Канадские тренеры шли мимо нашего флага, его нельзя было не заметить. Но все они сделали вид, что не замечают. И только один, главный тренер Пэт Куинн, проходя, взял и поправил наш флаг (уголок там, что ли, загнулся).

Так поправляют ленточку венка на собственных похоронах...

А еще, оказывается, наши болельщики овладели совсем непростым искусством вовлекать в свое боление весь стадион. Иными словами, делать как бы не наших болельщиков нашими — хотя бы на время. На соревнованиях фигуристов в Турине было очень много итальянцев и русских. Красно-белый цвет преобладал в зале. Публика была неприлично интеллигентна. На трибуне в окружении итальянцев сидели актеры (господа Бондарчуки, Михалковы, Табаковы), бывшие спортсмены (Илья Авербух, Ирина Роднина)...

> РОС-СИ-Я! РОС-СИ-Я!
>
> ФАБИО КАПЕЛЛО, ТРЕНЕР «ЮВЕНТУСА», НА ОЛИМПИАДЕ
> В ТУРИНЕ

Наши болели довольно сдержанно и хаотично, пока за работу снова не взялся Гедиминас Таранда. Он спустился вниз, обернулся лицом к болельщикам и спиной ко льду и начал учить публику, как ей надо болеть. Он показал несколько характерных движений, которые должны были показать всем, что мы, россияне, сейчас очень сильны. Движения эти были, может быть, и не очень приличными, но итальянцы откликнулись на них с энтузиазмом. Они полностью, всецело доверились господину Таранде. Он дирижировал, они скандировали: «Рос-си-я!» В их исполнении все жесты, которым их сгоряча научил Гедиминас Таранда, смотрелись совершенно органично. Если бы господина Таранды тут не было, то его следовало бы выдумать.

Через несколько минут он взял под контроль еще два сектора. Через 20 минут овладел третью стадиона. Поддержка была триумфальной. Когда со своей произвольной программой выступали китайские болельщики, с нашей стороны не требовалось вообще никаких усилий, чтобы их перекричать. Понимая, что выглядят жалко, они умолкали сами.

В какой-то момент Гедиминас Таранда совершенно обессилел. Какой-то человек в очках в третьем ряду еще кричал ему по-русски:

— Давай-давай!

Но господин Таранда уже в полном изнеможении рухнул на бетонную ступеньку лестницы в проходе между рядами, в опасной близости от нескольких тут же залепетавших что-то невнятное (от смущения) молодых итальянок. Им, кажется, льстило внимание такого большого человека, как Гедиминас Таранда.

Он резко повернулся к ним и задел локтем одну девушку. Она закрыла лицо руками. Наверное, ей было больно.

Гедиминас Таранда страшно перепугался за девушку. Он прижал свои руки к своей груди и крикнул в некотором отчаянии:

— Прости, порка мадонна!

Девушки окаменели. Проблема была в том, что для директора Имперского русского балета в сочетании «порка мадонна» имело значение только слово «мадонна». Его не смутило то, что он услышал его от одного итальянца накануне на соревнованиях по конькам, после того как итальянский спортсмен, который мог претендовать на медали, не сумел достойно выйти из поворота и упал в полусотне метров от финиша. И Гедиминас Таранда не знал, что «порка мадонна» — одно из самых грязных итальянских ругательств. Если не самое грязное. Нет, он об этом даже не догадывался.

Теперь уже не одна, а все девушки закрыли лица руками. Они давились от смеха. Но сдержаться не могли. Через секунду они навзрыд хохотали на весь стадион.

— Давай-давай! — повторил человек в очках в третьем ряду, показывая Гедиминасу Таранде, чтобы он уже наконец возобновил свои дирижерские упражнения.

Господин Таранда махнул рукой, давая понять, что он еще не отдохнул.

— Ты знаешь, кто это? — спросил его журналист Андрей Колесников.

— Кто? — с интересом переспросил он.

— Это Фабио Капелло.

— Да ты что?! — искренне изумился Гедиминас Таранда. — А кто это?

— Фабио Капелло? — изумился уже журналист. — Тренер «Ювентуса»!

— Какого «Ювентуса»? — подозрительно поинтересовался господин Таранда.

— Ты серьезно?

— Того самого, что ли? — не растерялся он.

Журналист подтвердил:

— Того самого.

Господин Таранда бросился к господину Капелло, и через секунду тот уже орал, когда на лед выходили Татьяна Тотьмянина и Максим Маринин: «Рос-си-я! Рос-си-я!»

Через несколько минут на трибуну прибежал корреспондент радио RAI, которого распирало от восторга. Прокричав в трубку телефона радиослушателям, что за Россию здесь болеет вся Италия, он дал трубку Гедиминасу Таранде и попросил прокомментировать происходящее...

Неудивительно, наверно, что кульминация — закрытие туринской Олимпиады — превратилась в импровизированный карнавал, братание всех со всеми. Все смешалось с самого начала. Когда все оказались в огромном вестибюле дворца, мало кто прошел его насквозь, чтобы сесть на отведенные делегациям места на трибунах. Смысла уходить не было. Здесь начинался грандиозный обмен.

Менялось все, что эти люди принесли с собой и во что были одеты. Отчаянней всего менялись значками. Новозеландцы отдавали гигантский значок с очертаниями их страны за крошечный с Чебурашкой (масштаб — 1:10), на котором не было к тому же никаких слов на английском языке, умножающих его «обменочную» стоимость.

Британцы давали за Чебурашку по два своих значка. Это были добрые, отзывчивые люди. Какая-то китаянка в третий раз пыталась выменять Чебурашку на свою панамку. У нее не было никаких шансов. Но и Чебурашка оказался не всесилен. За него, например, совершенно было невозможно получить у австралийцев их желтого кенгуру в красных боксерских перчатках. Даже за большого белого Чебурашку. Австралийцы цеплялись за этих кенгуру так, словно они занесены в Красную книгу. Они привезли их еще на афинскую Олимпиаду и отказывались с ними расставаться. И теперь было то же самое.

Поступила команда собраться у выхода из дворца спорта. И сейчас все тоже стояли вперемешку. Только американцы пытались держаться строем. По дороге к стадиону спортсмены как-то автоматически рассортировались и сбились все-таки друг к другу, свой к своему. В этом не последнюю роль сыграли и волонтеры, отвечавшие все-таки, оказывается, за стройность рядов. К каждой делегации были приставлены два человека, владеющие, хотя бы условно, языком подшефной страны. Волонтеры убеждали всех держаться как можно ближе к своим.

— Надо идти в кучке, чтобы все увидели: русские идут!

Это увидели. Наши развернули над стадионом огромное бело-сине-красное знамя и фигуристку Ирину Слуцкую. Она сидела у кого-то на плечах и ликовала. Это было очень хорошо, так как означало: хотя бы на ближайшие пару часов Ирина Слуцкая смогла отвлечься от нехороших мыслей, с которыми жила с тех пор, как получила свою бронзу.

Некоторые спортсмены перед входом на олимпийский стадион на ходу машинально разминались, словно перед выходом на старт.

На стадионе было хорошо. Играла музыка. Много людей аплодировало спортсменам. Целая планета. На этот раз всех подняли на трибуны, а не посадили в партер, на стадион, как в прошлый раз. На этот раз поле понадобилось самим организаторам.

Церемония была довольно эффектной, и ее не смог испортить даже какой-то человек, прорвавшийся к микрофону, у которого стоял президент МОК Жак Рогге. Прорвавшийся что-то проорал в микрофон. Ему заломили руки и увели под трибуны. За ним несли его белый флаг, на котором было что-то написано. Очевидно, этот молодой человек не только против чего-то протестовал, но и за что-то боролся.

Через полтора часа людей с трибун отпустили. Спортсмены должны были пройти через все поле и триумфально удалиться со стадиона. На поле в это время выступали популярные исполнители. Пел и плясал Рики Мартин. Вместо того чтобы пройти мимо него, все, конечно, стали останавливаться. Организаторы потом говорили, что все так и было задумано, чтобы началась огромная дискотека. Однако в сценарии, которого свято придерживаются организаторы на любых Играх, никакой дискотеки не было.

На поле между тем смешались спортсмены и актеры — и снова начался отчаянный обмен всем, что попадало под руку. Бейсболку на зимнюю шапку итальянского летчика времен Второй мировой войны, в которых выходили на поле актеры. На Чебурашку — летные очки, горящий электрическим светом цветок и интересный зеркальный кубик, а также матерчатую звезду с булавкой. Куртку на полушубок.

На поле уже мало кто был в своих вещах. Всех с головой накрыла какая-то лихорадка. Кто-то предлагал соседу свои перчатки, и тот мгновенно соглашался. Кто-то навязывал соседке свой шарф. Всех буквально трясло от возбуждения. Весь стадион был в таком состоянии.

— Как в детстве, да? Ты знаешь, — сказал один болельщик, по происхождению грек, а по состоянию души русский в четырнадцатом колене, — если бы у меня была возможность один раз в два года стоять на таком стадионе с такими людьми и меняться с ними всем, что у меня есть, — мне больше ничего было бы не нужно.

Г

Стасиоты и глазвегианцы

- Болельщики древности и средневековья
- Английские футбольные фанаты
- Трагедия на стадионе «Эйзель» 29 мая 1985 года
- Сербские фанаты
- Фанатское противостояние в Испании и Шотландии

Г

В первой половине VI века на Византию обрушилась страшная напасть. В ту пору в стране огромной популярностью пользовались бега на ипподроме, и многие византийцы примыкали к той или иной партии болельщиков. Партия венетов, или «синих», объединяла аристократию и всех тех, кто был с ней связан либо стремился ей подражать. В партии прасинов, или «зеленых», состояли преимущественно торговцы, моряки и ремесленники. Наиболее агрессивных болельщиков, в основном крепких молодых людей, готовых на все ради своих команд, называли стасиотами. У «синих» эту роль исполняли, как правило, отпрыски знатных и богатых семейств, а также их молодые прихлебатели, всегда готовые покутить за счет состоятельных патронов. Так что стасиотов «синих» вполне можно было бы назвать золотой молодежью. И эти обеспеченные и благополучные молодые люди развязали в Константинополе подлинный террор.

Потомки — и последователи — стасиотов благополучно пережили Византию. И Священную Римскую империю. И Оттоманскую Порту. Они есть практически в каждой стране, по всему миру. Стасиотом становится любой, кто готов не просто разделять болельщиков на своих и чужих, но и доказывать чужим свое превосходство. Словами, которые быстро заканчиваются, а иногда даже не успевают начаться. Кулаками, ногами, арматурой, ножами... Приходится признать, что с VI века мы не особенно изменились.

Вот, например, с самого начала хоккейного матча сборной России против Словакии на Олимпиаде в Турине было понятно, что ничего хорошего из этого не выйдет. Стадион был заполнен российскими и словацкими болельщиками. Они приехали, уже готовые победить или умереть. Иными словами, они выпили много пива. На стадионе пиво тоже продавалось.

Трезвые оказались в меньшинстве. В напряжении были все. Один словак в засаленной турецкой куртке дернул нашего болельщика за капюшон, когда тот вскочил после гола, забитого Александром Овечкиным. Лениво обернувшись, наш парень сначала бросил на словака испепеляющий взгляд. Иными словами, честно предупредил. Потом бросил в него открытую бутылку кока-колы.

Без замаха, мощно и точно. С закрытыми бутылками на стадион не пропускают, а когда покупаешь бутылку на стадионе, получаешь ее уже без пробки. Впрочем, эффект от кидка такой бутылкой гораздо сильнее. Она не только бьет по голове, но еще и обливает врага отвратительно липкой жидкостью. Двойной удар.

В одном секторе встретились болельщики из Москвы, Ульяновска и Череповца. Им нечего было здесь делить. У них был общий враг. Они не ходили ни на какие другие соревнования. Они приехали, чтобы наша сборная победила в хоккее.

А она проигрывала. И словаки не просто радовались. Они радовались как взрослые, т. е. бегали за пивом каждые пять минут. У них каждый раз был повод. То наши не забивали, то словаки забивали. Аналогичный повод был и у наших.

Так что, когда закончился второй период, все было уже решено. Примерно шестеро «динамовцев» в бело-голубых клубных цветах сидели в одном ряду с десятком словаков. Как только прозвучала сирена, они, не теряя ни секунды, начали драку. Через мгновение на месте не осталось ни одного человека. Зрелище было впечатляющее. Тянуло присоединиться.

Откуда-то взялись итальянские карабинеры. Они попытались растащить этот клубок тел. Клубок в результате только увеличился в размерах. Карабинеров было жалко.

Закончилось все внезапно. Клубок вдруг распался на пару десятков частей. Эти части встали и пошли в разные стороны, как будто ничего и не было. Дольше других задержались карабинеры. Они искали свои фуражки. Один из «динамовских» парней потом, уже после игры, на улице щеголял в такой фуражке. Это был законный трофей.

После того как игра закончилась, были еще две потасовки, такие же молниеносные. Один из парней, принявший в них активное участие, подошел к невольному зрителю, бесконечно довольный. День у него прошел не то что не зря, а с большой пользой.

— Как со стороны было? — озабоченно спросил он. — Нормально мы держались?

— Никто в вас и не сомневался, — сказали ему. — Но вообще-то Олимпийские игры. Нельзя без этого?

— Да ты че? Они же оборзели! — изумился он. — А ты кто, журналист? О, запиши для истории эсэмэску. Мне брат прислал. Брат по телику хоккей смотрел.

Он показал эсэмэску: «Че у вас там за фигня происходит? Если че, мы с пацанами быстро подтянемся».

«Быстро подтягиваться» на тот же футбол пацаны учились аж с XIV века, а то и раньше. Учились, естественно, там же, где зародилась игра. Сомнительно, что жители средневековой Англии (где матчи проходили в формате «деревня на деревню», в итоге выливаясь в натуральные бои «стенка на стенку») были в курсе опыта своих византийских «коллег», да и не нужен был им этот опыт. Справлялись своими силами.

Причем настолько качественно, что уже в 1314 году король Англии Эдуард II футбол запретил. Монарший эдикт гласил: «Ввиду того, что перебрасывание больших мячей вызывает в городе беспокойство и причиняет часто несчастья, мы повелеваем прекратить на будущее время подобные богопротивные игры в пределах города. Виновные подлежат заключению в тюрьму». В 1389 году Ричард II запретил футбол в пределах всего королевства. Наказания были установлены самые суровые, вплоть до смертной казни. Не помогло. Футбол продолжался, а вместе с ним и драки.

ВВИДУ ТОГО, ЧТО ПЕРЕБРАСЫВАНИЕ БОЛЬШИХ МЯЧЕЙ
ВЫЗЫВАЕТ В ГОРОДЕ БЕСПОКОЙСТВО И ПРИЧИНЯЕТ ЧАСТО
НЕСЧАСТЬЯ, МЫ ПОВЕЛЕВАЕМ ПРЕКРАТИТЬ НА БУДУЩЕЕ ВРЕМЯ
ПОДОБНЫЕ БОГОПРОТИВНЫЕ ИГРЫ В ПРЕДЕЛАХ ГОРОДА...
Из эдикта короля Англии Эдуарда II от 1314 года

Путешественник Гастон де Фуа, наблюдая за игрой в футбол, восклицал: «Если англичане называют это игрой, то что же они называют дракой?!»

Первые сообщения о футбольных хулиганах современности относят к 80-м годам XIX века. Газеты писали о бандах фанатов-«суппортеров», терроризировавших окрестности, нападавших на судей, игроков и болельщиков других команд. В 1885 году команда «Престон Норт Энд» (сегодня играет в младшей Английской лиге) разгромила «Астон Виллу» в товарищеском матче. Продолжение было совсем не товарищеским — игроков обеих команд закидали камнями, а потом избили — руками, ногами и палками (ничего не напоминает?). Одного из игроков «Престона» забили до потери сознания.

В следующий год болельщики «Престона» организовали то, что на сленге современных фанатов называется «выезд» — «гостевую» драку с фанатами команды «Квинз парк» на их территории. В 1905 году несколько фанатов «Престона», включая «пьяную беспутную» даму 70 лет, были осуждены за хулиганство после матча их команды с «Блэкберн Роверс». Газеты того времени называли фанатов «ревущими буянами» (или «воющими свиньями»).

В середине XX века в Великобритании насилие вокруг футбола стало приобретать характер национального бедствия. В середине 60-х годов до 70% футбольных болельщиков так или иначе участвовали в побоищах различной интенсивности. А примерно с середины 70-х английские клубы показали себя на континенте, удачно выступая в европейских соревнованиях. Вместе с клубами показали себя и фанаты.

Точнее, тогда впервые всерьез попытались обратить внимание на проблему безопасности хотя бы во время футбольных матчей. Хотя черный список к тому моменту был огромен. Например, в 1946 году во время игры «Болтона» и «Стоук Сити» в Великобритании рухнувшая на стадионе «Берден парк» стена погребла под собой 33 фанатов. Еще четыре сотни отделались травмами. На матче «Бредфорда» и «Линкольна» 11 мая 1985 года непотушенная сигарета подожгла деревянную трибуну на стадионе. Из этого ада не выбрались 56 человек.

Жуткие новости приходили и из Южной Америки. В 1964 году — из Лимы, где на Национальном стадионе вспыхнула драка между болельщиками игравших в отборочном олимпийском турнире сборных Перу и Аргентины. Невольно ее спровоцировал отменивший гол перуанцев судья. Если бы он знал, чем закончится дело, наверное, никогда бы не свистнул. Закончилось тем, что погибли 318 человек.

Спустя два года — из Буэнос-Айреса. Там на матче между «Ривер Плэйт» и «Бока Хуниорс» (пожалуй, самое знаменитое дерби Латинской Америки) из-за безалаберности сотрудников стадиона, забывших открыть одни из ворот для выхода с трибун, погибли 74 человека. Первым подошедшим было не спастись — идущие следом не подозревали, что выход закрыт, и продолжали напирать.

Инцидент во время матча Кубка УЕФА в «Лужниках» между «Спартаком» и голландским «Харлемом» 20 октября 1982 года долго держали в тайне — тогда подобное было нормой. Конечно, разговоры о том, что было что-то ужасное, ходили, но в официальную прессу информация попала лишь несколько лет спустя. И тогда страна узнала, что в давке на обледеневших лужниковских ступенях при полном попустительстве милиционеров нашли смерть 66 болельщиков, а еще три сотни получили травмы.

Но главной трагедией если не мирового, то европейского футбола — и одновременно началом жесточайшей системной борьбы с футбольным хулиганством — стала история на брюссельском стадионе «Эйзель» 29 мая 1985 года.

Сегодня уже известны все причины, которые породили брюссельский кошмар на матче финала Кубка европейских чемпионов между «Ювентусом» и «Ливерпулем». Известно, например, что началось все отнюдь не вечером в день матча, а за год до него — в день предыдущего финала. Ливерпульцы играли с «Ромой» на ее поле — в Риме. Там англичанам устроили, мягко говоря, не самый теплый прием. По телевидению показывали, как группы итальянцев на мотороллерах гонялись по городу за фанатами «Ливерпуля» и избивали их. Показали и попавшего в больницу парня лет 14 с изрезанным то ли бритвой, то ли ножом лицом. Тем, кто отвечал за организацию следующего финала, следовало знать, что в среде британских фанатов не принято прощать обид и что к такому матчу следовало готовиться особо.

Но никакой особой подготовки к нему не велось. И даже несмотря на то, что в день матча несколько сотен англичан устроили серию потасовок в центре Брюсселя, где пришлось закрыть все рестораны. И несмотря на то, что многие британцы были пьяны уже за полсуток до игры, никаких экстренных мер принято не было. Полицейских было очень мало — в том секторе, где развернулись основные события, всего пятеро. И они, конечно, не могли противостоять натиску сил, превосходивших их по численности в десятки раз. А солдаты подоспели позже, когда трагедия уже произошла.

Эти полицейские, если верить очевидцам, ничего не сделали, чтобы предотвратить распространение фальшивых билетов или хотя бы попытаться отловить людей, с их помощью прошедших на трибуны брюссельского стадиона, хуже которого для такого взрывоопасного матча, наверное, нельзя было придумать.

Принято считать, что «Эйзель» снесли для того, чтобы он не стал вечным напоминанием о той трагедии. В действительности решение о сносе приняли задолго до нее. Матч «Ювентус — Ливерпуль» и так должен был стать последним (или по крайней мере одним из последних) на этой построенной в 1920-е годы и подвергавшейся с тех пор лишь частичной реконструкции арене. Исполнительный директор ливерпульского клуба Питер Робинсон просил УЕФА перенести финал в какое-нибудь другое место. Ему навстречу не пошли. И, судя по воспоминаниям некоторых зрителей, на трибуны можно было пробраться, вовсе не имея билета — ни настоящего, ни поддельного. Достаточно было пролезть в одну из многочисленных дырок в заборах и ограждениях вокруг старенького, разваливающегося на глазах стадиона.

Все эти факторы в совокупности и привели к катастрофе. Полиция не смогла помешать проникновению на стадион слишком большой группы твердо намеренных отомстить итальянцам англичан, подогретых спиртным. Организаторы просчитались, предположив, что если разместят ливерпульцев на одной из боковых трибун и продадут билеты в соседний сектор нейтральным зрителям, не болеющим ни за одну из команд, то гарантируют фанатов от соприкосновения. Они почему-то не подумали, что эти билеты в сектор, являющийся полосой безопасности, могут перекупить у бельгийцев итальянцы и британцы. И в итоге получилось, что те болельщики, которых хотели максимально отдалить друг от друга, оказались рядом.

Организаторы ничего не предприняли, когда переполненный сверх меры уже за два часа до матча стадион разбушевался. Они, видимо, полагали, что дело ограничится перекидыванием из сектора в сектор бутылок, петард, обидными речевками. Здесь были необходимы жесткие превентивные меры. Не было никаких.

В 20.45 случилось страшное. Ливерпульцы ринулись из своего сектора в атаку, легко сломав хрупкие заграждения и не встретив сопротивления со стороны полиции и стюардов. Итальянские зрители — а ими были отнюдь не самые радикальные и боевитые поклонники туринцев — бросились бежать от пьяной, жаждущей мести за прошлогодние унижения толпы. Но бежать было некуда, на пути встали три — одна спереди, две сбоку — бетонные стены. Когда «Эйзель» строился, никто не мог предположить, что они превратятся в ловушку для десятков людей. Одних буквально расплющивала о бетон напиравшая сзади толпа. Другие падали под ноги этой толпы.

Наконец древняя стена рухнула. Обломками придавило еще несколько человек. Хотя есть мнение, что, не рухни она, последствия были бы еще ужаснее.

Безумствовал уже весь стадион. Телекамера — трансляция со стадиона шла в прямом эфире — выхватила среди прорвавшихся на поле фанатов человека с пистолетом (потом выяснилось, что он был не боевым, а стартовым, но в любом случае странно, как оружие вообще могло быть пронесено на стадион). То тут, то там вспыхивали драки. К стадиону срочно были вызваны армейские подразделения, а футболисты «Ливерпуля» с помощью громкоговорителей пытались успокоить соотечественников.

Последними, когда поле было оцеплено военными, перед публикой выступили капитаны — Фил Нил и Гаэтано Ширеа. Они, уже знавшие, что погибших не меньше двух десятков, сказали, что матч, пусть с полуторачасовым опозданием и пусть ни у кого из футболистов не было никакого желания в нем участвовать, состоится. Это решение было принято потому, что отмена встречи наверняка привела бы к новым волнениям, а так, пока шла игра, службы безопасности сумели организовать более или менее спокойный выход зрителей с арены.

Тот финал закончился победой «Ювентуса» (единственный гол с пенальти забил Мишель Платини), которая вызывала примерно одинаковые эмоции как у выигравших, так и у проигравших, поскольку и те и другие пребывали в шоковом состоянии. Знаменитый игрок «Ливерпуля» Кенни Далглиш много лет спустя рассказывал о врезавшейся в память на всю жизнь сцене.

Утро после финала. Он сидит в автобусе, который должен доставить «Ливерпуль» из гостиницы в аэропорт. Автобус облеплен людьми. А к его, Далглиша, окну прижато лицо человека. Лицо, выражающее крайнюю, наверное, степень страдания и крайнюю степень ненависти.

К тому моменту число жертв трагедии на «Эйзеле» уже было подсчитано — 39 погибших (все, кроме одного, болельщики «Ювентуса»), около 400 раненых. Только никто не догадывался, что накажут за нее не только «Ливерпуль», но и все английские клубы, исключив их на пять лет («Ливерпуль» — еще на три) из европейских кубковых турниров.

О том, что случилось на «Эйзеле», слышали все, кто интересуется футболом. Самое, может быть, ужасное заключается в том, что брюссельская трагедия была отнюдь не единственной, а символом стадионного кошмара стала потому, что произошла в матче, который не мог не привлечь всеобщее внимание, какое не привлекли закончившиеся человеческими жертвами футбольные встречи, состоявшиеся до этого финала.

Но, может быть, еще ужаснее, что уроки «Эйзеля» и предшествовавших ему трагедий отнюдь не сразу пошли на пользу болельщикам. Каждый английский фанат знает эту дату — 15 апреля 1989 года — день, когда на стадионе «Хиллсборо» в Шеффилде в полуфинале Кубка Англии встречались «Ливерпуль» и «Ноттингэм». Полиция зачем-то открыла во время матча ворота стадиона, и внутрь хлынул огромный поток томившихся за пределами арены людей. Тех, кто был внутри, бросило этим потоком на сетку, ограждавшую поле. Итог — 96 погибших.

Ужасные известия продолжали приходить и из других стран и городов. Из Катманду, где в 1988 году не вернулись с футбольного матча 93 человека. Из Гватемала-Сити, где в 1996 году на матче сборных Гватемалы и Коста-Рики погибли 84 человека. Из Йоханнесбурга, где в 2001 году на игре между «Кайзер Чифс» и «Орландо Пайретс» состоялся южноафриканский Хилсборо — 43 скончавшихся в результате давки.

Уроки «Эйзеля» и других стадионов так до конца и не усвоены. И даже в Европе. Битвы футбольных болельщиков, главную роль в которых по традиции играют британцы, время от времени повторяются. И внутри страны, и за рубежом. В апреле 2000 года британцы бились с превосходящими силами турецких болельщиков в Стамбуле. Итог — двое убитых, четверо пострадавших. Через два года болельщики проигравшего в полуфинале Кубка Англии «Миллуолла» сразу после матча устроили схватку с полицией, бросая в стражей порядка бутылки и куски бетона; подожгли несколько автомобилей и уничтожили детскую игровую площадку. В списки пострадавших попали в основном стражи порядка — 47 полицейских и 26 полицейских лошадей.

С недавних пор реальную конкуренцию британцам составляют сербские фанаты. В Генуе, где в среду 13 октября 2010 года должен был состояться матч между сборными Италии и Сербии, стало неспокойно еще с утра вторника. Сербские фаны, в большом количестве прибывшие в город, тут же отметились, для разминки напав на полицейский патруль, который забросали петардами. Чуть позже хулиганы добрались и до собственных футболистов. Когда игроки сборной Сербии вышли из отеля и направились к автобусу, в них полетели файеры. Один угодил во вратаря сербской команды Владимира Стойковича, которого на всякий случай отправили на обследование в больницу. Повреждений игрок, к счастью, не получил, но перепугался настолько, что позже, как рассказывал главный тренер сборной Италии Чезаре Пранделли, просто засел в раздевалке — даже не своей, а итальянской команды — и на поле выходить отказывался.

Местная полиция не стала применять жесткие меры по отношению к хулиганам сразу же, предпочтя вместо этого дать им возможность попасть на трибуны в надежде, что в гостевом секторе сербских фанов будет проще контролировать. Вышло с точностью до наоборот.

Толпа успокаиваться не желала. Матч откладывался. Через 35 минут после запланированного старта встречи команды все же появились на поле. К этому моменту отряды полиции вошли на стадион и разместились между фанатскими секторами. Но спустя шесть минут после начала встречи ситуация вышла из-под контроля. Из сербского сектора в голкипера итальянцев Эмилиано Вивиано полетел файер. Вратарь убежал в укрытие. Камни, файеры, петарды летели на поле, а затем сербы принялись забрасывать итальянских болельщиков. Самые отчаянные, несмотря на противодействие полицейских, пытались даже ввязаться в рукопашную с фанами хозяев. Крейг Томсон матч прервал и после почти часа консультаций с делегатом УЕФА и представителями команд встречу вовсе отменил.

Полиция выпустила сербских фанов со стадиона и оттеснила на огороженную парковку, планируя выводить их оттуда мелкими группами по мере подхода автобусов. Но группа фанов из окружения все же вырвалась, и полицейские перешли к более решительным действиям. В результате в серии стычек пострадали 16 человек. Больше всех досталось одному из стражей порядка, рядом с лицом которого разорвалась петарда.

Попавший на страницы газет хулиган в маске был обнаружен полицией на следующий день. На границе Италии во время прохождения осмотра в багажном отделении автобуса был найден лидер одной из фанских группировок «Црвены Звезды» Иван Богданов. Его опознали по татуировкам на руках и объявили главным зачинщиком. Богданов особо не протестовал, называя свои действия «демонстрацией взглядов»...

Во многих странах противостояние фанов приобретает характер эпоса. И футбол сам по себе служит только поводом, а корни вражды уходят куда-то в историю. Таково, например, знаменитое испанское «Эль Класико».

Жизнь не просто вертится вокруг этих футбольных монстров — «Реала» и «Барселоны» — они сами вертят ее вокруг себя, помыкая всеми, кто хочет к ним приблизиться. В Мадриде, властном и административном консервативном центре страны, и клуб такой же — королевский. Это не пышный эпитет, а вполне официальный титул созданного в 1902 году братьями Падросом и Хулианом Паласиосами клуба «Мадрид». 29 июня 1920 года его присвоил король Испании. И клуб стал называться «Реал».

Фрондерская, богатая, промышленно развитая Каталония — центр и источник испанского сепаратизма. Там зарождались почти все культурные образы и политические идеи современной Испании — от живописи Дали и архитектуры Гауди до федерализма, анархизма, синдикализма и коммунизма. В Каталонии не любят корриду, считая ее варварским развлечением. В Каталонии не любят Мадрид, считая, что центр тянет из богатой провинции все соки, поддерживая за ее счет депрессивный сельскохозяйственный юг. В Каталонии любят «Барселону» — клуб — тезку столицы провинции, основанный Жоаном Гемпером на три года раньше, чем «Реал».

> ГДЕ Б ОНИ ВСЕ БЫЛИ, ЕСЛИ Б МЫ ИХ НЕ ПРИ-
> ЮТИЛИ, НЕ ВЫМЫЛИ ИХ, ТЫСЯЧИ ИРЛАНДЦЕВ
> В ГЛАЗГО?
>
> ИЗДЕВАТЕЛЬСКИЙ «ЗАРЯД» ФАНОВ «ГЛАЗГО РЕЙНДЖЕРС»
> ПРОТИВ «СЕЛТИКА»

Их противостояние бывало убийственным в прямом смысле слова. Например, в 1936 году, во время гражданской войны, президент «Барселоны» Хосеп Суньоль, направлявшийся в лагерь республиканских войск к северу от Мадрида, был арестован, а потом убит франкистами. Отголоски гражданской войны сказываются на соперничестве грандов испанского футбола и сегодня. Так, премьер-министр Испании Хосе Луис Сапатеро, публично объявив, что болеет за «Барсу», нажил себе много недоброжелателей среди болельщиков «Реала», а его Испанская социалистическая рабочая партия потеряла изрядное количество голосов в Мадриде.

Сапатеро все равно победил на выборах 2008 года (кстати, как раз с декабря 2008 «Реал» не может выиграть «Эль Класико»). Алехандро Эчеверрии, директору «Барсы» (и двоюродному брату президента клуба Хуана Лапорты), повезло меньше. В 2005 году газетчики раскопали, что он был одним из членов правления Фонда Франсиско Франко, основанного семьей покойного диктатора. Лапорта усугубил ситуацию публичным отрицанием этого, что на фоне спокойной реакции секретаря фонда — «Да, был, и что? Мы считаем, что Франко внес позитивный вклад в развитие Испании и заслуживает уважения» — выглядело как неумелое вранье школьника, застигнутого за курением отцовских сигар. Эчеверрии пришлось уйти из клуба, а позиции самого Лапорты вкупе с его репутацией стойкого каталонского националиста серьезно пошатнулись. Дискуссии на тему «Каталония против Испании» сопровождают практически каждое испанское дерби. Газетчики подливают масло в огонь, напрямую связывая спортивные репортажи с последними политическими событиями заголовками типа «Абсолютное большинство обеспечило победу "Барсы"», — сразу и не разберешься, идет ли речь об исходе матча или о результатах выборов. Модераторы гостевых и форумов испанских спортивных изданий едва успевают удалять оскорбительные высказывания «лоялистов» и «сепаратистов», а в некоторых случаях возможность комментировать заметки и вовсе отключается — нейтральный болельщик, зашедший туда, чувствует себя будто под артобстрелом. Впрочем, если Мадрид и Барселона выясняли отношения даже после победы сборной Испании на чемпионате мира, то понятно, что ничего другого вокруг «Эль Класико» происходить и не может.

Впрочем, есть в Европе дерби, превосходящее испанское и по древности, и по политическому накалу. «Старая фирма» — так в Шотландии называют противостояние «Селтика» и «Глазго Рейнджерс», густо замешанное на этноконфессиональном конфликте более чем вековой давности. Если на рубеже XIX и XX веков ты был потомком ирландских переселенцев, проживал в Глазго и посещал католический храм, у тебя не оставалось выхода — ты становился болельщиком «Селтика». Если ты был рабочим судоверфи Глазго, протестантом, гордился своей «шотландскостью» и с презрением относился к «понаехавшим» — ты болел за «Рейнджерс».

НИ «КОЧЕГАРЫ», НИ «МЯСО», НИ «КОНИ»
ЭТОТ РУБЕЖ НЕ ВОЗЬМУТ!
СТРОКА ИЗ ГИМНА ГРУППИРОВКИ БОЛЕЛЬЩИКОВ «ЗЕНИТА»
«НЕВСКИЙ ФРОНТ»

Глазго католиков ненавидел. В 1790 году, по данным переписи, в городе проживали всего 39 католиков, но при этом были зарегистрированы 43 антикатолических общества. Коренной житель Центральной Шотландии антикатолицизм всасывал с молоком матери. Однако в середине XIX века город наводнили ирландцы, бежавшие с родины от Великого картофельного голода 1840-х годов. Практически не встречая недовольства со стороны коренных жителей города, гости с Изумрудного острова быстро сформировали обширную диаспору, всячески поддерживающую своих земляков. Шотландцы слишком поздно поняли, что ирландцы набрали на их земле большую силу.

В 1873 году «коренные» глазвегианцы основывают клуб «Рейнджерс». Через 14 лет католический священник Энрю Керинс (церковное имя — брат Уолфрид), ирландец по национальности, собирает команду, получившую название «Селтик». Он собирался за счет футбольных матчей привлечь деньги для бедных и обездоленных жителей востока Глазго, где преимущественно обитали ирландцы. Вскоре «бело-зеленые» получили почти 100%-ную поддержку ирландского населения города.

Болельщики «Глазго Рейнджерс» частенько припоминали фанатам «Селтика» тот самый голод, распевая на трибунах: «Где б они все были, если б мы их не приютили, не вымыли их, тысячи ирландцев в Глазго... Теперь их паписты сидят в Риме, голод закончился, так почему бы им не убраться домой?» В 1980-е годы болельщики «Селтика» отвечали своим недругам песнями в поддержку Ирландской республиканской армии...

Приходя на стадион, они вывешивают не шотландский Андреевский крест и уж тем более не британский «Юнион джек», а ирландский триколор. Полицейские кордоны отделяют сектора болельщиков «Селтика» от секторов их заклятых врагов — болельщиков «Глазго Рейнджерс», сыплющих оскорбления в адрес «папистов» и «немытых ирландских собак» и размахивающих как раз британскими флагами.

В «Селтике», кстати, с самого начала и играли, и работали протестанты. Ирландцы считали, что само существование «Селтика» — весомая заявка на сохранение идентичности, не требующая дополнительных мер вроде чистки собственных рядов. В 1960-е годы тренером (и легендой) «Селтика» стал Джок Стин, шотландец-протестант, никогда не скрывавший своих религиозных взглядов. Под его руководством команда выиграла Кубок европейских чемпионов.

«Рейнджерс» блюли чистоту рядов гораздо более ревностно. В ответ на первые успехи «Селтика» в конце XIX века руководители и болельщики клуба начали подчеркивать его протестантскую идентичность — и продолжили в XX веке. В середине 1970-х годов тренер «Рейнджерс» Джок Уоллес призывал игроков эмоционально заряжаться перед матчами, хором выкрикивая No surrender! — клич североирландских протестантов-унионистов.

И вплоть до 1980-х годов клуб не заключил ни одного контракта ни с одним игроком-католиком, разрывая уже заключенные договора, если выяснялось, что «паршивая овца» — скрытый папист. Из-за такой политики от «Рейнджеров» в свое время отказался сэр Алекс Фергюсон, нынешний тренер «Манчестер Юнайтед». Когда в 1989 году «Рейнджерс» купили бывшего нападающего «Селтика» Мориса (или попросту Мо) Джонстона, преданные болельщики команды жгли у стадиона «Айброкс» клубные шарфы и сезонные абонементы. Впоследствии, когда «Рейнджерс» выигрывали матч со счетом 1:0 и победный гол забивал Мо, фанаты считали, что игра завершилась нулевой ничьей. Джонстон — католик, и этим было все сказано. В свою очередь, болельщики «Селтика» считали Мо предателем. Газеты называли его «Салманом Рушди шотландского футбола», а фанаты «Селтика» — проще: «Маленькое дерьмо».

История «Старой фирмы» — это история постоянных столкновений болельщиков. От 1909 года, когда была зафиксирована первая массовая драка, до 2009-го, когда снаряд из ракетницы, запущенный из сектора болельщиков «Селтика», попал в голову главному судье матча Хью Далласу. К счастью, серьезных последствий для здоровья арбитра этот инцидент не имел — после оказания ему помощи игра была продолжена. Но еще по меньшей мере четырежды фаны «Селтика» пытались прорваться на поле, чтобы выяснить отношения с Далласом, который, по их мнению, явно благоволил «Рейнджерс».

За эти 100 лет болельщики срывали матчи, сходясь врукопашную прямо на футбольном поле, смертельные исходы были в порядке вещей. Правда, трагедия 5 сентября 1931 года все-таки стоит особняком. Во время очередного дерби голкипер «Селтика» Джон Томсон бросился за мячом в ноги вышедшего с ним один на один форварда «Рейнджерс» Сэма Инглиша. Тот не сумел погасить скорость и попал Томсону коленом в висок — перелом основания черепа вкупе с рваной раной теменной стороны головы. Во время многочасовой операции врачи обнаружили 2 осколка кости, повредившие мозг вратаря. Томсон скончался, не приходя в сознание.

Но то была трагедия футбольная — гладиатор умер в бою, как ему и положено. До сих пор в больницы Глазго в дни проведения «Старой фирмы» попадают в девять раз больше пострадавших, чем в обычные уик-энды. В дни дерби полиция Глазго переходит на усиленный контроль несения службы, но это помогает далеко не всегда.

Многие в Глазго помнят трагедию 2 января 1971 года. Очередное дерби шло к нулевой ничьей, когда «Селтик» вдруг забил. Разочарованные болельщики «Рейнджерс» потянулись к выходу. И тут их команда сравняла счет. Они решили вернуться на трибуну. В стихийно возникшем соприкосновении двух потоков погибли 66 человек.

Без фанатов на трибунах современный спорт немыслим. Они уже гораздо больше, чем просто зрители. Противостояние суппортеров добавляет остроты противостоянию на поле. «Заряды» — речевки, баннеры и лозунги, шумовая и музыкальная поддержка, эмоционально организованное боление — создают и поддерживают непередаваемый колорит во время состязаний. Это неотъемлемая часть шоу.

Журналист Максим Соколов заметил, что спорт, и в особенности футбол, вроде бы уже состоялся как всемирное средство сублимации войны — пусть лучше 22 миллионера на поле бегают за мячом, чем 220 000 совсем не миллионеров выясняют отношения на поле навроде Аустерлицкого.

Люди с особо сильными природными наклонностями к войне и военному делу и сублимируют особо сильно, объединяясь в юношеские союзы, именуемые фанатскими объединениями. В рамках учения о спорте как эрзац-войне такие объединения оправдываются уже тем, что способ выхода агрессии, демонстрируемый такими союзами, является много меньшим злом, чем агрессия прямая и неритуализованная.

Но всплеск экстремальных эмоций — а любое спортивное соревнование по сути своей есть осовремененные гладиаторские игры времен Римской республики, т. е. театрализованное насилие, — чреват прежде всего потерей контроля за происходящим.

А мирное функционирование мужских союзов возможно лишь в случае, когда государство и общество не дают им сильного повода для функционирования в не столь мирном режиме. Если поводы даются и самые сильные, Männerbund[1] оборачивается Männerбунтом.

---

[1] Мужской союз (нем. Männerbund) — общественный институт при первобытно-общинном строе и военной демократии; замкнутая и закрытая группа мужчин и юношей, достигших совершеннолетия. — *Прим. ред.*

Погромы в России

- Погром на Манежной — 2002
- Погром в Петербурге — 2005
- Фанатские «фирмы»
- События вокруг убийства Егора Свиридова в декабре 2010 года
- Болельщики и национальная политика

В ходе матча «Сатурн» — «Спартак» 19 июня 1999 года на трибунах стадиона произошла получившая широкую известность массовая драка между футбольными фанатами и подмосковным ОМОНом.

15 апреля 2000 года перед матчем «Зенит» — «Динамо» в Петербурге 15-летний болельщик «Зенита» был убит за столиком кафе ударом в грудь (предположительно, железным прутом), а в городе едва не начались массовые беспорядки.

5 августа 2000 года в Воронеже, возле гостиницы «Брно», милиционеры попытались задержать нескольких фанов «Спартака», приехавших на матч своей команды против местного «Факела». В ответ толпа из нескольких сотен хулиганов сначала их избила, а затем принялась крушить все вокруг.

Матч «Спартак» — ЦСКА в апреле 2001 года долго считался самым «кровавым» в истории российского футбола. На стадионе «Лужники» и около него в драках пострадали 52 человека. На трибунах были 30 000 зрителей, а охраняли мероприятие более 3800 милиционеров, которые с большим трудом смогли предотвратить грандиозное побоище. Фанатов двух команд максимально изолировали друг от друга: они могли пройти на свои места только по отдельным коридорам, даже билеты продавались в разных кассах.

9 июня 2002 года сборная России бесславно проиграла сборной Японии на чемпионате мира по футболу.

Задолго до начала матча болельщики стали собираться на Манежной площади, где на здании гостиницы «Москва» был установлен большой экран. Многие специально приехали из Подмосковья и других областей. Сколько всего болельщиков придет на Манежную площадь, точно никто не знал. Планировалось, что примерно 2000 — 3000 человек. А остальные предпочтут другие экраны, установленные на Поклонной горе, Арбате или около метро «Маяковская». Но уже к трем часам дня стало ясно, что абсолютное большинство фанатов захотело смотреть матч у стен Кремля — и патриотичнее, и веселее. К началу трансляции собралось около 8000 бело-сине-красных болельщиков (кому не хватило денег на атрибутику, разукрасили лица). Восьмитысячной толпе противостояло всего 120 милиционеров и несколько десятков омоновцев.

Все что-то пили (многие приехали уже достаточно «теплыми»), и близлежащие подземные переходы очень быстро превратились в общественные туалеты. Трезвых практически не было уже к трем часам. Тогда и начались мелкие стычки и драки.

ПОСЛЕ ПОБЕДЫ ЧЕРНОКОЖЕГО БОКСЕРА ДЖЕКА ДЖОНСОНА НАД БЕЛЫМ ДЖЕЙМСОМ ДЖЕФФРИ-СОМ 4 ИЮЛЯ 1910 ГОДА — В ДЕНЬ НЕЗАВИСИМО-СТИ — ПО АМЕРИКЕ ПРОКАТИЛАСЬ ВОЛНА НЕ-ГРИТЯНСКИХ ПОГРОМОВ, 19 ЧЕЛОВЕК ПОГИБЛИ И ТЫСЯЧИ БЫЛИ РАНЕНЫ.

Настоящий кошмар случился после того, как японцы открыли счет. С задних рядов в экран полетели пустые бутылки из-под пива. Естественно, падали они на головы впереди стоящих. Те в ответ стали кидать бутылки туда, откуда они прилетали. Завязалась серьезная драка. Утихомирить болельщиков попытались несколько омоновцев, но это только усугубило ситуацию: фанаты прекратили выяснять отношения между собой и с удвоенной силой набросились на милиционеров. Они действовали подобранными с земли камнями, палками и кусками железа, оторванными от автомобилей.

Затем начался погром. Обезумевшая толпа ломанула вдоль Охотного ряда в сторону Лубянки, растекаясь по прилегающим улицам. На Большой Дмитровке милиционеры попытались остановить толпу и открыли огонь в воздух, но это не помогло. Погромщики прорвались без особых проблем.

Вот как описывают события супруги Лариса и Петр Проскурины, находившиеся в этот момент на Манежной площади: «Толпа двинулась в сторону Театрального проезда, сметая все на своем пути. Мы видели, как перед толпой встал всего один милиционер. Его буквально поглотила толпа, только фуражка взлетела вверх. Еще смели какую-то бабку, которая, вот дура, притащила болеть за футбол маленького ребенка. Отовсюду слышался звон разбитого стекла. Машины переворачивали и поджигали. Раскурочили даже автобус с милицией. Большинство хулиганов были скинхеды — бритые под ноль пацаны лет по 14 – 17. Они и начали погром. Били всех подряд, кто попадался под руку. Слава богу, мы сумели вовремя спрятаться и не получили ни от бритоголовых, ни от ОМОНа. Кстати, как закончился матч? Мы так и не сумели его досмотреть».

Итогом стали десятки сожженных и искореженных машин. Фанаты с одинаковым рвением уничтожали как иномарки последних серий, так и отечественные машины, не пощадили даже две маленьких «Оки». Когда к месту стали прибывать пожарные машины, фанаты стали крушить и их. На пути следования толпы не осталось почти ни одной целой витрины, оконного стекла или рекламного щита. Больше всего пострадали гостиница «Москва», здание Колонного зала и Госдумы. В Думе, кстати, помимо окон была разбита входная дверь, причем некоторые фанаты даже попытались штурмовать парламент.

На Тверской тоже ломали и жгли припаркованные машины. Один из владельцев, видимо, в состоянии аффекта, сел в искореженный автомобиль и стал давить всех, кто попадался ему на пути. Бесчинствующие погромщики не пощадили даже врачей скорой помощи. Сначала они перевернули их машину, припаркованную в начале улицы, а затем избили водителя и фельдшера. Их пришлось госпитализировать.

В книжном магазине «Москва», напротив здания столичной мэрии, не осталось почти ни одного целого стекла. Под шумок грабили коммерческие палатки. Остановить толпу удалось только в районе Пушкинской площади.

От обезумевших погромщиков пострадало более 100 человек. Среди них шесть омоновцев, два сотрудника ГИБДД и трое патрульных. На Лубянской улице зарезали 17-летнего парня (раненого школьника Андрея Труженникова нашли в припаркованном автомобиле, но до больницы довезти не успели). Позднее в больнице скончался боец ОМОНа Иван Балматов, получивший во время беспорядков ножевое ранение. На выручку горстке милиционеров, которые пытались противостоять толпе, не пришел никто. Раненых стражей порядка от фанов спасали охранники частных магазинов, которые сами находились в крайне тяжелом положении, и просто сознательные граждане.

Когда погромщики уже более или менее поутихли, в центр подтянулись не менее 2000 сотрудников милиции, в том числе конной. Они перекрыли все подъезды к Манежной площади и часть Тверской. Правда, никого из огромной толпы не задерживали, опасаясь новых погромов. А фанаты тем временем продолжали тусоваться. Часть из них переместилась в Александровский сад. Там они не дрались, а обсуждали только что закончившуюся баталию. Фанат по имени Валера был очень огорчен. «Громить начали рано, — сокрушался он. — Для России-то еще не все потеряно. Вот если не выйдем из группы, тогда можно расстраиваться».

Где-то к 17.30 «негодяйствующие деятели» (по выражению тогдашнего мэра Москвы Юрия Лужкова) в целом угомонились, хотя небольшие инциденты происходили до позднего вечера. На Тверской улице, в Камергерском переулке, а также в Китайгородском, Мещанском и Таганском районах были разбиты 273 витрины, 51 рекламный щит и семь автобусных остановок. Сожжено и покорежено более 70 машин. 130 участников беспорядков в конце концов были задержаны.

БИЛИ ВСЕХ ПОДРЯД, КТО ПОПАДАЛСЯ ПОД РУКУ. СЛАВА БОГУ, МЫ СУМЕЛИ ВОВРЕМЯ СПРЯТАТЬСЯ И НЕ ПОЛУЧИЛИ НИ ОТ БРИТОГОЛОВЫХ, НИ ОТ ОМОНА. КСТАТИ, КАК ЗАКОНЧИЛСЯ МАТЧ?

СЛУЧАЙНЫЕ ПРОХОЖИЕ О ПОГРОМЕ НА МАНЕЖНОЙ ПЛОЩАДИ 9 ИЮНЯ 2002 ГОДА

Столичная милиция не раз заявляла, что организация безопасности в ходе массовых мероприятий является просто-таки ее коньком. Об этом, к примеру, незадолго до злополучного матча тогдашний руководитель ГУВД Москвы Владимир Пронин рассказывал руководителям полиций европейских столиц. А в итоге тысячам пьяных фанатов противостояли всего несколько десятков милиционеров, которые не знали, что им делать и в какую сторону бежать.

Держал марку Пронин (по горячим следам он было подал в отставку, но бывший тогда министром внутренних дел Борис Грызлов ее не принял) и после того, как стало известно, чем закончились погромы. Он настаивал, что милиция действовала вполне профессионально. В частности, не пустила погромщиков на Красную площадь и не дала им разграбить стройку на Манежной площади, где хулиганы могли разжиться арматурой и камнями. «Если бы милиция ринулась толпой кого-то задерживать, то от милиции вообще, может быть, ничего бы не осталось», — подчеркивал Пронин сугубо профессиональную реакцию своих подчиненных на происходившее.

Сотрудники правоохранительных органов соглашались, что им крупно повезло, — акция была спонтанной, и у погромщиков не было ярко выраженных лидеров.

«Культурная столица» в этом плане если и отставала от первопрестольной, то лишь по времени. 19 декабря 2005 года в ночном клубе «Порт», в переулке Антоненко, 2, праздновала 25-летний юбилей крупнейшая в Петербурге группировка фанатов «Зенита» «Невский фронт». Фаны заранее сняли весь клуб под свое празднество, выкупив около 400 билетов. По свидетельству участников мероприятия, средний возраст отмечавших был 17 — 19 лет. Судя по отзывам на форумах в Интернете, где общаются фанаты, на мероприятии было много выпивки и стриптиза, так что к 11 вечера бо́льшая часть празднующих юбилей находилась в весьма сильном подпитии.

Что послужило непосредственной причиной драки, неизвестно. Одни участники событий говорили, что «серые» (сотрудники милиции, охраняющие здание Мариинского дворца, где находится Законодательное собрание Петербурга) решили проверить документы «у одной из наших подруг», и фанаты вступились за «ее честь».

Другие уверяли, что двое подвыпивших болельщиков попытались справить малую нужду на стену Мариинского дворца. Как бы там ни было, двое стражей порядка из роты по его охране сделали фанатам замечание, те огрызнулись, и в результате началась драка. На шум и крики фанатов из клуба выскочили их друзья, а к стражам порядка присоединились еще двое милиционеров из охраны дворца.

ЕСЛИ БЫ МИЛИЦИЯ РИНУЛАСЬ ТОЛПОЙ
КОГО-ТО ЗАДЕРЖИВАТЬ, ТО ОТ МИЛИЦИИ ВООБЩЕ,
МОЖЕТ БЫТЬ, НИЧЕГО БЫ НЕ ОСТАЛОСЬ.

НАЧАЛЬНИК ГУВД МОСКВЫ ВЛАДИМИР ПРОНИН
О ТЕХ ЖЕ СОБЫТИЯХ

Однако фанатов было больше, и милиционеров стали избивать. «Не важно, что там было поводом, главное — каждый из нас ненавидит "серых"» — такие заявления после побоища то и дело встречались на фанатских форумах (доминировали, правда, реплики в стиле «Давно так классно не отдыхали» и «Единственный негатив — испачканная одежда»). Уже через несколько минут к дворцовым милиционерам прибыло подкрепление — ближайший отдел милиции расположен буквально в паре сотен метров от места драки, недалеко и база ОМОНа. Однако побоище не прекращалось еще как минимум минут 15 — из клуба выбегали все новые и новые подвыпившие бойцы.

«Старший инспектор Адмиралтейского РУВД попытался вытащить из свалки упавшего парня, иначе его бы запинали до смерти, — рассказал начальник пресс-службы ГУВД Вячеслав Степченко. — В этот момент кто-то из дерущихся ударил милиционера бутылкой по голове». Атаке фанатов подверглась также дверь приемной Законодательного собрания — в ней были выбиты стекла. Постепенно милиционеры начали теснить фанатов в переулок Антоненко, который перегородили патрульными «уазиками» и «Жигулями». Машины испытали на себе силу фанатов: у трех из них были помяты корпуса и разбиты стекла. Наконец, около 12 ночи к месту событий прибыли подразделения ОМОНа и внутренних войск. После нескольких выстрелов в воздух драка прекратилась, и стражи порядка начали задерживать и избивать фанатов, которые не успели скрыться через проходные дворы.

В результате драки шесть стражей порядка оказались в больнице (сколько в итоге пострадало болельщиков, точно неизвестно), а не менее 50 фанатов — в отделениях.

То, что понятия «болельщик» и «хулиган» — не синонимы, очевидно и дополнительных разъяснений не требует. Участники фанатских группировок — «фирм», костяк которых может составлять до 50 человек, — в принципе держатся особняком. Главная задача и смысл существования таких «фирм» — выяснение отношений с фанатами других клубов. Причем «солидные фирмы» обычно устраивают «разборки» между собой, стараясь не вовлекать случайных граждан. При этом согласно выработанному к 2000-м годам «кодексу чести» поединок ведется приблизительно одинаковым числом участников с обеих сторон без применения дополнительных средств (на сленге их называют «аргументами»). Других ограничений не существует, и часто фанаты добивают упавших и потерявших сознание противников.

Обычно «фирмы» гордятся своей независимостью и отказываются подчиняться какому-либо единому центру, но тесный контакт между собой поддерживают, и постепенно идет процесс их централизации. Так, значительная часть спартаковских «фирм» объединена в движение «Фратрия». Питерский «Невский фронт» — тоже сообщество. Так организовано фанатское движение по всему миру.

И оно становится все более политизированным. В России — особенно быстро.

В ночь на 6 декабря 2010 года в Москве в драке с выходцами с Кавказа из травматического пистолета был убит активный участник спартаковского фанатского движения — «фирмы» Union — Егор Свиридов; еще один фанат, Дмитрий Филатов, был тяжело ранен в живот. Вскоре за участие в драке задержали восьмерых жителей Дагестана, Кабардино-Балкарии и Чечни; подозреваемый в убийстве уроженец Нальчика Аслан Черкесов был арестован, остальных отпустили.

Вечером 7 декабря более тысячи фанатов собрались у Головинской межрайонной прокуратуры на Ленинградском проспекте (в этом же здании расположен и ведущий дело следственный отдел), чтобы выразить свой протест и потребовать проведения тщательного расследования убийства. Через некоторое время собравшиеся начали взрывать петарды, жечь файеры, около 600 человек с националистическими лозунгами «Россия для русских!», «Москва для москвичей!» вышли на Ленинградку и перекрыли движение. Бойцы ОМОНа при этом выступали в роли сторонних наблюдателей (они с самого начала присутствовали на месте событий, так как милиции заранее было известно о планах болельщиков), а их командиры пытались уговорить людей разойтись.

Это удалось сделать только через полчаса у метро «Сокол», до которого толпа беспрепятственно добралась по проезжей части, преодолев около полутора километров. ОМОН просто шел следом. Обычные милиционеры и вовсе старались скрыться с глаз долой. Какой-то сержант милиции возбужденно предупредил кого-то по сотовому телефону: «Спартаковского фаната вчера завалили. Они идут. Уходи скорее! Уходи!» — после чего быстрым шагом устремился прочь от надвигающейся толпы.

Примерно в это же время спартаковские болельщики в Словакии чуть было не повторили «подвиг» сербских, сорвавших отборочный матч Италия — Сербия в Генуе двумя месяцами раньше. Главный арбитр встречи голландец Кевин Блом прервал встречу «Жилины» со «Спартаком» уже на второй минуте, когда фанаты «Спартака» устроили мощнейшее пиротехническое шоу. Выездной сектор, увешенный баннерами в память о погибшем Егоре Свиридове и стягами ведущих спартаковских хулиганских бригад, быстро заволокло дымом, и на поле словацкого стадиона полетели петарды. Одна упала в непосредственной близости от голкипера «Спартака» Андрея Диканя, который был вынужден срочно покинуть ворота. В суматохе несколько фанатов краснобелых прорвались на поле. После того как стюарды скрутили их, матч возобновился.

Однако уже через 40 секунд Кевин Блом вновь остановил встречу — гостевой сектор продолжал вовсю бушевать, сжигая остатки пиротехники. На этот раз арбитр приказал командам уйти в подтрибунное помещение. Игроки «Спартака», перед тем как покинуть поле, подошли к трибуне со своими болельщиками и попытались жестами угомонить их. Это не помогло: спартаковцы ушли в раздевалку. Минут через 20, когда гостевой сектор чуть-чуть успокоился, команды вновь вышли на поле, встреча была продолжена и завершилась победой красно-белых со счетом 2:1.

> ВПЕРЕД, РОССИЯ! ПАТРИОТЫ, ПОДДЕРЖИМ
> НАШИХ РЕБЯТ! МЫ В ВАС ВЕРИМ! ЕСТЬ ВЕЧНЫЕ
> ЦЕННОСТИ!
>
> РЕКЛАМНО-ПАТРИОТИЧЕСКИЕ ПРИЗЫВЫ 2002 ГОДА

В Москве ни один человек задержан не был, хотя несанкционированное перекрытие в час пик одной из главных московских транспортных артерий — серьезное ЧП. Более того, 8 декабря ГУВД Москвы заявило, что не будет заводить ни уголовные, ни административные дела, а также каким-либо еще образом преследовать фанатов, так как все прошло мирно, без жертв и пострадавших и в ходе спонтанного марша было разбито всего два стекла в палатке с шаурмой.

Утром 11 декабря, примерно в 11.00, на станцию метро «Водный стадион» приехали представители объединения спартаковских болельщиков «Фратрия». Они выстроились в колонну, которую возглавил священник, и прошли примерно полтора километра до улицы Лавочкина, где на автобусной остановке был убит Егор Свиридов.

Спустя час на «Водном стадионе» появились остальные болельщики «Спартака» и других клубов, причем не только из Москвы. Приехали байкеры из объединения «Ночные волки» во главе со своим лидером Хирургом. Болельщики заполонили весь Кронштадтский бульвар, увесили остановку клубными шарфами, возложили цветы и зажгли свечи. Все это продолжалось почти четыре часа.

Утреннее шествие, в котором приняло участие около 10 000 человек, было мирным. При этом несанкционированным. Никто из фанатов даже и не попытался спросить у мэрии разрешения на его проведение. Но милиция пошла на беспрецедентные уступки. Кронштадтский бульвар был перекрыт, в результате чего в микрорайоне встал весь идущий к метро общественный транспорт. У подземки не работал ни один магазин или киоск; продовольственный и вещевой рынки в субботу так и не открылись.

А днем Манежная площадь стала полем боя между группировками воинствующих фанатов и милицией. Причем первыми о грядущих провокациях предупредили сами фанаты из «Фратрии». «Мы сразу поняли, что на Манежке будет гнилая история, и призвали своих не ехать, — рассказал Вячеслав, один из организаторов шествия памяти Егора Свиридова. — В результате там били российских милиционеров».

К 14.30 напротив гостиницы «Москва» собралось около 5000 человек, большинство с закрытыми шарфами и масками лицами и без клубных шарфов. Человек в черной маске с мегафоном несколько раз выкрикнул «Русские, вперед!» Лозунг похватили. Зажглись файеры. Около часа разрастающаяся толпа, вскидывая руки в фашистском приветствии, скандировала: «Е..ть Кавказ, е..ть», «А ну-ка, давай-ка, уе..вай отсюда, Россия для русских, Москва для москвичей!», «Москва — русский город!» и «За это убийство ответят ваши дети!» Только когда собравшиеся начали кричать «Мусора — позор России!», на площадь выехала «ГАЗель» с громкоговорителями на крыше: милиция сообщила участникам о незаконности проведения акции и потребовала разойтись.

Но пришедшие только разогревались. Под крики «Убивай!» на пятерых выходцев с Кавказа, оказавшихся в опасной близости от Манежной, налетели около десяти фанатов, повалили, начали избивать ногами. Один потерял сознание после удара головой о бордюр. Милиционеры отбили кавказцев и на руках отнесли в машину скорой помощи, дежурившую у Манежа. Но избитых выволокли оттуда. Те под прикрытием ОМОНовцев спрятались под автомобилем, фанаты полезли в драку с бойцами, разбив одному из них нос.

> Е..ть Кавказ, е..ть! Россия для русских,
> Москва для москвичей! За это убийство ответят ваши дети! Мусора — позор России!
>
> Лозунги на Манежной площади 11 декабря 2010 года

В какой-то момент толпа совершила прорыв на Моховую улицу, ненадолго перекрыв ее. ОМОН и подтянувшийся спецназ МВД вытеснили фанатов обратно, применив дубинки и слезоточивый газ. В милиционеров полетели файеры, бутылки из-под пива (оно свободно продавалось на Манежной площади, хотя о несанкционированной акции было известно заранее), куски льда, урны для мусора и даже игрушки с новогодней елки. Один из фанатов стрелял из травматики в воздух, а потом направил оружие на цепочку ОМОНа. Длившееся около получаса побоище закончилось ранениями с обеих сторон.

Около 16.30 на площадь подъехало милицейское начальство Москвы. Глава ГУВД Москвы Владимир Колокольцев пообещал арестовать всех виновных в гибели Егора. «Дайте нам время, чтобы сделать свою работу», — просил господин Колокольцев, но в ответ фанаты принялись хором оскорблять его. «Почему из шести нападавших на Свиридова вы отпустили пятерых?» — кричали фанаты руководителю управления информации ГУВД Виктору Бирюкову. «Хороший вопрос», — только и смог ответить он.

Но, даже после того как началось это подобие диалога, нападения на тех, кто не мог похвастать славянской внешностью, продолжались — в подземном переходе, на станции метро «Охотный ряд» и на других станциях...

Следующие несколько дней в блогах ядовито обсуждали опознанных на фотографиях беспорядков активистов, имевших отношение к прокремлевским молодежным движениям «Россия молодая» и «Наши». Погром на Манежке комментировали ведущие политики и общественные деятели — в зависимости от своего отношения к власти.

«Убежден, что мы имеем дело с погромами, организованными националистами при участии кремлевских штурмовиков, финансирование которых и патронаж осуществляет В. Сурков», — писал в блоге Борис Немцов.

«При Путине от власти стал исходить импульс, поддерживающий ксенофобию, с полууголовной риторикой. Заслон "оранжевой революции" решили сделать не из полиции, а из молодежи... Власть во многом виновата сама. Был опыт царской России, когда использовали черносотенцев для борьбы с левыми и не смогли их удержать, ведь насилие — как пожар», — вторил ему известный правозащитник Лев Пономарев.

Аналогию с погромом 2002 года на Манежной не заметить было невозможно. Как и не вспомнить о том, что мода на патриотизм — как на уровне правительственного официоза, так и на уровне рекламных слоганов — формировалась именно тогда. «Вперед, Россия!», «Патриоты, поддержим наших ребят!», «Мы в вас верим!», «Есть вечные ценности!» — именно такие призывы заполонили теле- и радиоэфир с весны 2002 года...

Первый заместитель руководителя администрации президента Владислав Сурков в интервью газете «Известия» дал Льву Пономареву ответ, который иначе как симметричным не назовешь: «Это ведь как бы "либеральная" публика упорно вводит в моду несанкционированные акции, а нацисты и жлобы этой моде следуют. 11-е происходит от 31-го. От, казалось бы, мелочи — совсем не мелочь. А еще до погрома на Манежной был погром в Химках, если кто забыл. Другие люди, а жлобство то же».

Другие высокопоставленные чиновники тоже высказывали свои соображения, правда, иногда путали право и лево. Так, глава МВД Рашид Нургалиев предположил, что к людям, которые проводили акцию, присоединилась «леворадикальная молодежь, которая провоцировала и подстрекала к массовому противостоянию и столкновениям». Хотя националистические лозунги в ходу не у левых, а как раз у правых радикалов.

Депутат Госдумы от «Справедливой России» Николай Левичев обвинил Василия Якеменко, руководителя Федерального агентства по делам молодежи, в провале молодежной политики. Коллеги оборвали «Справоросса»: руководитель Общественного совета при президиуме генсовета «Единой России» Алексей Чеснаков заявил, что «Справедливой России» было бы «логичнее поискать виновных в событиях на Манежной в первую очередь в своих рядах». «Это потому, что именно справороссы — наследники националистической "Родины"», — обосновал Чеснаков свое мнение.

Председатель комитета Госдумы по делам молодежи Павел Тараканов отреагировал на выступления коллеги совсем уже в менторском тоне, указав, что в событиях на Манежной площади виноваты «вот такие левичевы, безразлично и наплевательски относящиеся к проблемам молодежи». А пресс-секретарь движения «Наши» Кристина Потупчик вообще посоветовала Левичеву уйти в отставку. Иначе говоря, власть тезис о неуспехе молодежной политики решительно отвергла. Левичев, возможно, осознав допущенный перегиб, перестал давать прессе крамольные комментарии.

> У НАС ВСЕГДА БЫЛ ОЧЕНЬ МОЩНЫЙ ИММУНИТЕТ К КСЕНОФОБИИ. И ВОТ ТЕПЕРЬ ТАКОЕ ВПЕЧАТЛЕНИЕ, ЧТО ОН НАЧАЛ СЛАБЕТЬ.
> ВЛАДИМИР ПУТИН НА ВСТРЕЧЕ С ФУТБОЛЬНЫМИ БОЛЕЛЬЩИКАМИ

Точку в споре о виноватых поставил премьер-министр России. Выступая в передаче «Разговор с Владимиром Путиным. Продолжение», он заявил, что беспорядки спровоцированы ошибкой милиции, которая отпустила людей, причастных к убийству Егора Свиридова. Но тут же оговорился, что милицию все равно «нельзя опускать ниже плинтуса, а то придется нашей либеральной интеллигенции бороденку сбрить и самим надеть каску, и вперед на площадь — воевать с радикалами».

> ЭТА ТОЛПА БЕЗЛИКА — У НЕЕ НЕТ ЛИДЕРОВ, У НЕЕ ЕСТЬ ЛИШЬ ОСОЗНАНИЕ ТОГО, ЧТО ДАЛЬШЕ ТАК ЖИТЬ НЕЛЬЗЯ, И ЖЕЛАНИЕ ВСЕ ЭТО ИЗМЕНИТЬ.
>
> ЭКС-ЛИДЕР «ФРАТРИИ» ИВАН КАТАНАЕВ о погромщиках

А радикалы, кстати, и не скрывали принадлежности к акции устрашения кавказцев, делились далеко идущими планами: после Манежки националисты и поддерживающие их футбольные фанаты якобы намерены объединиться для борьбы с властью. «В Москве сейчас около 10 000 готовых бойцов, правых фанатов, которые придерживаются идей здорового национализма, — рассказал один из участников акции по имени Сергей. — Россия для русских, и тут не место таджикским дворникам. Страна загибается благодаря миграционной политике команды Путина. Все прогнило, полицейское государство задавило всех, а бабло разъело эту власть».

За успешными поисками радикалов мало кто (и практически никто из политиков) обратил внимание на очень существенную деталь. «Акцию на Манежной никто не организовывал, — заметил бывший лидер «Фратрии» Иван Катанаев. — Эта толпа безлика — у нее нет лидеров, у нее есть лишь осознание того, что дальше так жить нельзя, и желание все это изменить».

«Осознание и желание» приписали радикалам, в то время как на следующий день 87% слушателей «Русской службы новостей» поддержали митинговавших на Манежке. А ведь аудитория РСН — это тот самый экономически активный социальный слой, на котором держится страна. И весь этот слой заражен ксенофобией? Если адекватные люди в массовом порядке одобрили неадекватные действия, значит, проблему надо искать не в них, а в среде обитания.

Ксенофобия — понятие при все при том достаточно аморфное. «Ксено» бывают разные — некоторых не грех и побояться. Но, если бы в стране действовали реальные инструменты волеизъявления, фобий, наверное, было бы поменьше, а в событиях на Манежной площади просто не было бы надобности. Демократия — это не механизм по обкатке правильных идей. Демократия — это строй, основанный на воле народа. Вам не нравится настроение этого народонаселения? Ищите другое.

К психотерапии, которую премьер РФ Владимир Путин 21 декабря 2010 года применял к футбольным болельщикам, «неожиданно» появившись на их встрече со спортивным министром Виталием Мутко, прибегать можно, и, наверное, даже нужно. Нужно предлагать болельщикам поучаствовать в подготовке к чемпионату мира по футболу 2018 года — кому, как не им, в конце концов. Можно успокаивать разачарованных в банкротстве «Амкара» рассказами о том, что в Перми много хороших предприятий, заинтересованных в развитии футбола, просто нужны хорошие менеджеры. Стоит и обсуждать договорные матчи, и сомневаться в том, что за 30 000 рублей можно выиграть любую игру в любые ворота. Конечно, это сомнительно — сумма не впечатляет.

Но по отношению к людям, которые позиционируют себя как outlaws (вне закона) и гордятся этим, нужно применять особый режим юридического напряжения. Там, где законопослушному человеку достаточно погрозить пальчиком, и он станет еще более законопослушным, с беспредельщиков надо сдирать по три юридические шкуры, иначе они не почувствуют силу закона. И поступать с ними так до тех пор, пока им тоже не будет достаточно пальчика. Такая правоохранительная тактика получила название «нулевая терпимость» (zero tolerance) и в определенных обстоятельствах применялась не раз в самых либеральных государствах мира.

Она должна применяться и в России — с единой степенью жесткости и прозрачности — и к футбольным болельщикам, и к правым или левым радикалам, и к выходцам с Кавказа, и к представителям «коренной нации».

Кто почем

Живший через 200 лет после Рождества Христова римский колесничий Гай Аппулей Диокл за четверть века на арене заработал на скачках 6 млн сестерциев; по нынешнему курсу это примерно $ 15 млрд.

Деньги всегда помогали спорту стать большим. Бейсбол, с которого начинался современный профессиональный спорт, футбол (сначала — американский, потом — европейский), бокс, гонки, легкая атлетика. Олимпийское движение, в конце концов. История современного спорта — это глава в истории денег. Со своими героями и злодеями (зачастую — в одном лице) типа промоутера Дона Кинга, изобретателя спортивного маркетинга Марка Маккормака, фактического владельца «Формулы-1» Берни Экклстоуна или олимпийского реформатора от коммерции Хуана Антонио Самаранча. Здесь есть свои жертвы и свои баловни судьбы — банкроты Джо Луис и Майк Тайсон, миллиардер Михаэль Шумахер и миллионер Майкл Джордан, яркие изгои вроде Бернара Тапи и успешные конформисты вроде Зеппа Блаттера. Большие деньги приносят большие скандалы — «Чистые ноги» в Италии, «Баскетгейт» в России, договорняки и подкуп, допинг и подтасовки...

Большие деньги решают в большом спорте все. Почти все.

Цена азарта

- Бейсбол
- Американский футбол
- Европейский футбол
- Профессиональный бокс
- Спортивный маркетинг
- Бизнес спортивных ассоциаций
- «Формула-1»
- Бизнес ФИФА
- Олимпийский бизнес
- Бизнес на допинге

**М**ир профессионального спорта немыслим без больших денег, которые приходят в него, чтобы принести еще больше денег. Сегодня никто не удивляется, когда влиятельные бизнесмены, политики или просто очень богатые люди приобретают спортивные клубы. Среди наиболее известных спортивных магнатов — председатель парламента Чукотки Роман Абрамович, премьер-министр Италии Сильвио Берлускони, сын лидера ливийской революции Муаммара Каддафи, владеющий акциями «Ювентуса». Однако было время, когда спорт не считался серьезным бизнесом, а с игроками и тренерами возились только законченные энтузиасты.

И все же большие деньги в спорт пришли, и первопроходцами в этом деле были Соединенные Штаты, где спорт стал профессиональным раньше, чем в Европе. Поэтому и первыми видами спорта, которые стали приносить инвесторам высокий доход, оказались бейсбол и американский футбол.

В стране, где каждый уважающий себя отец мечтает научить сына держать биту, а каждый второй тинейджер коллекционирует карточки с портретами известных игроков, бейсбол является «национальным времяпрепровождением». Именно так называли эту игру американские газеты второй половины XIX века, и это утверждение остается верным до сих пор. Начиналось же все с дворовой игры, занесенной за океан в самом начале XIX столетия из Англии. Со временем эта достаточно неформальная лапта — «раундерс» или «бейс», — следуя моде, пришедшей из той же Англии, где спортивные игры по правилам должны были воспитывать в джентльменах силу характера, начала превращаться в современный вид спорта.

У истоков игры стояли люди, чьей профессией был бизнес. 23 сентября 1845 года группа из 28 нью-йоркских брокеров и предпринимателей основала общество под названием «Нью-Йоркский бейсбольный клуб "Никербокер"». Отличительной чертой его было наличие свода жестких правил, которые с тех пор не претерпели существенных изменений. В правилах было зафиксировано все — от количества играющих до расстояния между «базами», но главным для американцев стало то, чего в правилах не было. Бейсбол оказался игрой, в которой нет ограничений по весу, росту и возрасту, т. е. играть мог практически любой. Более того, для каждого игрока велся учет личных достижений: количество попаданий битой по мячу, число удачных подач и пробежек и т. п., что резко усиливало азарт как игроков, так и зрителей. Фактически бейсбол оказался игрой, где состязаются не только команды, но и личности, что создавало почву для возникновения в бейсбольном мире собственных звезд и героев. Это сочетание демократичности и возможности проявить себя обеспечило игре популярность у американцев, а чуть позднее — у американских инвесторов.

> Годовая прибыль профессиональной бейсбольной команды «Цинциннати Ред Стокингс» в 1896 году составила $ 1,5.
>
> По данным журнала «Деньги»

Первым, кто взглянул на бейсбол как на перспективный бизнес, был Гарри Райт из Цинциннати. В 1869 году он сумел убедить группу предпринимателей из Огайо профинансировать его проект — первую профессиональную бейсбольную команду. Команда, названная «Цинциннати Ред Стокингс» («Красные чулки из Цинциннати»), в 1869 году начала гастролировать по американским городам, в пух и прах громя местные клубы. Секрет успеха был прост: Райт платил своим игрокам зарплату, причем довольно высокую. Его брат Джордж, который был лучшим игроком команды, получал в год $ 1400, что по тем временам было совсем немало, а сам Гарри Райт, который тоже играл в поле, получал $ 1200. Остальные игроки зарабатывали от $ 800 до $ 1000.

В первый же год команда показала прибыль. Она составила полтора доллара. Но это было только начало, потому что теперь поиграть с «красными чулками» приезжали команды со всей страны. Цинциннати превратился в бейсбольную столицу США, что неплохо сказывалось на прибылях местных торговцев. Так, один из жителей города с гордостью говорил о команде заезжему репортеру: «Они рекламируют город, нас рекламируют, сэр, и помогают нашему бизнесу, сэр». Сам Райт заявил: «Теперь бейсбол — это бизнес, и я сделаю все для того, чтобы мне платили, что бы я при этом ни чувствовал».

Не помешал Райту и преждевременный пессимизм газетчиков, похоронивших команду после первого же — после 92 побед (!) — поражения. Местная газета писала: «Бейсбольная мания окончена. У профессионалов нет будущего». Райту удалось главное: он убедил страну в том, что профессионалы играют лучше любителей, значит, и смотреть на их игру значительно интереснее. Бейсболом заинтересовались серьезные люди.

Уже в 1871 году появилась Национальная ассоциация профессиональных игроков бейсбола — первая бейсбольная лига с официальной зарплатой, переманиванием игроков, тотализатором и продажей спиртного во время матчей (напивались не только зрители, но нередко и игроки).

В 1876 году хозяин клуба «Чикаго Уайт Сокс» («белые чулки»), известный угольный магнат Уильям Халберт, сманил пятерых ведущих игроков из других команд, и коллеги по Национальной ассоциации задумали исключить его команду из лиги. Но Халберт нанес упреждающий удар и, собрав бизнесменов-единомышленников, объявил о создании новой лиги профессионального бейсбола — Национальной лиги. С самого начала он стремился превратить свое детище в солидное коммерческое предприятие, для чего исключил из игры то, что превращало ее в сомнительное зрелище, — алкоголь и тотализатор.

ГОДОВОЙ ДОХОД ПРОФЕССИОНАЛЬНОЙ
БЕЙСБОЛЬНОЙ КОМАНДЫ «НЬЮ-ЙОРК ЯНКИЗ»
В 2010 ГОДУ СОСТАВИЛ $1,6 МЛРД.

По данным журнала FORBES

Лига установила жесткий порядок проведения игр, зафиксировала цены на билет на уровне 50 центов, а также запретила проведение матчей по воскресеньям, что отсекало нежелательную публику вроде захмелевшего пролетариата, одновременно свидетельствуя о благочестии бейсбольного начальства: ведь по воскресеньям надлежало молиться богу. С переманиванием Халберт покончил просто — посадил бейсболистов на долгосрочные контракты. К тому же это было значительно дешевле. «Глупо платить игроку $2000 в год, особенно если парни за $800 часто играют ничуть не хуже», — говаривал Халберт, и другие хозяева команд были с ним полностью согласны. Если же игрок начинал проявлять строптивость, его могли просто выгнать из лиги, что было равнозначно концу его карьеры.

Вскоре Халберт оказался во главе солидного бизнеса, который делал деньги за счет сдачи в аренду кресел повышенной комфортности для леди, продажи прохладительных напитков и прочих услуг для почтеннейшей публики. Словом, Халберт превратил бейсбол в светское развлечение, что и принесло ему немалый доход.

В начале XX века в бейсбол стали подтягиваться капиталы людей, которые рассматривали его лишь как приятное и иногда полезное дополнение к своему основному делу. Так, Филипп Ригли в 1932 году унаследовал от отца компанию Wm. Wrigley Jr., производившую знаменитую жевательную резинку «Риглиз». В списке наследственного имущества была и бейсбольная команда «Чикаго Кабс», которую его отец использовал исключительно в рекламных целях. С Филиппа Ригли началась новая страница в истории бейсбола как бизнеса — благодаря ему бейсбольная команда впервые превратилась из инструмента зарабатывания денег в игрушку для богача.

«Чикаго Кабс» приносила своему хозяину одни убытки. Играли «щенки» (именно так переводится Cubs) более чем посредственно. Однажды Ригли даже нанял колдуна, чтобы сглазить соперников, но все было напрасно. Наибольшего успеха «Кабс» добилась в 1945 году, когда многие перспективные игроки других команд были на фронте. И все же Ригли не бросал свою команду, потому что любил возиться с ней и с армией ее фанатов.

Когда в 1945 году игроки «Кабс» наконец стали чемпионами, Филипп Ригли сел за письменный стол и три дня собственноручно писал письма с извинениями каждому фанату, которому не досталось билета на победную игру. При этом, к большому неудовольствию хозяев других команд, Ригли раздавал радиостанциям и телекомпаниям права на трансляцию с матчей по символическим ценам, лишь бы о скромных подвигах его команды знало как можно больше людей.

Для игроков он постоянно придумывал все новые усовершенствования игровой формы. Ригли спонсировал детскую школу бейсбола и даже пытался создать женскую бейсбольную команду. Его компания стоила $300 млн и приносила $10 000 дохода в день, так что «Чикагские щенки» не смогли бы его разорить, даже если бы очень захотели. Филипп Ригли оставался хозяином «Чикаго Кабс» до своей смерти в 1977 году, так и не дождавшись от них новых побед. Его сын Уильям через несколько лет продал команду владельцам газеты *Chicago Tribune*, дабы «щенки» больше не отягощали семейный бюджет.

Однако Филипп Ригли не был последним миллионером, относившимся к спортивному клубу как к игрушке, потому что бейсбол уже успел стать любимой игрой миллионов американцев, среди которых попадались и очень богатые. В армии фанатов «Чикаго Кабс» был мальчик по имени Рэй Крок, который просто бредил бейсболом. Не ослабела его привязанность к игре и в зрелые годы, когда он торговал миксерами и сотрудничал с братьями Макдональдами, которые продавали гамбургеры. Наконец в 1961 году 58-летний предприниматель выкупил у своих партнеров бренд McDonald`s и начал раскручивать сеть ресторанов фастфуда по всей Америке, а затем и по всему миру.

В 1974 году, когда Крок уже был уверен в том, что его богатству ничего не угрожает, он купил бейсбольную команду «Сан-Диего Падрес». Его выбор многим показался странным, потому что предыдущие владельцы так и не смогли окупить своих вложений в эту не лучшую в мире команду, но бизнесмен и не думал о прибыли. Когда Крока однажды спросили, зачем он купил «Падрес», он ответил: «Я просто хотел иметь хобби. Знаю, это экстравагантное хобби. Я бы сделал больше денег из одного прилавка с гамбургерами, чем из всего бейсбола. Но я люблю бейсбол, и мне плевать на деньги». Богатство пришло к Рэю Кроку слишком поздно, и все, на что он мог его потратить, оказалось собственной бейсбольной командой — воплощением его детской мечты.

Так бейсбол прошел путь от дворовой игры до коммерческого предприятия, а после вновь отчасти вернулся в состояние воскресного хобби, только теперь им занимались люди, которые могли покупать не только бейсбольные карточки, но и целые команды. Тот же путь так или иначе прошли и другие виды спорта. Одним из первых по этой дороге двинулся американский футбол.

Он пришел в Америку оттуда же, откуда и бейсбол, — из Англии. В сущности, игра, где здоровенные парни, расталкивая друг друга, стараются донести овальный мяч в зону, контролируемую противником, до сих пор очень похожа на регби. Подобно регби американский футбол в XIX веке редко выходил за порог высших учебных заведений, и об инвестициях в эту игру со стороны частных лиц в те времена речь даже не заходила. Зато у американского футбола был большой коммерческий потенциал, поскольку он представлял собой весьма яркое и жестокое зрелище. Достаточно сказать, что в 1905 году на футбольных полях погибли 18 игроков, а в 1908 году — уже 33. Футболистам пришлось срочно менять правила и разрабатывать защитную форму, потому что иначе игра могла и вовсе попасть под запрет.

Между тем на Среднем Западе в начале XX века начали появляться профессиональные команды, а в 1920 году возникла первая профессиональная лига — Ассоциация профессионального американского футбола, через два года переименованная в Национальную футбольную лигу (НФЛ). Возглавил ее олимпийский чемпион по пятиборью и десятиборью Джим Торп, который, правда, был чисто номинальной фигурой. Развитие пошло по уже проторенному бейсболом пути.

Были в лиге и «циркачи», вроде Уолтера Лонго, заводчика эрдельтерьеров, организовавшего в 1922 году команду «Урандж Индианз». «Индейцы» во главе с Торпом, который сам был краснокожим-полукровкой, должны были своей игрой... продвигать эрдельтерьеров Лонго. Этот цирк, где выступали футболисты с характерными именами — Долгий Сон, Великий Медведь, Боевой Орел, Джо Тонкий Прут, — разъезжала по стране, давая перед матчами веселые представления. Индейцы плясали с томагавками, стреляли из луков, причем стрелы им подносили неутомимые эрдельтерьеры, а Долгий Сон боролся с медведем. За год команда «Индианз» выиграла только трижды. И в 1923 году шоу закрылось.

Были и энтузиасты, вроде нью-йоркскского букмекера Тимоти Мара, основавшего в 1925 году команду «Нью-Йорк Джайантс». Мара исключительно удачно выбрал место для тренировок своей команды — на стадионе, рядом с которым вскоре должна была открыться католическая школа. Когда же она открылась, в округу переехало множество ирландских интеллигентов, в основном врачей, которые стремились дать своим детям подобающее образование. Сам Мара тоже был ирландцем и ревностным католиком, и его отношения с новыми соседями складывались более чем удачно.

Ирландские доктора стали постоянными болельщиками «гигантов», а поскольку ирландские семьи были обычно большими, на стадионы потянулись дальние и близкие родственники католических эскулапов. По отношению к игрокам Тимоти Мара был кем-то вроде отца-командира, сурового, но всегда готового прийти на помощь. В результате он сумел сделать свою команду одной из лучших в стране, обеспечил ее верной армией фанатов, а свою семью — постоянным источником дохода. Его сын Веллингтон пошел по стопам отца и управлял клубом до своей смерти в 2005 году.

Поднявшись на ноги благодаря энтузиастам, американский футбол стал привлекательным и для крупных инвесторов. К концу 1950-х годов, когда телевидение пришло во многие дома, футбол стал догонять по популярности бейсбол и вскоре обогнал его. Естественно, большие деньги не могли пройти мимо столь перспективного дела, и сразу несколько богачей стали прицениваться к франшизам НФЛ, причем активнее всех за дело взялись техасцы. Так, братья Клинт и Джон Мерчисоны, занимавшиеся нефтью, недвижимостью, строительством и страховым бизнесом, попытались убедить НФЛ увеличить число команд в лиге с 16 до 18. Никто не возражал против такого расширения, кроме Джорджа Маршалла, хозяина команды «Вашингтон Редскинз», который боялся лишней конкуренции в борьбе за рекламные заказы. Однако вскоре Клинт Мерчисон нашел способ его переубедить.

В 1959 году Маршалл развелся со своей женой Корин. Ему досталась команда, а ей — права на гимн «Редскинз». Корин немедленно продала гимн сочинившему его композитору, а тот — Клинту Мерчисону. После этого Мерчисон позвонил Маршаллу и спросил, будет ли перед следующим матчем исполняться гимн «Вашингтон Редскинз». «Конечно», — ответил Маршалл. «А вот и ни хрена! Без моего разрешения никто не будет исполнять мой гимн», — заявил Мерчисон. Вскоре конфликт был улажен, и в 1960 году в лиге стало на две команды больше. Мерчисоны купили франшизу для Далласа за $50 000 и основали команду «Даллас Каубойз», вложив в нее еще $550 000. За первые десять лет доход братьев от их покупки составил $2 млн.

Со временем появились и люди, которые вкладывали деньги в американский футбол просто из любви к спорту. Так поступил, например, Баррон Хилтон — наследник гостиничной империи Hilton и дедушка небезызвестной Пэрис Хилтон. Хилтон основал команду «Лос-Анджелес Чарджерс», которая радует его до сих пор. Другой любитель футбола — нефтяной магнат Леон Хесс, хозяин корпорации Hess, купил «Нью-Йорк Тайнтз». Словом, деньги шли в американский футбол теми же путями, что и в бейсбол.

Другие виды спорта, привлекшие внимание крупных инвесторов, развивались по той же схеме: прежде чем в них пришли большие деньги, бизнесменам-энтузиастам приходилось доказывать, что они вообще могут приносить прибыль. Так, в 1920—1930-е годы профессиональный баскетбол мог похвастаться командой под названием «Гарлем Глоубтроттерс», которая мало чем отличалась от «Урандж Индианз». Если в команде Торпа играли и кривлялись одни индейцы, то в «Глоубтроттерс» брали только чернокожих, в задачу которых входило не только играть, но и веселить публику комическими ужимками. Играли «гарлемцы» не очень хорошо, но их хозяина Эйба Саперстайна это мало волновало.

Положение изменилось с приходом в дело серьезных бизнесменов, мечтавших поднять баскетбол на мировой уровень. Лидером оказался Фред Золлнер — хозяин клуба «Форт Уэйн Золлнер Пистонс». Он владел одноименной фирмой, которая поставляла комплектующие для шин, производимые детройтскими автогигантами, а также был известен страстью к игре с мячом и корзиной, за что и был прозван «мистером за баскетбол». Именно Золлнер и был инициатором создания в 1949 году Национальной баскетбольной ассоциации (НБА), которая в 1950-е стала стремительно набирать популярность благодаря развитию телевидения. Золлнер относился к тому же типу предпринимателей, что и Халберт, не желавший платить бейсболистам слишком много: он всячески препятствовал созданию профсоюза игроков НБА. Зато был первым хозяином баскетбольной команды, который купил для нее самолет. В 1974 году Золлнер продал свою команду за $7 млн, хотя еще в конце 1940-х баскетбол ценился не слишком высоко. Зато потом инвестиции потекли рекой; достаточно вспомнить покупку в 1977 году команды «Атланта Хоукс» медиамагнатом Тедом Тернером.

То же самое происходило и с английским футболом, хотя до него американские деньги добрались в последнюю очередь. На заре профессионального футбола энтузиастам приходилось поначалу отбиваться от случайных элементов. Так, президент клуба «Астон Вилла» Вильям Макгрегор в 1888 году заявил, что развелось слишком много плохих команд: «Год от года футбольным клубам становится все труднее устраивать дружеские матчи. Это ведет к тому, что... клубам приходится играть с командами, на которые не хочет смотреть публика». Несколько лучших английских клубов образовали профессиональную футбольную лигу, в которую слабаков просто не пустили.

Хотя уже в начале XX века профессиональные футбольные команды превращались из клубов по интересам в акционерные общества, ведущая роль в руководстве командами принадлежала тренерам. Но без поддержки бизнеса футбол не мог существовать уже тогда. Накануне Первой мировой войны знаменитый «Манчестер Юнайтед» держался в основном благодаря вложениям пивовара Джона Генри Дэвиса, который помогал спорту скорее из любви к искусству. И все же славу европейскому футболу приносили скорее тренеры, чем акционеры, что видно, в частности, на примере знаменитого в футбольных кругах Александера Басби, который руководил политикой «Манчестер Юнайтед» с 1945 по 1971 год. Под влиянием таких футбольных самородков, как Басби, футбол в конце 1940-х начал превращаться в индустрию всеевропейского масштаба. Достаточно сказать, что в Англии в это время годовой оборот профессиональных клубов достиг £4 млн, и эта сумма увеличивалась год от года. С началом эры телевидения доходы от футбола стали быстро расти, и к европейскому «соккеру» потянулись новые инвесторы.

В 1949 году собственником и президентом клуба «Арсенал» стал сэр Чарльз Брейсуэлл-Смит, хозяин отелей Ritz и акционер отелей Carlton. В «Манчестер Юнайтед» со временем тоже появились новые хозяева: в 1962 году контрольный пакет достался Льюису Эдвардсу, крупному торговцу мясом. Доходность европейского футбола росла, поэтому команды приобретались все более богатыми инвесторами, которые все чаще оказывались не британскими гражданами. Сын Льюиса Эдвардса Мартин в 1989 году продал «Манчестер Юнайтед» предпринимателю с офшорного острова Мэн, а в 2005 году клуб перешел под полный контроль американского миллиардера Малкольма Глейзера. Впоследствии в американские руки попали и другие гранды британского футбола (частями или целиком): «Астон Вилла» — в 2006 году и «Ливерпуль» — в феврале 2007 года. Хватает в футболе и миллиардеров из других стран. Так, Ас-Саади Каддафи, сын ливийского лидера, в 2002 году был введен в совет директоров туринского «Ювентуса», после того как приобрел 7,5% акций клуба.

Роман Абрамович — по подсчетам — ежеминутно вкладывал в «Челси» 240 фунтов. Или более $500 000 в день. Он переманил в свой клуб из «МЮ» лучшего спортивного топ-менеджера Великобритании — Питера Кеньона. Цена привлечения специалиста подобного уровня — почти двукратное увеличение оплаты труда, а также предоставление больших финансовых возможностей, которыми Кеньон мог располагать для продвижения клуба. Прельстило его и то, что согласовывать свои решения требовалось теперь лишь с одним человеком — хозяином клуба, а не с многочисленными акционерами, как в «Манчестер Юнайтед». От такого предложения действительно сложно отказаться, Кеньон даже позабыл о том, что всю жизнь болел за «Манчестер Юнайтед».

Правда, любая золотая жила может иссякнуть. Став большим бизнесом, спорту приходится жить по его законам. А они бывают даже более жестоки, чем схватки на спортивных аренах. В начале 2011 года выяснилось, например, что европейский футбол, хоть и пережил мировой экономический кризис и при этом даже нарастил доходы, все же живет в долг. Заработав в 2009 году € 11,7 млрд, европейские клубы потратили аж € 12,9 млрд, т. е. суммарные убытки команд составили € 1,2 млрд. Для сравнения: в 2008 году убытки составили € 578 млн. Учитывая, что даже во время кризиса гонка зарплат и стоимости игроков не ослабевала, данные за 2010 год после их обобщения могут стать еще более удручающими.

СУММАРНЫЕ УБЫТКИ ПРОФЕССИОНАЛЬНЫХ ФУТБОЛЬНЫХ КЛУБОВ ЕВРОПЫ В 2009 ГОДУ СОСТАВИЛИ € 1,2 МЛРД. ГЛАВНАЯ СТАТЬЯ ЗАТРАТ — ЗАРПЛАТЫ ФУТБОЛИСТОВ.

ПО ДАННЫМ УЕФА

Основной причиной незавидного финансового положения европейского клубного футбола в УЕФА считают чрезмерные зарплаты футболистов. Ведь из упомянутых € 12,9 млрд расходов € 7 млрд пошли на оплату контрактов игроков и тренеров. Примечательно, что в Европе нашлись сразу 73 клуба, потративших на зарплаты игрокам все 100% своих доходов. А еще € 800 млн команды потратили на покупку новых игроков.

В результате даже в такой, казалось бы, благополучной лиге, как английская, набралось всего шесть клубов, получивших операционную прибыль: «Арсенал», «Манчестер Юнайтед», «Ливерпуль», «Тоттенхем», «Эвертон», «Бирмингем». Но почти вся она съедалась расходами на обслуживание долгов. Так, «Манчестер Юнайтед» получил операционную прибыль в размере € 101 млн, но вся она ушла на обслуживание долгов, превышающих € 840 млн, и компенсацию потерь от неудачных финансовых операций владельца команды Малкольма Глейзера.

«Ливерпуль» отчитался по операционной прибыли в размере € 29 млн, но обслуживание кредитов съело € 43 млн. Впрочем, остальные в чистом плюсе. Особенно «Арсенал», заработавший с учетом налогов почти € 50 млн. Именно арсенальцы сейчас считаются — в глазах УЕФА по крайней мере — образцом правильного ведения футбольного бизнеса.

В непростом положении и некоторые гранды из других стран. Так, «Барселона» весной 2010-го рапортовала о чистой прибыли — € 11 млн, однако после смены клубного руководства и проведенного заново аудита выяснилось, что прибыли нет, а есть убыток в размере € 77 млн. И это при рекордных доходах — € 407 млн. Зато мадридский «Реал» пока утверждает, что у него все хорошо: осенью 2009 года клуб прогнозировал чистую прибыль — € 24 млн при доходах € 442 млн. Впрочем, зная любовь президента «Реала» Флорентино Переса к дорогостоящим «покупкам», может так случиться, что «Реал» еще и уйдет в минус.

Разница между командными и личными видами спорта в плане ведения бизнеса невелика. Если командные давно стали собственностью спортивных магнатов, то индивидуальные сохраняют хотя бы иллюзию независимости. Так, профессиональные боксеры лично не принадлежат никаким инвесторам, но без могущественного промоутера, способного подтянуть капиталы к важному поединку, ни один бой просто не состоится. Именно под влиянием промоутеров бокс стал тем, чем он является сегодня. И первым из таких промоутеров, безусловно, был Текс Рикард, который в 1920-е годы раскручивал своих боксеров с помощью широкой рекламы во всех тогдашних СМИ. Ему пришлось доказывать инвесторам, что бокс может приносить миллионы. С этой задачей Рикард достойно справился, сумев заработать $ 8 млн только на пяти боях своего чемпиона Джека Демпси. Достойным наследником Текса Рикарда стал знаменитый Дон Кинг, который работал с Али, Тайсоном, Холифилдом, Форманом...

В течение 30 лет этот бывший уголовник, осужденный за убийство, был едва ли не самой влиятельной фигурой в боксе. Все началось в 1974 году, когда еще относительно малоизвестный, но весьма предприимчивый делец затеял, как тогда казалось, грандиозную аферу. Она оказалась легендарной «Схваткой в джунглях» — Кинг устроил бой между великими тяжеловесами Мохаммедом Али и Джорджем Форманом, заманив их в джунгли выдающимся гонораром — по $ 5 млн каждому. Именно со «Схватки в джунглях» многомиллионные гонорары стали привычным явлением в боксе, да и вообще в этом виде спорта началась новая эпоха — эпоха больших денег. С 30 октября 1974 года началась и головокружительная карьера самого Кинга, создавшего себе на бое между Али и Форманом репутацию «творца миллионеров».

Теперь организацию супердорогих профессиональных боев уже никому не придет в голову назвать аферой. Сам Дон Кинг с тех пор организовал почти 100 боев, на кону в которых стояли суммы от $ 1 млн. А главное, он изобрел и опробовал на «Схватке в джунглях» технологию, которая позволяет много зарабатывать на боксе и которой пользуются сейчас все промоутеры.

Они же и находятся в ее центре. Дон Кинг давно уже, между прочим, не монополист. У него несколько сильных конкурентов, среди которых выделяются компании Седрика Кушнера, Боба Арума, Main Events семьи Дува. Они организуют основную часть самых ажиотажных шоу, выступая связующим звеном между боксерами и теми, кто фактически оплачивает их выступление. Они обеспечивают условия для того, чтобы хорошее шоу — серия боев в один вечер (одиночные поединки уже давно не устраивают, главный матч сопровождается рядом «гарнирных») — состоялось.

Для этого нужна «площадка» — спортивная арена и теле-экран. Причем и хозяева арены, и телекомпании платят за право быть причастными к боксерскому проекту немалые деньги. Собственно говоря, именно они и обеспечивают бюджет боя — в том числе призовые боксерам и гонорары промоутерам. Траты у телекомпаний и арен немалые, но и доходы от бокса велики.

Арена самим шоу и особенно центральным его боем делает себе рекламу. Некоторые казино-отели в Лас-Вегасе, вроде MGM Grand, Ceasars Palace, Mandalay Bay, кстати, известны во многом благодаря регулярно проводящимся там боксерским поединкам. Плюс владельцы арены, разумеется, размещают рекламу спонсоров. Плюс получают доход от продажи билетов. Такие арены вмещают по 15 000 — 20 000 человек, а болельщики готовы отдать за билет сумму от $ 50 до $ 500. Доходы от продажи билетов на бои Эвандера Холифилда против Майка Тайсона — боксерские хиты 1996 и 1997 годов — составили больше $ 14 млн каждый. Эти суммы покрыли примерно половину призовых для бойцов.

Но куда более впечатляюще выглядят размеры доходов от телетрансляций. Права на показ боев, как правило, продаются многим компаниям, но, если речь идет о суперпоединках, ставка все же делается на два кабельных канала — Showtime и HBO, фактически монополизировавших рынок так называемого pay-per-view. Это прямые трансляции, за возможность увидеть которые вносится отдельная плата, не зависящая от продолжительности программы. Отдавая деньги, зритель не в курсе, продлится бой 12 раундов или закончится нокаутом на 15-й секунде. Но тут ничего не поделаешь... Зато гарантируется, что он будет единственным, кто увидит шоу напрямую: остальные каналы обычно обязаны демонстрировать зрелище в записи. Число подписчиков на поединки за титул чемпиона мира в тяжелом весе уровня Холифилд — Тайсон доходит до 2 млн. За удовольствие они платят по $ 30 — 50; таким образом, доход телекомпании может достигать $ 100 млн. Это не считая рекламного времени: один ролик, показанный по ходу топового боя в перерыве между раундами, обходится рекламодателю приблизительно в $ 500 000.

Дон Кинг — не единственный «титан» большого спортивного бизнеса. Подобным же — если не бо́льшим — авторитетом, причем в самых разных видах спорта пользуется основатель компании IMG Марк Маккормак, сумевший превратить большой спорт из просто бизнеса в супериндустрию, а ведущих атлетов — из просто обеспеченных людей в миллионеров и мультимиллионеров.

В 1958 году гольфист-любитель Маккормак пробился в число участников Открытого первенства США — в то время сильнейшего в мире турнира по гольфу по составу участников. Для любителя это практически вершина карьеры. Тогда он понял, что больше не хочет сидеть в адвокатской конторе младшим клерком и мечтать о том, что к 30 годам станет старшим клерком, а к 50 — младшим партнером. А еще он понял, что где-то здесь, рядом с площадкой для игры в гольф, залегает золотая жила, которую пока никто не раскопал. С этого и начался прорыв, в результате которого спорт стал тем, что он собой представляет сейчас.

Гольф — один из старейших видов спорта (за звание «древнейшего из древних» с ним могут потягаться разве что грекоримская борьба и марафон). В Шотландии есть поля, где гоняют мяч вот уже 600 лет, и за это время они почти не изменились. В основе своей остались прежними и правила игры, которые в течение шести веков только уточнялись, обрастая трактовками сложных случаев.

При этом гольф необычайно популярен. В конце XX века количество только играющих в гольф и только в США достигло сумасшедшей цифры — 30 млн человек. Количество телепрограмм о гольфе огромно, и если рейтинг телетрансляций турниров по гольфу ниже, чем, скажем, по баскетболу, то стоимость одной минуты рекламы — выше. Гольфу посвящено и огромное количество печатных изданий. Журнал *Golf Digest* десять лет назад издавался в 28 странах мира общим тиражом 3 млн экземпляров, а стоимость одной рекламной полосы в американском издании зашкаливала за $ 100 000.

А еще гольф — один из самых демократичных видов спорта. Уже в 1860 году устроители первенства Британии по гольфу серьезно обсуждали возможность участия в турнире и профессионалов, и любителей. Сошлись на том, что нужно быть ближе к народу. С тех пор этот турнир носит название «Открытое первенство» (по-английски — The Open) и сегодня является самым престижным соревнованием в мире гольфа.

Суть бизнес-идеи Маккормака состояла в том, чтобы найти (или создать) настоящего кумира, а потом — способ обращения его славы в деньги. И получить свою долю. Выбор потенциального супергероя удался Марку как нельзя лучше. Им стал его давний друг — игрок-профессионал Арнольд Палмер, которому к тому моменту исполнилось 30 лет и который успел выиграть несколько турниров по гольфу. Марк и Арнольд пожали друг другу руки — и никогда потом об этом не пожалели. Можно считать, что это рукопожатие и стало тем первым контрактом, с которого начался спортивный маркетинг в его современном понимании.

> В СПОРТИВНОМ МАРКЕТИНГЕ НЕЛЬЗЯ СТРОИТЬ РЕКЛАМНУЮ КАМПАНИЮ ВОКРУГ ОБРАЗА ПОБЕДИТЕЛЯ.
>
> ЗОЛОТОЕ ПРАВИЛО МАРКА МАККОРМАКА

Следующим шагом стало превращение Палмера в идеальный рекламный носитель. Марк решил, что традиционная реклама на плакатах и билбордах устарела — товар может и должен ассоциироваться с конкретным позитивным образом. Есть хороший парень, который не может не понравиться. Вам покажут, как красиво он забивает голы, как трогательно заботится о детях, какая у него замечательная улыбка. И оказывается, он чистит зубы вот только этой пастой и пьет вот только эту воду...

После того как открытие было сделано, а образ найден, оставалось решить еще три задачи. Во-первых, слепить этот идеальный образ из живого человека, т. е. из Палмера. Во-вторых, придумать способ сочетания идеального образа и идеального продукта, да так, чтобы не переусердствовать и не наклеить рекламу спортсмену на лоб. В-третьих, убедить фирмы в том, что это непривычное для них вложение денег оправданно.

Решение первой задачи оказалось очень простым: Палмер был прирожденным актером, умевшим производить ошеломляющее впечатление на всех, кто с ним общался. Казалось, он сам получает искреннее удовольствие просто от общения с людьми, будь они болельщиками, рекламодателями или соперниками.

А вот над решением второй задачи Марку пришлось попотеть. Ему нужно было придумать, как спортсмен может зарабатывать деньги за пределами стадиона. Вот тогда-то и родились такие привычные сейчас определения и понятия, как «спонсор спортсмена», «спонсор спортсмена в отдельной категории» (скажем, предоставляющий инвентарь), «корпоративный турнир» (мероприятие для развлечения сотрудников компании и ее почетных клиентов, где главная приманка — участие знаменитости), «лицензия на использование имени спортсмена для названия спортивного инвентаря» (затем и других товаров), и многие другие.

Маккормак очень быстро пришел к пониманию того, что в спортивном маркетинге нельзя строить рекламную кампанию вокруг образа победителя. Любой спортсмен, как бы хорош он ни был, когда-то начнет проигрывать, но кумиром он должен остаться даже после того, как перестанет быть сильнейшим.

Маккормак блестяще реализовал ее с Палмером. К концу XX века Арнольд, которому было далеко за 60, почти не играл в гольф. Бо́льшая часть болельщиков-потребителей вообще не видела его побеждавшим. Но он ежегодно зарабатывал на рекламе $ 15 млн! И все потому, что в свое время акцент был сделан не на Палмере-победителе, а на Палмере-личности. Разве вы разлюбите отличного парня только за то, что он уже почти не попадает мячом в какую-то лунку?

Но и на этом Маккормак не остановился. Если конкретный спортсмен может проиграть или — того хуже — его уличат в чем-то предосудительном, то с турниром, где он выступает, ничего плохого не может случиться по определению. Уимблдон останется Уимблдоном — главным соревнованием в мировом теннисе, даже если кто-то из теннисистов перестреляет всех своих родных и близких. Так почему бы не превратить спонсора спортсмена в спонсора целого турнира? Так лексика спортивного маркетинга обогатилась терминами «титульный спонсор», «корпоративный тент» и т. п.

Больше проблем возникло у Марка при решении третьей — и главной! — задачи: убедить компании раскошелиться. Некоторым идея тратить тысячи долларов на рекламу, связанную со спортом, казалась абсурдной. Но нашлись и другие. Однажды Марк добрался до Дэвида Фостера, тогдашнего президента компании Colgate, и предложил ему спонсировать турнир по гольфу.

Фостер ухватил идею через пару минут: вместо традиционной рекламы зубной пасты (рекламы, которую люди стараются не замечать) ему за те же деньги предлагают многомиллионную аудиторию, и каждый — каждый! — по многу раз увидит и прочтет заветное Colgate... По словам Марка, в тот момент у Фостера от возбуждения дрожали коленки.

Вслед за гольфом Маккормак занялся теннисом, а потом — горными лыжами, футболом, фигурным катанием и многими другими видами спорта. Он создавал «именные» стадионы и спортивные академии, включая знаменитую школу Ника Боллетьери, куда в 9-летнем возрасте привезли подающую большие надежды теннисистку Аню Курникову. На спорте Маккормак обкатывал приемы маркетинга в принципе. Его клиентами становились звезды мировой музыки, художники, топ-модели и даже комитет по Нобелевским премиям.

У его International Management Group появлялись подразделения, управляющие сотнями клубов по всему миру, и дочерние компании по производству телепрограмм и продаже прав на их трансляцию. Доходы росли стремительно. Его клиентами были гольфисты Тайгер Вудз, Ник Фалдо, Грег Норман, теннисисты Пит Сампрас, Мартина Хингис, Андре Агасси, Евгений Кафельников, Анна Курникова, хоккеисты Уэйн Гретцки, Сергей Федоров, Яромир Ягр, автогонщики Джеки Стюарт, Михаэль и Ральф Шумахеры, звезды американского футбола, бейсбола, крикета и т. п.

А еще услугами Маккормака пользовались «чемпионы мира» по игре на скрипке Ицхак Перельман, на фортепьяно — Евгений Кисин, на флейте — Джеймс Гэлвей. Его клиентами были Пласидо Доминго, Михаил Барышников, Хосе Каррерас. Наконец, однажды Маккормаку довелось представлять самого папу римского. На потенциальных клиентов IMG упоминание Иоанна Павла II в списке лиц, пользовавшихся услугами Маккормака, производит сильное впечатление.

А еще он умел (Марк Маккормак умер в 2003 году) обращать в свою пользу практически любые затруднения. Так, из-за политических разногласий национальные сборные по самому популярному в Индии и Пакистане виду спорта — крикету — не могли сыграть между собой ни в той, ни в другой стране. Маккормак вывез команды в США и организовал телетрансляцию игры в Индии и Пакистане. Ее показ собрал в обеих странах сумасшедшую аудиторию, а IMG продала рекламу по рекордной для этого региона цене.

Начав с компании, состоявшей из одного человека — его самого, за 30 лет Маккормак превратил $500, вложенных в первоначальный капитал IMG, в несколько миллиардов долларов. Доход компании за 1997 год превысил $1 млрд, и International Management Group заняла 179-е место в списке Forbes 500.

«Правилам Маккормака» следовали и успешные чиновники — руководители спортивных ассоциаций. Так, президент Международной ассоциации федераций легкой атлетики (IAAF) Примо Небиоло всего за десять лет превратил этот спорт в доходный бизнес с почти миллиардным оборотом. Начав с учреждения серии коммерческих турниров «Гран-при», за участие в которых атлеты-звезды стали получать гонорары, он постепенно привлек к своему проекту немало серьезных спонсоров.

Небиоло и набранная им команда профессионалов — бизнесменов и юристов, заменивших в IAAF романтиков спорта, — ввели практику продажи прав на телетрансляции соревнований. Вместе с рекламой они и стали приносить федерации львиную долю доходов. Почувствовав, насколько привлекательна легкая атлетика для крупного бизнеса и телекомпаний, Небиоло увеличил количество состязаний. С 1991 года чемпионаты мира стали проводиться не раз в четыре, а раз в два года. А с 1994 года была организована серия коммерческих турниров Golden Four, победители всех четырех соревнований которой делили между собой 20 кг золота. Звезды мировой легкой атлетики приковывали к себе внимание зрителей. Телерейтинги росли.

Официальными партнерами IAAF стали Adidas, Carlsberg, Coca-Cola, Mita, TDK. Одна лишь Mars Inc. за право использовать на одежде спортсменов надпись Snickers заплатила IAAF $15 млн. Президент IAAF даже поддержал ужесточение борьбы с допингом в репутационных целях. Беспощадно наказывая нарушителей, Небиоло демонстрировал: коммерция коммерцией, но легкая атлетика должна оставаться «чистой».

Венцом политики Небиоло стали два решения, принятые в 1997 году. На чемпионатах мира были введены официальные призовые (за первое место — $50 000, за второе — $30 000, за третье — $20 000). А IAAF учредила новую серию Golden League. Объем средств, вращающихся в легкой атлетике, достиг фантастических $2 млрд!

Небиолу сумел превзойти разве что Рубен Акоста. Если президент IAAF поменял правила проведения соревнований, то президент Международной федерации волейбола (FIVB) сумел в погоне за прибылью поменять правила самой игры. В борьбе за деньги телекомпаний для своей мировой лиги он действовал методом кнута и пряника.

По регламенту в мировой лиге могут участвовать лишь те команды, которые заключили с телевизионной компанией контракт на показ матчей с их участием. Если таковой отсутствует, сборную исключают из турнира, сколь бы ни был высок ее рейтинг. Так, за бортом Кубка мира однажды чуть было не осталась наша команда, но в конце концов Российская федерация волейбола сумела договориться с телеканалом РТР.

Однако этот способ был не слишком эффективен. Поэтому по инициативе Акосты было решено, что волейбол должен идти навстречу телевидению, становиться более «телегеничным». Во многих видах спорта правила менялись с учетом требований, предъявляемых организаторами трансляций. Однако волейбол в этом плане превзошел и теннис, и футбол. Принятые в 1998 году новые правила изменили его до неузнаваемости. Один из ведущих российских волейболистов Руслан Олихвер даже заметил: «Это самое настоящее издевательство над игрой!»

С введением нового регламента (очко присуждалось при каждом розыгрыше мяча, что сделало матчи короче и, главное, более предсказуемыми по времени) игра сильно изменилась. Некоторые специалисты посчитали, что она стала менее зрелищной, однако Акосту это не смутило: радетели зрелищности все равно сдадутся, а деньги есть деньги. Главное, что за «новый» волейбол телевидение было готово платить гораздо больше...

Самые успешные спортивные дельцы в обращении с теми же телевизионщиками предпочитают чуть более тонкий вид шантажа (хотя он все равно сводится к нехитрой формуле: нет денег — нет трансляций). Да что там телевизионщики — правительства разных стран вынуждены уступать стальной хватке спортивных бизнесменов.

Как-то Фрэнк Уильямс, хозяин «Уильямс-Рено» и один из самых авторитетных людей в мире автогонок, сказал: «Это спорт только один раз в две-три недели. В остальное время — это огромный бизнес». Безраздельным хозяином этого бизнеса является один-единственный человек — Берни Экклстоун, президент FOM (Formula One Management) и FOA (Formula 1 Administration). И противостоять ему не в силах никто. Своим финансовым благополучием и невероятной популярностью нынешняя «Формула-1» обязана именно ему. А начиналось все просто.

В начале 80-х команды «Формулы-1» решили объединиться в ассоциацию FOCA (Formula One Constructors Assotiation) для более эффективной защиты своих интересов перед спортивными властями из Международной федерации автоспорта (FIA). Президентом ассоциации был избран Берни Экклстоун, который к тому моменту возглавлял «Брэбхем» — одну из лучших команд того периода. Экклстоун быстро понял, что надо делать. FOCA выторговала у FIA права на телевизионные трансляции, которые в те времена приносили еще очень и очень скромные доходы.

Будущее показало, насколько Экклстоун был прав. «Формула-1» становилась все зрелищнее и популярнее. Заманив в свои сети сотни миллионов преданных зрителей, Экклстоун предъявил телекомпаниям ультиматум: либо расценки трансляций и единственную корпорацию, которая может транслировать Ф-1, назначаем мы, либо никакого этапа не будет вовсе. Телекомпании скрепя сердце согласились и незамедлительно оказались втянутыми в сумасшедшую гонку.

Точных данных о том, сколько телекомпании платят за право трансляции этапа «Формулы-1», нет, но, по некоторым данным, ставки доходят до $1 млн. В конце XX века только продажа прав приносила Экклстоуну более $300 млн ежегодно. Впрочем, и телекомпании не оставались внакладе — права на трансляции с лихвой окупались доходами от рекламы, стоимость которой росла невероятными темпами.

«ФОРМУЛА-1» — СПОРТ ТОЛЬКО ОДИН РАЗ В ДВЕ-ТРИ НЕДЕЛИ.
В ОСТАЛЬНОЕ ВРЕМЯ — ЭТО ОГРОМНЫЙ БИЗНЕС.
ФРЭНК УИЛЬЯМС, ХОЗЯИН КОМАНДЫ «УИЛЬЯМС-РЕНО»

Экклстоун не остановился на достигнутом. FOCA получила права на все рекламные щиты вокруг трасс, а затем стала единственным источником доходов спортивных чиновников FIA. Экклстоун получил возможность влиять на любое спортивное, техническое или административное решение федерации. Общий годовой доход FOCA достиг почти $1 млрд. Немалая часть этих денег доставалась лично Берни.

В 1997 году FOCA превратилась в FOA. Выпала не просто буква из названия — случилось нечто гораздо большее. FOCA была лишь ассоциацией команд, более или менее равномерно распределявшей свою прибыль по очень сложной и запутанной системе, основанной на старшинстве, престиже и результативности, а Берни был лишь выборным ее лицом. FOA стала, по сути, частным холдингом, 51% акций которого владел Экклстоун лично. 10% он предложил 11 командам, а остальные — бирже.

Вскоре у FOA появилось собственное телевидение — параллельное традиционным каналам. И тут Берни Экклстоуну вновь удалось опередить будущее, воспользовавшись такой технологией, как сжатие цифрового сигнала. В паддоке техники FOA монтировали целый закрытый город-шатер, набитый редчайшим оборудованием, общая стоимость которого достигает $ 150 млн. Оно позволило создать знаменитый «Суперсигнал» — гордость Берни Экклстоуна. Это сразу шесть разных каналов, которые одновременно попадают во время гонки на ваш декодер. И вы, щелкая пультом, уже сами выбираете, что именно смотреть — нормальную трансляцию, планы из машин, борьбу в глубине пелотона, замедленные повторы, эксклюзивные интервью FOA или технический монитор с текущими позициями всех пилотов. И все это 24 часа в сутки на протяжении всего гоночного уик-энда и без единой секунды рекламы. Естественно, такое удовольствие обходится недешево. Но стоит того — ведь вы как бы покупаете билет на гонку.

И тут над только что отлаженной системой нависла серьезнейшая опасность. Правительства европейских государств, борющиеся за здоровый образ жизни, одно за другим начали запрещать на своей территории рекламу сигарет. А табачные концерны были главными (до 75% всего бюджета) спонсорами «конюшен» «Формулы-1». Без спонсоров «конюшне» рассчитывать на высокие результаты не приходится. Полная отмена табачной рекламы просто уничтожила бы всю современную «Формулу-1».

С болидов постепенно исчезали названия Marlboro и Rothmans. Пока это были лишь единичные случаи, Экклстоун был спокоен. Запреты так или иначе обходили. К примеру, на болидах вдруг появились выдуманные имена псевдоспонсоров, созвучные, тем не менее, привычным словам Marlboro и Rothmans. Гран-при Люксембурга переместилось в Германию. Но когда ЕС всерьез задумался о полном запрещении рекламы сигарет на территории всех своих стран-членов, Берни заволновался. Вряд ли, выбрасывая десятки миллионов долларов, тот же Rothmans согласился бы видеть вместо своего названия нелепое «R» в 11 гонках Гран-при из 17.

И тогда Экклстоун выдвинул старый как мир тезис: «Незаменимых нет». В декабре 1997 года, накануне совещания министров здравоохранения европейских стран, на котором и должна была обсуждаться проблема табачной рекламы, он сделал сенсационное заявление: «Формула-1» вполне может переехать в государства Юго-Восточной Азии, Африки и Латинской Америки, сведя свое присутствие в Европе к Гран-при Монако и Венгрии (не являвшихся членами ЕС и, соответственно, ничего не имевшими против сигарет). В ответ правительство Великобритании тут же пошло на уступки в антитабачной рекламе исключительно для «Формулы-1» (то же самое сделала и Канада).

Поначалу британская общественность приняла это решение на ура. Еще бы: исторический Гран-при Великобритании на Сильверстоуне был спасен. Однако вскоре выяснилось, что, когда Тони Блэр принимал это решение, им двигала не только любовь к автоспорту. Во время предвыборной кампании 1996 года партия лейбористов получила от Экклстоуна пожертвование в размере £1 млн. С тех пор английский разговорный язык пополнился новым словом: если у нас миллион рублей иначе как «лимоном» не называют, то в Британии миллион фунтов превратился в один «берни».

В конце концов для спасения «Формулы-1» и ее сохранения на исторической родине ЕС пошел на попятную и уже без всяких пожертвований утвердил для автогонок специальную отсрочку до 2008 года. Когда же бельгийские парламентарии попытались все-таки запретить табачную рекламу с 1999 года, Экклстоун безжалостно вычеркнул Гран-при Бельгии на уникальной трассе Спа-Франкоршам из гонок. Это одна из любимых не только болельщиками, но и пилотами трасс. И Берни намекнул, что может и вернуть ее — если бельгийский закон будет немедленно отменен. Фактически, частная фирма Берни Экклстоуна предъявила ультиматум целому государству. Однако престиж Гран-при Бельгии настолько высок, что парламентарии немедленно начали искать пути для отмены собственного закона. И нашли.

FOA, войдя во вкус «переговоров на высшем уровне», стала решать посредством шантажа правительств не только табачные, но и вообще любые проблемы, возникающие при организации гонок «Формулы-1». Экклстоун знал, что делал. Он ничем не рисковал. Все прекрасно понимали, что если «Формула-1» покинет Старый Свет, то, скорее всего, навсегда. Ведь основная масса болельщиков следит за гонками по телевизору (в 1997 году, например, 17 этапов чемпионата смотрели в общей сложности 14 млрд зрителей, из них лишь 2 млн (0,013%) — с трибун автодромов). И, погрустив немного о кончине знаменитых гонок в Спа, Монце

и Сильверстоуне, болельщики быстро привыкнут к трассам
в экзотических Малайзии и Индонезии, благо пилоты и команды на старт выйдут те же. Поэтому уход «Формулы» из Европы
был бы подобен катастрофе.

Причем катастрофе не только для престижа, но и для экономики регионов. «Формула-1», купаясь в деньгах, не забывает
щедро разбрасывать их вокруг себя. Так, прямые и косвенные доходы от организации каждой гонки (включая прибыль от туризма,
доходы местных гостиниц и ресторанов, поступления от продажи сувенирной продукции и т. д.) составляют $ 50 — 100 млн. Этот
оазис благополучия распространяется в радиусе примерно 60 —
70 км вокруг самой трассы. А учитывая, что в европейских странах гонки обычно проводятся в достаточно бедных и удаленных
от столиц сельскохозяйственных районах, эту прибыль их жителям никак нельзя сбрасывать со счетов. В той же Бельгии, например, средние и малые предприниматели четырех соседствующих
с трассой Спа департаментов приносят в казну 25 — 30% годового
бюджета всего за три дня Гран-при!

И, когда обращаешь на все это внимание, невольно проникаешься уважением к огромному и прекрасно организованному бизнесу под названием «Формула-1». Бизнесу одного
человека — Берни Экклстоуна. От гонок которого не отказываются — наоборот, за них борются все новые и новые страны-претенденты.

Примерно так же, как они борются за право провести у себя
чемпионат мира по футболу под эгидой ФИФА. Иначе говоря,
за право еще больше обогатить эту некоммерческую организацию и сеть ее деловых партнеров, которые вместе высасывали все
соки из последних первенств планеты с куда большим успехом,
чем страны, их принимавшие. В центре этой сети — компании
Match Event Services AG и Match Hospitality, деятельность которых
до и во время ЧМ в ЮАР привлекла внимание южноафриканского юриста и журналиста Роба Роуза.

Match Hospitality (одним из миноритариев которой является
Филипп Блаттер, племянник и крестный сын президента ФИФА
Зеппа Блаттера) — единственная компания, уполномоченная продавать крупным фирмам и корпорациям дорогие пакеты, включающие билеты в ложи, питание и иные услуги в дни игр. Match
Event Services — единственный официальный поставщик жилья
во время чемпионата мира, «по разумным ценам и на приемлемых
условиях». Эта компания заключила договоры на 80% номеров

в основных гостиничных сетях ЮАР и со множеством частных пансионов и отельчиков. В итоге у нее в руках оказался значительный и очень лакомый сегмент гостиничного рынка Южной Африки — в общей сложности 55 000 номеров.

Match Event Services призывала владельцев гостиниц ограничиться максимальной наценкой 16%. Некоторые забастовали, жалуясь на слишком жесткие условия договоров, и вели рекламную кампанию самостоятельно.

Последовавший анализ ценовой политики официального представителя ФИФА, мягко говоря, озадачил. Сам Match сверх этих 16% «накидывал» еще не менее 30. Расследование Роуза показало, что в ряде случаев компания взвинчивала расценки до 1000%! Так, например, это было в случае с Национальным парком Крюгера, где договор заключили на 730 номеров в самых популярных и доступных лагерях заповедника. Иностранным туристам за дом, в обычное время стоивший 7,4 тысячи рандов в сутки, предлагалось заплатить почти 30 000. За бунгало на шестерых вместо 1700 — 9400, за некое подобие палатки на четверых вместо 550 — 5400. Причем цены эти в рекламе не значились, их сообщали только после личного обращения по электронной почте. Роуз добывал их именно таким образом.

Как свидетельствует финансовая отчетность компании Byrom PLC, названной так по фамилии контролирующей ее семьи Бином — главного акционера обоих Match, ее обороты и прибыли значительно возрастали каждый год, следовавший за первенством планеты. В 2002-м ее оборот составил свыше £96 млн, доход — £3,57 млн. В 2007-м обороты выросли по сравнению с предыдущим годом на 146%, доходы — на 272%. У Byrom есть и ряд дочерних предприятий, предоставляющих услуги другим официальным турнирам ФИФА, но все же главный источник заработков — чемпионаты мира.

На вопрос, почему Блаттер и возглавляемая им ФИФА так упорно настаивают на использовании услуг семьи Бином и их компаний, Роуз прямых и четких ответов не получил. Не удалось ему также выяснить, как проходил тендер, который в октябре 2007-го якобы выиграла Match Hospitality, заплатив $120 млн. ФИФА не сообщила имен других претендентов и не пояснила своего отношения к конфликту интересов, связанному с тем, что руководитель одной из фирм — акционеров компании — племянник Блаттера.

Без ответов остались и вопросы о налоговом рае, созданном вокруг стадионов, где проводились игры ЧМ-2010. Местных торговцев туда не подпускали на пушечный выстрел. А вот два десятка официальных партнеров ФИФА (Adidas, Coca-Cola, Hyundai Kia...) от подоходного налога и налога с продаж были освобождены.

ФИФА вообще может претендовать на звание чемпиона мира по агрессивному маркетингу. Во время ЧМ-2006 в Германии, например, сотрудники пивоваренной фирмы (официального поставщика чемпионата) заставили голландских болельщиков снять... штаны. Только при этом условии они получали возможность посмотреть матч своей сборной против Кот-д'Ивуара. Оказалось, одна известная в Нидерландах пивоварня одела несколько тысяч голландских болельщиков в ледерхозены (традиционные кожаные шорты), разместив на них свой логотип. И когда на стадионе в Штутгарте представители официального поставщика увидели тысячи болельщиков в злополучных шортах, то вопрос встал ребром: либо голландцы их снимают, либо вход на стадион им заказан. Многие предпочли смотреть футбол в одних трусах.

Но до оборотистости Международного олимпийского комитета ФИФА все же еще далеко. Заслуга в превращении олимпийского движения в крупнейший спортивный бизнес на планете принадлежит президенту МОК Хуану Антонио Самаранчу.

В 1980 году бюджет МОК составлял $12,5 млн. Это была организация, занимавшаяся, по сути, исключительно проведением Олимпийских игр. Денег МОК не зарабатывал. Зато Олимпийскую хартию, принятую в начале века, во времена Пьера де Кубертена, соблюдал свято. Именно тогда, в июле 1980 года, новым президентом МОК вместо ушедшего в отставку лорда Майкла Килланина стал Хуан Антонио Самаранч.

> ОЛИМПИЗМ, СОЕДИНЯЮЩИЙ СПОРТ С КУЛЬТУРОЙ И ОБРАЗОВАНИЕМ, СТРЕМИТСЯ К СОЗДАНИЮ ОБРАЗА ЖИЗНИ, ОСНОВЫВАЮЩЕГОСЯ НА РАДОСТИ ОТ УСИЛИЯ, НА ВОСПИТАТЕЛЬНОЙ ЦЕННОСТИ ХОРОШЕГО ПРИМЕРА И НА УВАЖЕНИИ К ВСЕОБЩИМ ОСНОВНЫМ ЭТИЧЕСКИМ ПРИНЦИПАМ.
>
> ОЛИМПИЙСКАЯ ХАРТИЯ

Люди, следившие в те времена за его карьерой, могли, наверно, предположить, что спорт ждут большие перемены. Еще в конце 60-х президент Национального олимпийского комитета Испании, депутат парламента страны от Каталонии Самаранч дал несколько интервью, в которых изложил свой весьма оригинальный взгляд на развитие олимпизма. Он говорил о том, что это не только собственно Олимпиады, а целая пирамида, которая состоит из множества соревнований, и они — тоже олимпизм; о том, что полномочия МОК должны быть более широкими; о том, что отношения с федерациями должны строиться не только на взаимном уважении... Если бы де Кубертен был жив, возможно, он назвал бы эти мысли кощунственными.

РУКОВОДСТВО Nike, КОНЕЧНО, ВСЕЦЕЛО ЗА ЗАЩИТУ ПРАВ
ЧЕЛОВЕКА, НО СУММА КОНТРАКТА НАСТОЛЬКО ВЕЛИКА,
ЧТО СБОРНАЯ США ПОЕДЕТ НА ИГРЫ В ПЕКИН
ВО ЧТО БЫ ТО НИ СТАЛО.
Пресс-релиз компании Nike

Впрочем, никто на них внимания в конце 60-х просто не обратил: Самаранч еще не был масштабной фигурой. Его восхождение началось в 1975 году, когда умер Франко и король Хуан Карлос I сделал ставку на новое поколение чиновников. Среди спортивных деятелей монарх как-то сразу выделил именно Самаранча и поставил перед ним задачу: со временем стать президентом МОК. Для этого он отправил Самаранча... послом в Москву.

Получилось, что лучшего места для того, чтобы приобрести нужную репутацию, и быть не могло. Резко выступив против бойкота московской Олимпиады, Самаранч сразу приобрел симпатии советских спортивных чиновников. А потом посол Испании в Москве объявил о том, что выставляет свою кандидатуру на очередных президентских выборах в МОК, которые состоялись во время 83-й сессии. Сессия проходила в Москве. Основной соперник — Вилли Даум из ФРГ — проиграл вчистую. В олимпийском движении началась новая эпоха.

Это стало ясно после того, как Самаранч обнародовал свою программу. В ней были изложены все те идеи, что были высказаны им за полтора десятка лет до избрания президентом: модернизация олимпизма, расширение сферы деятельности МОК, наконец борьба с допингом. И главное — Самаранч тут же начал претворять их в жизнь.

Для начала он шокировал спортивную (прежде всего советскую) общественность, допустив в 1981 году спортсменов-профи на Олимпийские игры. В 1988 году сделал столицей Олимпиады Сеул — столицу государства, с которым у СССР не было даже официальных дипотношений.

Все это давало возможность Самаранчу продемонстрировать абсолютную беспристрастность. Он получил кредит доверия не только от соцблока и третьего мира, но и от Запада и мог наконец начать осуществлять свои проекты. А в том, что они понравятся со временем всем, в том числе даже тем, кто кричал о необходимости свято блюсти кубертеновскую хартию, не было сомнений. Просто потому, что деньги есть деньги.

Первые шаги по коммерциализации спорта — это принятие решения о взимании платы за использование олимпийской символики и создание фонда «Олимпийская солидарность». Через него МОК устанавливал новые отношения с входящими в его состав федерациями, которые при этом еще и призывал зарабатывать. В фонде аккумулировалась часть средств, добытых МОК, которые потом распределялись между его составными частями — федерациями и национальными комитетами. Причем по усмотрению «головной» организации какая-то федерация могла рассчитывать на большой кусок пирога, а какая-то — на совсем маленький. Наконец, Самаранч первым из руководителей МОК начал налаживать нормальные контрактные отношения с телевидением: $101 млн, вырученные за трансляции с московской Олимпиады, — это благотворительность.

Все эти ходы Самаранча очень скоро себя оправдали. Продажа прав на использование символики приносила МОК в 80-е в среднем $30 млн в год, в 90-е — уже втрое больше. Благодаря трансляции с сиднейской Олимпиады комитет получил $1,33 млрд. Бюджет фонда «Олимпийская солидарность» к концу столетия составлял $50 млн. 20 лет назад МОК уже мог себе позволить оплачивать проезд, экипировку и проживание на Олимпийских играх нескольким атлетам из каждой страны-участницы. А федерации тем временем стали организовывать коммерческие турниры и назначать солидные премии за победы в чемпионатах мира.

Первой по-настоящему коммерческой стала Олимпиада в Атланте в 1996 году. Ее организаторы и не скрывали, что хотят в первую очередь заработать на ней не доброе имя, а деньги. И им это удалось. Американцы пошли по пути, вполне для США традиционному, — максимальной экономии средств. «Чтобы получить больше, надо вложить меньше» — таков был неофициальный девиз оргкомитета.

Основная статья расходов при организации Олимпиады, — как правило, строительство и реконструкция стадионов.

Их нужно достаточно много: видов спорта — около трех десятков, и почти для каждого требуется отдельная арена. Атланта же — город, что называется, спортивный, бо́льшая часть соответствующей инфраструктуры была готова «к употреблению»: одна из лучших в мире баскетбольных арен (там же проводились и состязания по гимнастике), рядом — спортивный центр, также не нуждающийся в реконструкции (его отдали борцам и штангистам), при местном университете — отлично оборудованный плавательный бассейн...

Недостающие объекты было решено возводить малозатратными методами. Так, на месте огромной пригородной свалки построили велотрек, неподалеку — теннисные корты. Оба сооружения выглядели, мягко говоря, неказисто, и в этом смысле сгодились бы разве что для проведения какого-нибудь российского областного первенства. Зато стоили — сущий мизер. Оргкомитет рассчитал верно: пока кипят спортивные страсти, кто будет думать о том, как выглядят стадионы? К тому же по окончании Олимпиады американцы, не дожидаясь едких комментариев, немедленно снесли и трек, и теннисный центр.

Зато австралийцы, готовясь к Олимпиаде-2000, не поскупились. Правительство штата Новый Южный Уэльс за пять лет до начала соревнований выделило на строительство новых и реконструкцию старых стадионов $2 млрд. Еще $1 млрд был привлечен из частного сектора, в основном под обязательства разместить на сооружениях рекламу спонсоров. Все эти огромные (даже по меркам Олимпийских игр) средства были полностью израсходованы.

Самых больших вложений потребовал олимпийский стадион — центральная арена Игр. Министр Олимпиады Майкл Найт посчитал необходимым произвести реконструкцию, обошедшуюся в $690 млн. Над ареной в олимпийском парке установили новое уникальное перекрытие, были оборудованы дополнительные места для зрителей — вместимость объекта увеличилась со 100 000 до 110 000 человек.

Вторую главную арену Олимпиады — Superdome — пришлось возводить с нуля. Строилась она на основе проекта уже упомянутой баскетбольной арены в Атланте и получилась очень на нее похожей (в том числе по вместимости — 18 000 человек). Оргкомитету это удовольствие встало в $200 млн.

Плавательный центр обошелся австралийцам в сумму лишь чуть скромнее. Впрочем, Хуан Антонио Самаранч, узнав о его стоимости, вовсе не удивился. «В жизни не видел бассейна лучше», — отметил он. Специально к Олимпиаде австралийцы в пригородной зоне Сиднея построили два бейсбольных стадиона, обошедшихся примерно в $20 млн каждый, что, кстати, немного по сравнению с другими аренами «второго плана».

Но сиднейский оргкомитет совсем не сорил деньгами. Незадолго до начала Олимпиады Найт заявил: чтобы покрыть все расходы, осталось продать билетов на сумму $57 млн, что было вполне реально, учитывая километровые очереди, которые выстраивались к спортивным кассам в Сиднее. Существенная часть потраченных $3 млрд «отбивалась» за счет спонсорских и рекламных договоров. При этом за пять лет после Олимпиады Найт планировал заработать дополнительно около $1,5 млрд на туристах и эксплуатации новой инфраструктуры.

В общем, можно сказать, что ставший большим бизнесом спорт не только обеспечивал сам себя, но и создавал возможности для возникновения новых бизнесов. И даже там, где, казалось бы, коммерции появиться неоткуда.

> КАЖДЫЙ НОВЫЙ «ЧЕРНЫЙ СПИСОК» WADA СТИМУЛИРУЕТ ФАРМАКОЛОГИЧЕСКИЕ КОМПАНИИ К РАЗРАБОТКЕ НОВЫХ ВИДОВ ДОПИНГА.

Как, например, в сфере борьбы с допингом. Правда, о коммерции в чистом виде тут говорить не приходится (разве что в том плане, что каждый новый «черный список» WADA стимулирует фармакологические компании к разработке новых видов допинга — так, по некоторым данным, немецкий фармакологический концерн Bayer тратит на спортивную медицину до $5 млн ежегодно). Скорее, речь может идти о чем-то вроде шантажа. Дело в том, что, создав независимую организацию — борца с допингом, МОК сам постепенно попадал в зависимость от нее. Летом 2002 года глава WADA Ричард Паунд потребовал от комитета участия в финансировании агентства — он хотел увеличить и так уже немаленький годовой бюджет WADA ($18 млн) до $25 млн. МОК был не в том положении, чтобы отказываться, — ведомство Паунда, пользуясь правом на «случайные» проверки, могло просто сорвать некоторые крупные соревнования. Цену, правда, удалось сбить до $21 млн.

Ту же методу Паунд успешно использовал против национальных ассоциаций: 23 сентября 2003 года он пригрозил не допустить всю команду США к Олимпиаде в Афинах, если американцы «не проявят желания финансировать деятельность WADA».

Американцы получили очередной повод обвинить МОК в предвзятости и снова припомнили историю начала 80-х, когда они пытались аккредитовать при МОК свою антидопинговую лабораторию. В МОК потребовали дооснастить ее неким прибором, с помощью которого легче обнаруживать анаболические стероиды. Прибором был спектрометр, придуманный профессором из ФРГ Манфредом Донике, приятелем главы медицинской комиссии МОК Александра де Мерода, и стоящий ни много ни мало $ 500 000. Заставляя его приобретать, МОК фактически помогал немцу зарабатывать.

Но способность спорта генерировать деньги, конечно, чиновничьими интригами не исчерпывается. Спорт может «переформатировать» даже экономику отдельно взятой страны. Вот в Непале на рост популярности альпинизма среагировали моментально, установив плату за попытку восхождения: каждая обходится в $ 10 000, поступающих в непальскую казну. В стране была создана компания Himalay Expeditions Nepal, которая занимается организацией туров (хотя в данном случае это, наверное, не очень подходящее слово) на Эверест. В доходной части непальского бюджета туристический бизнес занимает примерно 10%. Из $ 200 млн в год, которые зарабатываются благодаря ему, треть — это плата за право взойти на высочайшую вершину мира.

Новые виды бизнеса создают и сами спортсмены. Такова история известной марки одежды Lakoste. Великий французский теннисист Рене Лакост впервые взял в руки теннисную ракетку в 14 лет, и с тех пор страсть к теннису уже не покидала его. Он тренировался по многу часов в день и, уходя с корта, думал только о теннисе. Например, о том, как избежать мозолей на ладони, — «Может, обмотать деревянную рукоятку ракетки липким пластырем?» (Позже Рене станет обладателем нескольких патентов на новые модели ракеток, именно он собственноручно изготовит первую круглую стальную ракетку, которой достанется 46 призов на турнирах Большого шлема.) Или о том, как автоматизировать подачу мячей, — «беготня за мячиками отнимает столько времени!» (Вскоре Рене Лакост изобретет первую механическую пушку, которая сама подает мячи.) Или о том, в какой одежде будет удобнее играть. Тогда теннисисты выходили на корт в обычных белых рубашках — на пуговицах, с длинными рукавами и жесткими воротничками. Понятно, что такая одежда сковывала движения и диктовала сдержанную технику игры.

В 1927 году Рене Лакост оказался в Лондоне. У одного из тамошних портных он заказал рубашку принципиально нового фасона («Похожую на те, что носят игроки в поло, но только с мягким воротничком, понимаете?»). И выбрал для нее трикотажную ткань, которая отлично впитывала влагу. Его первое появление на корте в этой рубашке стало настоящей сенсацией. А чиновники из Французской федерации тенниса даже сочли эту одежду «несколько рискованной» — по их мнению, рубашка слишком облегала фигуру.

Но Рене игнорировал их замечания и продолжал побеждать. «Пришел конец простудам, потому что я больше не должен был всю игру проводить во влажной рубашке, — моя новая одежда была не только гораздо более удобной, но и гораздо более здоровой». Другие игроки пытались копировать одежду чемпиона, и когда через пару лет один приятель в шутку посоветовал Лакосту заняться массовым производством теннисных рубашек, идея показалась ему не такой уж смешной. Пошутил он, «подписывая» ее своим прозвищем — Крокодил.

Но вообще-то сочетание чувства юмора, деловой хватки и спорта может принести изрядные дивиденды. Так, в 1997 году после памятного боя Тайсон—Холифилд, во время которого Железный Майк, поняв, что дело безнадежно, отгрыз сопернику кусок уха, американские кондитеры озолотились, наладив в рекордно короткий срок выпуск шоколадных ушей, имевших громадный успех у публики.

Глава 13

Личные контракты

- Братья Кличко и профессиональный бокс
- Михаэль Шумахер
- Майкл Джордан

Величайшему легкоатлету мира Сергею Бубке в чем-то не повезло. Если бы его звездные годы выпали на вторую половину 90-х, когда легкая атлетика стала по-настоящему коммерческим видом спорта с гонорарами, сопоставимыми с футбольными, он мог бы стать миллионером.

В СССР не принято было рассказывать о заработках спортсменов. На Западе же наряду с лестными эпитетами в адрес Бубки (его парижский прыжок на шесть метров в 1985 году сравнили, например, с полетом Гагарина в космос) его называли «самым меркантильным спортсменом мира». Дело в том, что каждое мировое достижение официально оплачивалось организаторами турниров. Бубка мог бы, наверное, еще в конце 80-х прыгнуть так же высоко, как 31 июля 1994 года в итальянском Сестриере, где установил последнее из своих достижений — 6,14, но не прыгал, получая за очередную сантиметровую прибавку, каких было немало (всего Сергей Бубка установил 35 рекордов), в среднем по $20 000.

С тех пор положение существенно изменилось. Производство спортивных миллионеров поставлено на конвейер. И он эффективен настолько же, насколько жесток. Едва ли не лучший его пример — профессиональный бокс.

Бокс можно было бы назвать искусством тощих, черных (в Америке) и бедных, но злых и амбициозных подростков, мечтающих с помощью этого искусства стать знаменитыми и богатыми. Этот миф обычно развеивает жесточайшая конкуренция: всегда находится более злой, амбициозный и талантливый боец, который сначала хоронит твои мечты, а затем и свои — после встречи с очередным противником. Лишь двум процентам боксеров удается заработать приличные деньги, остальные пропадают в неизвестности.

А вот братья Кличко вроде и не особо старались заработать. Просто Виталий в свое время стал чемпионом мира по кикбоксингу, а Владимир в 1996 году выиграл Олимпиаду в Атланте. И в том же году оба брата подписали контракт с немецкой промоутерской компанией Universum Box Promotion, после чего очень быстро выбились в элиту мирового профессионального бокса.

Но и здесь братья сильно выделялись среди своих коллег по цеху. Они не откусывают уши соперникам, не унижают и не поливают их грязью на пресс-конференциях и не попадают в опасные переделки (не так уж короток список известных боксеров, в том числе российских, закончивших свои жизни в бою, но не на ринге). Вместо этого братья защищают диссертации и получают в соответствии с международной табелью о рангах звания докторов спортивных наук (боевое прозвище Виталия Кличко в Америке — Доктор Железный Кулак).

Но что особенно бросается в глаза, так это удивительное дружелюбие и открытость обоих братьев по отношению к окружающим. Они неизменно приветливы и вежливы со своими поклонниками, спарринг-партнерами, случайными знакомыми и знакомыми этих знакомых. При этом думать, что Виталий и Владимир — этакие наивные молодые ребята, умеющие лишь крушить челюсти и при этом обаятельные в своей простоте, — серьезная ошибка. Они вполне освоили западный образ жизни, привыкли к отношениям, принятым на Западе, и переняли западный подход к бизнесу. Большому бизнесу.

По данным американских СМИ, за бой с Льюисом Виталий Кличко получил гонорар $ 1,5 млн, а за бой с Кирком Джонсоном — $ 2 млн (Льюис помимо своей воли сделал Виталию неоценимый промоушн, сильно подняв его акции в глазах американской публики и компаний — организаторов боксерских шоу). К слову, Кирк Джонсон заработал в бою с Виталием лишь $ 350 000. И хотя добрая половина призовых гонораров съедается налогами и другими поборами, динамика роста доходов Виталия Кличко уже в начале XXI века показывала, что украинский тяжеловес был вполне готов выйти на уровень популярности элитных, действительно великих боксеров, на которых зарабатывают огромные деньги промоутерские компании, телевизионные каналы, спонсоры и рекламодатели шоу и еще куча других организаций, обслуживающих бизнес профессионального бокса. Статусные бойцы вроде Тайсона, Холифилда или Льюиса получают за бой от $ 10 млн до $ 40 млн.

Еще одна важная составляющая бизнеса — умение правильно распорядиться деньгами. История бокса знает массу примеров, когда великие боксеры, заработавшие много денег, заканчивали свои дни в нищете. Джо Луис, не сумев должным образом разобраться с налоговыми органами по окончании боксерской карьеры, был вынужден переквалифицироваться в борца, чтобы заработать на жизнь, а затем работал швейцаром в Caesars Palace в Лас-Вегасе. Он умер в 1981 году без гроша. Бью Джек 21 раз выступал в Main Events в Мэдисон-сквер-гарден, а в 1944 году его бой с Бобом Монтгомери принес рекордную для тех лет сумму $35 млн, которую боксеры пожертвовали на нужды войны. По окончании спортивной карьеры Джек вынужден был работать чистильщиком обуви. Айрен Баркли, выросший на бандитских улицах Бронкса, в 1988 году нокаутировал Тома Хирнса и в дальнейшем дрался с такими знаменитыми бойцами, как Роберто Дюран, Майкл Нанн, Найджел Бенн. Однако так до конца и не узнал, сколько на самом деле заработал, и все деньги направо и налево разошлись по родственникам и приятелям. Когда его прижали налоговые службы, то Баркли не смог даже оплачивать свой дом.

САМЫМ ПОПУЛЯРНЫМ КОНДИТЕРСКИМ ТОВАРОМ В США
В 1997 ГОДУ БЫЛИ... ШОКОЛАДНЫЕ УШИ.

Последний пример блеска и нищеты боксерских звезд — Майк Тайсон, задолжавший бюджету Соединенных Штатов $13,4 млн и еще $4 млн — Великобритании. Когда Тайсон явился на пресс-конференцию после боя Виталия Кличко с Кирком Джонсоном, то на предложение встретиться в бою с Виталием вслух отделался шуткой, а затем заметил приятелям: «Может, и стоит подраться, деньги мне сейчас не помешают».

Тем не менее многие, кому удается прорваться на вершину «золотой пирамиды» и удержаться там, как правило, обеспечивают себе безбедную жизнь на много лет — их благополучие далеко переживает их спортивный расцвет, а капитализация рекордов кратно превосходит размер призовых и гонораров за выступления. Так было, конечно, не всегда, но конец XX века стал золотым временем для ведущих спортсменов-профи. И чемпионом мира среди спортсменов-богачей, безусловно, стал Михаэль Шумахер.

А ведь в 1991 году, когда он появился в «Формуле-1», дебютировав в невыдающемся «Джордане» (уже через гонку его переманил «Бенеттон»), никто, наверное, не мог предположить, что несколько лет спустя этот парень будет грести деньги лопатой. Даже после того как Шумахер выиграл свой первый чемпионат — в 1994-м, вероятность его супербогащения расценивалась как весьма незначительная. Ничего удивительного. Вспомнить хоть Айртона Сенну, который и зарплаты получал куда большие, чем другие гонщики, и вниманием спонсоров обделен не был — и тем не менее после его гибели родственникам остались всего-то $47 млн да несколько автосалонов. Да и, вообще, раньше гонщики никогда не относились к числу самых богатых спортсменов. Жили безбедно, но не более того. А о вершинах благосостояния, которые штурмовали те же боксеры, получавшие по $20 млн за бой, и не мечтали.

Однако с появлением Шумахера все изменилось. Самым важным в его карьере был, безусловно, 1995 год. Тогда, уже став двукратным чемпионом мира, немец неожиданно решил сменить «Бенеттон» на «Феррари» — команду со славной историей, но весьма невнятным будущим. Мотивы ухода немца ни для кого не были тайной. В «Бенеттоне» ему платили лишь $3 млн в год. А итальянцы предложили в разы больше. Говорят, правда, что идея пригласить Шумахера исходила не столько от руководства «Скудерии», сколько от спонсора команды — компании Philip Morris. Ради Шумахера «табачники» согласились почти вдвое увеличить сумму спонсорской поддержки, оказываемой «Феррари», — до $65 млн (потом она достигла $86 млн). Благодаря этим деньгам «Скудерия» и переманила Шумахера, положив ему зарплату в $30 млн в год.

Чем же так приглянулся табачному гиганту Михаэль Шумахер? Возможно, все дело в том, что в «Формуле-1» тогда просто не было фигур, сопоставимых с ним по гоночной величине и звездному потенциалу. Сенна погиб, Ален Прост и Найджел Мэнселл карьеру закончили, Дэймон Хилл своей кислой миной мог бы рекламировать разве что квашеную капусту, да и лет британцу было уже немало. Будущий двукратный чемпион мира Мика Хаккинен еще даже не впал в свою знаменитую кому, после выхода из которой он и понесся как угорелый. Ну а Жак Вильнев, только начинавший в «Формуле-1», оставался темной лошадкой для европейской публики.

Причем немец становился все богаче, даже проигрывая. Шумахер настолько убедил работодателей в собственной незаменимости, что те стали делиться с ним рекламными деньгами. Скажем, компания Shell перечисляет «Феррари» €32 млн — из них €1,6 млн идут в карман Михаэлю. Vodafone платит €43 млн — €3 млн достаются немцу, Telekom Italia отдает €21 млн команде и €1 млн лично гонщику. Причем эти деньги не входят в его основную зарплату, которая достигала уже $45 млн в год. Просто своего рода бонусы.

Естественно, собственно «гоночный» заработок Шумахера — не единственная составляющая в структуре его доходов. Немало он получает и на личных рекламных контрактах. Скажем, за то, что чемпион использует гоночные комбинезоны марки OMP, ему платят по € 300 000 в год. Чуть меньше — € 250 000 — Шумахер получает от компании Sting, за то что носит солнцезащитные очки ее производства. Часы он носит марки Omega — $ 500 000, бегает в Nike — $ 750 000, эксклюзивные интервью дает телеканалу RTL — $ 500 000, одевается в компании Tommy Hilfiger — $ 1 млн, его дети играют в игрушки фирмы Mattel — $ 1 млн, пользуется косметикой L'Oreal — $ 1,25 млн, имеет в своем распоряжении самолет производства компании Piaggio — $ 700 000, его персональный компьютер собран на базе процессора AMD — $ 250 000, деньги хранит в банке DVAG — еще $ 2,8 млн.

Далее, товары с шумахеровской символикой. Их более 300 — начиная от бейсболок и рубашек по $ 40 — 60 за штуку и заканчивая такими вещами, как мобильный телефон а-ля Шумахер и даже пылесос имени шестикратного (тогда еще) чемпиона мира.

Точные суммы, которые получал немец от реализации именных товаров, назвать сложно. Известно лишь, что только в западноевропейских странах маек и пылесосов в год уходило на $ 1 млн. А есть ведь еще Азия, где Шумахер пользуется бешеной популярностью. И Южная Америка, где к нему тоже неплохо относятся. Так что можно предположить, что за год товаров «от Шумми» продается на $ 40 — 50 млн. И конечно, свой процент с этих сумм немец получает.

По признанию агента Шумахера Вилли Вебера, у его клиента уже просто не осталось частей тела, которые можно было бы продать: «Он весь раскуплен. С головы до пят. Временами мне кажется, что Шумахера как-то мало. Будь он покрупнее или будь у него лишняя пара ног, мы бы еще пару баннеров разместили». Но и без того Вилли Вебер проявляет чудеса изобретательности, продавая своего клиента. Например, он придумал размещать на шлеме гонщика крохотные, решительно неразличимые на телеэкране баннеры. За раз таких «клякс» на шлеме можно уместить штук 20 — по $ 2 000 за каждую. В ответ на вопрос, стоит ли разменивиться на такие мелочи, и агент, и сам Шумахер справедливо замечают, что лишних денег не бывает. «Что поделаешь. Расчетливость у меня в крови. И если есть возможность заработать, то почему бы ее не использовать», — говорит чемпион.

То, что, по версии Михаэля Шумахера, является расчетливостью, по мнению большинства его соперников, не что иное, как скаредность. Немец и вправду весьма прижимист. Ну, например, живет он не в обычном для гонщиков месте — Монако с его либеральным налоговым режимом. Шумахер пошел дальше: променял гламурный город на швейцарское захолустье, купив дом в Вуффлене и только для того, чтобы получить статус налогового беженца. Дело в том, что швейцарское законодательство дает налоговые поблажки известным личностям, пребывание которых на территории страны может быть полезным для нее с точки зрения престижа. И налоги Шумахеру там назначили смешные — € 1 млн в год при доходах, превышающих € 100 млн. Но и такие налоги он платить не захотел, попытался увильнуть. Открыл фирмочку MS Tracy, в которой нет ни работников, ни офиса с телефонным номером, а зарегистрирована она на вилле гонщика. После неких загадочных манипуляций выяснилось, что немец беден как церковная мышь, все деньги ушли в MS Tracy, а уж куда их подевала компания, неизвестно. И только после скандала, учиненного местным муниципалитетом, Шумахер решил раскошелиться.

> ЕСЛИ ЕСТЬ ВОЗМОЖНОСТЬ ЗАРАБОТАТЬ, ТО ПОЧЕМУ БЫ ЕЕ НЕ ИСПОЛЬЗОВАТЬ?
>
> МИХАЭЛЬ ШУМАХЕР, СЕМИКРАТНЫЙ ЧЕМПИОН «ФОРМУЛЫ-1», МИЛЛИАРДЕР

А чего стоят его продуктовые вояжи в Италию или Германию! Звучит смешно, но Шумахер и вправду регулярно летает за продуктами за границу на собственном самолете. В Швейцарии, видите ли, йогурты дорогие. Или такая история — когда у Шумахера родился первый ребенок, он обратился в немецкую службу социальной защиты за детским пособием, став посмешищем для всей Германии. А еще он выклянчил себе право бесплатно заправляться на всех станциях Shell и настоял на том, чтобы Bridgestone, поставляющая гоночные покрышки Ferrari (итальянцам они обходятся в $ 13 млн в год), ему для личного автомобиля давала резину бесплатно.

Все это принесло ожидаемый результат. В 2005 году журнал *Eurobusiness* объявил Шумахера первым спортсменом-миллиардером в мире. Неплохой получился подарок к седьмому титулу чемпиона гонок «Формулы-1».

Впрочем, за океаном, в США, символ спортивного благополучия (и благосостояния) — другой. Возможно, Майкл Джордан и жалеет, что не родился немного позже. В середине 80-х, когда его узнала НБА, а потом и весь мир, еще не началась безумная гонка зарплат. Это в конце 90-х, даже при том, что для новичков был введен лимит доходов, первый номер драфта-97 Тим Данкан

из «Сан-Антонио Сперз» получил $ 3 млн за сезон. А тогда дебю-
танты о таких деньгах и не мечтали.

Джордан очень долго оставался едва ли не самым недооцени-
ваемым с точки зрения зарплаты игроком НБА. К середине 90-х
контракты на $ 5 млн в год уже не были редкостью в лиге, а он по-
лучал в пять раз меньше. И это в команде, которая была обязана
ему всем и в которой слово Майкла Джордана значило немногим
меньше, чем слово владельца Джерри Рейнсдорфа, и уж точно
ничуть не меньше, чем слово генерального менеджера Джерри
Краузе! Он часто спорил с ними обоими. И однажды даже думал
покинуть «Чикаго» — когда тренеру команды Филу Джексону,
одному из лучших его друзей, предложили работу в «Нью-Йорк
Никс». Но Джексон, подумав, отверг предложение. Не ушел никуда и Майкл Джордан.

Свой первый действительно большой контракт он подписал
только перед последним сезоном, а до этого получал $ 4 млн в год.

Кстати, этому предшествовало казавшееся странным и шоки-
ровавшее всех превращение великого баскетболиста в плохого
бейсболиста. Это потом объявленное им 6 октября 1993 года сенсационное решение о переходе из «Чикаго Буллз» в бейсбольную
команду «Чикаго Уайт Сокс» назовут выдающимся рекламным
ходом. Мол, из-за этого перехода и без того фантастическая популярность Джордана выросла еще больше. Но сам он утверждает,
что, когда уходил из «Буллз», вовсе не думал об этом. Просто устал
от баскетбола, к тому же у него случился эмоциональный срыв,
когда бандиты убили его отца. Ему надо было изменить жизнь,
чтобы забыть о потрясении.

В бейсболе у Джордана, который последний раз брал в руки
биту, еще учась в университете, естественно, ничего не вышло.
И в 1995 году блудный сын, к всеобщей радости, вернулся в «Чикаго» баскетбольный. А в феврале 1996 года сел за стол переговоров — в НБА начиналась «золотая лихорадка».

> Я ни разу не задавался вопросом, сколь-
> ко у меня денег. Главное, что их у меня
> достаточно.
>
> Майкл Джордан, шестикратный чемпион НБА,
> миллионер

Тогда даже не самые именитые игроки стали требовать себе
по несколько миллионов долларов за сезон. Джордан сначала про-

сил у владельца команды Джерри Рейнсдорфа $ 25 млн за три года. Тот опасался, что запросы лидера подорвут 180-миллионный бюджет клуба, но потом понял, что потеря Майкла (именно в те дни всплыл вариант с «Никс») станет для него катастрофой. Во всяком случае, можно было не сомневаться, что 125 VIP-лож во дворце «Юнайтед-центр», которые приносили Рейнсдорфу $ 500 000 в год, будут пустовать. В итоге он сдался. Сумма беспрецедентного соглашения, по разным источникам, составляла от $ 33 млн до $ 36 млн. Правда, всего на один сезон, что оставляло и Рейнсдорфу, и Джордану простор для маневра.

Зарплата определила и положение баскетболиста в команде. Он и раньше играл в ней особую роль, а теперь стал кем-то вроде ее совладельца. После того как в том сезоне «Чикаго» завоевал шестой чемпионский титул, Джордан позволил себе невозможный для любого иного игрока поступок — потребовал от Рейнсдорфа, чтобы тот увеличил до $ 25 млн зарплату его другу Скотти Пиппену, который был с ним рядом на протяжении всей карьеры, а осенью объявил забастовку, считая, что хозяин «Буллз» его, форварда экстра-класса, недооценивает. И Рейнсдорф наверняка удовлетворил бы это требование, не будь столь очевидным тот факт, что самого Майкла Джордана в «Чикаго» скоро не будет. Ведь Джордан с самого начала поставил условием продолжения своей карьеры в «Буллз» продление контракта с Филом Джексоном. Но тот в конце июня заявил, что оставляет баскетбол — по крайней мере на некоторое время. Да еще и намекнул, что лучшего момента для того, чтобы ушел и Джордан, он не видит.

Впрочем, в любом случае на финансовом благополучии Джордана его уход из баскетбола сильно не отразился. Контракт с «Буллз» всегда приносил ему меньше половины доходов. Основную часть давала реклама. Спортсменов, имевших столько рекламных контрактов, единицы. У Джордана их было 13 — с AMF Bowling, Ball Park, Bijan, CBS Home Video, Chicago Cheviland, Gatorade, Hanes, WorldCom, Oakley, Ray-O-Vac, Wheaties, Wilson и Nike.

Бо́льшую часть поступлений от рекламы Джордану приносил договор с Nike. Эта компания сделала его своим символом еще в 1984 году. Тогда это было рискованно: потенциал Джордана был очевиден всем, но никто не мог бы с уверенностью сказать, что он станет настоящей суперзвездой. К тому же защитник «Чикаго» только-только восстановился после травмы колена (которая, к счастью, так и осталась единственной серьезной в его карьере). Но в Nike рискнули и не прогадали.

Сразу после заключения контракта на кроссовках фирмы появилась надпись Air Jordan («Воздушный Джордан»). Она стала его кличкой и едва ли не самой популярной торговой маркой в мире. А вскоре Nike организовала выпуск новой линии одежды — Jordan Brand. Джордан принял в этом проекте активное участие. «Он говорил мне, что его одежду могут носить далеко не все, а только те, кому она идет. У него оказался отличный вкус. Майкл даже назвал несколько команд НБА и игроков, которых бы хотел одеть в Jordan Brand», — с улыбкой вспоминает президент корпорации Фил Найт.

Альянс Nike и Джордана принес обеим сторонам хорошую прибыль.

В Nike были уверены, что Джордан их не покинет, даже перестав побеждать. В новых рекламных роликах, когда он собрался объявить о своем уходе из баскетбола, его готовились изобразить обычным человеком. Майкл должен был промахиваться по кольцу, демонстрируя, что и у великих есть слабости. Получилось еще лучше. В ставшем классическом клипе не показано ни одного продукта Nike, ни одного броска Джордана. Майкл просто идет по полутемному коридору под текст в своем же исполнении. Текст такой: «Я не попал более 9000 бросков за карьеру, я проиграл почти 300 игр, 26 раз мне доверяли решающий бросок, и я промахивался... Я терпел поражения в моей жизни снова и снова. Поэтому я так преуспел. Ты не проиграл до тех пор, пока не сдался». В итоге Джордан окончательно превратился в символ.

Сам Майкл всегда старался в разговорах обходить финансовую сторону своей жизни. Мог позволить себе даже поссориться из-за нее с журналом *Sports Illustrated*, с которым у американских спортсменов в принципе ссориться не принято. Журналисты очень активно пытались выведать у Майкла Джордана, сколько же он выиграл от своего знаменитого перевоплощения в бейсболиста? Майкл Джордан обижался. «Я ни разу не задавался вопросом, сколько у меня денег. Главное, что их у меня достаточно. Достаточно для того, чтобы жили спокойно я, моя жена и дети», — повторял он потом. И некоторое время отказывал журналу в интервью.

Но в Америке тему денег обойти нельзя. И пресса продолжала подсчитывать, сколько зарабатывает Майкл Джордан. Те, кто считал его расчетливым прагматиком, изображающим альтруиста, указывали на то, что в какой-то момент Его Воздушество установил рекорд по количеству персональных рекламных контрактов. Он рекламировал все подряд: спортивную одежду, сухие завтраки, туалетную воду, нижнее белье... Это не считая того, что у него своя собственная компания — Jordan's Jump с громадным офисом в центре Чикаго. Один из самых успешных его проектов — сеть ресторанов в США, ежегодная прибыль которой — $75 млн.

Когда же в 1998 году Джордан во второй раз объявил о завершении баскетбольной карьеры, эксперты не поленились просуммировать все его спортивные и иные доходы. Вышло, что заработал за без малого 15 лет Майкл Джордан около $300 млн. И деньги эти были им заслужены до последнего цента...

День, когда в офис «Чикаго Буллз» в 1995 году пришел короткий факс без подписи, состоящий из одного предложения: «I'm back», называли счастливейшим днем в жизни не только генеральный менеджер команды Джерри Краузе и ее тренер Фил Джексон, но и президент НБА Дэвид Стерн. Тот сезон был наполовину сорван из-за локаута. Владельцы клубов никак не могли пойти на уступки требовавшим увеличения зарплат игрокам. Когда Джордан вернулся, все проблемы моментально были сняты. Он один значил для лиги больше, чем все другие баскетболисты вместе взятые.

Все повторилось в 2001 году. Рейтинг телетрансляций матчей НБА, где блистали новые звезды — Шакил О'Нил, Коби Брайант, Аллен Айверсон, Кевин Гарнетт, Тим Данкан, — снова падал и падал. Сначала на 5% за год, потом — на 10%... На горизонте вновь замаячила угроза локаута.

И Джордан снова вернулся. И снова спас НБА. Дэвид Стерн сразу взял тайм-аут в переговорах по новому контракту с телевидением на освещение своего чемпионата. И в результате подписал его на совершенно иных условиях, чем первоначально предполагалось: компании ABC, ESPN и AOL Time Warner Inc. заплатили за шестилетний договор $4,6 млрд вместо $2,6 млрд. А телевизионщики в панике принялись перекраивать сетку трансляций. Ведь аутсайдеров из Вашингтона прежде никто хотел показывать, а теперь их захотели увидеть все.

Глава 14

Оптом и в розницу

Critical poetics

лимпиада 1904 год, в Сент-Луисе, заплыв на 50 метров. Венгр Жолт Халмаи, которому на тех Играх не было равных среди спринтеров, уверенно побеждает, опережая почти на корпус Скотта Лири из США. Однако американский судья показывает, что первым пришел... Лири! Халмаи, у которого не выдерживают нервы, бросается на соперника с кулаками: судьям приходится разнимать пловцов.

Американского судью, попытавшегося лишить венгра заслуженного успеха ради соотечественника, тогда поняли все: уже в те годы олимпийское «золото», еще не стоившее ни копейки, обрело удивительную притягательность, а спортивный девиз, согласно которому главное — не победа, а участие, едва родившись, превращался в нелепый анахронизм.

Все стало гораздо проще и страшнее, когда на кон в спорте были поставлены деньги. В 1919 году скандал, связанный с коррупцией в спорте, впервые попал на первые полосы газет. Снова — американских.

Великая бейсбольная команда «Чикаго Уайт Сокс» в том сезоне, как обычно, была на голову сильнее конкурентов. Однако в решающей серии проиграла уступающей в классе «Цинциннати Ред». И тут кто-то из чикагских бейсболистов проговорился, что матчи были ими попросту «сданы»! Прижимистый владелец «Сокс» даже звездам назначил довольно скромную по американским меркам зарплату. Вот те и захотели подзаработать, «продав» престижную победу противнику. Итог того скандала — пожизненная дисквалификация восьми бейсболистов «Чикаго», в том числе легендарного Джо Джексона, и требование лиги достойно оплачивать труд спортсменов. Многие посчитали, что на этом с коррупцией покончено.

Если бы американцы, которых так возмутило, что их любимцы польстились на пару тысяч долларов (именно столько потребовал для себя Джексон), знали, что будет твориться в спорте, когда он станет по-настоящему коммерческим!

Одна из самых громких историй современности случилась с марсельским «Олимпиком» — едва успев отпраздновать победу над «Миланом» в Кубке европейских чемпионов (теперь это —

Лига чемпионов) в 1993 году, клуб оказался в центре грандиозного скандала, главной фигурой которого был его президент — Бернар Тапи.

Сам Тапи называл себя инвестором. Инвестировал он с размахом и без зазрения совести. Специальностью его были... убыточные предприятия, каковые в душераздирающей западноевропейской терминологии принято называть «нуждающимися в оздоровлении». По сути, он за бесценок покупал безнадежно хилые фирмы, выделял из них те подразделения, которые могли приносить прибыль, а все остальные закрывал, выставляя персонал на улицу. После чего «оздоровленное» предприятие можно было выгодно перепродавать. Одной из самых громких его сделок стало приобретение и последующая перепродажа компании Adidas. Покупка обошлась примерно в 1,5 млрд франков. Продажа принесла 3 млрд.

Свое личное состояние Бернар Тапи оценивал в 900 млн франков. А едва ли не главным активом, с которым Тапи не собирался расставаться ни за что, был футбольный клуб «Олимпик» из Марселя.

До появления Тапи «Олимпик» в фаворитах не числился. И вообще, темпераментные французы бесконечно расстраивались от того, что французский футбол в целом находится в состоянии затяжного кризиса. Тапи, специалист по оздоровлению и страстный пропагандист подвижного образа жизни, почуял возможность превратиться в национального героя. В результате ряда щедрых инвестиций он как-то само собой занял пост президента клуба. После чего на «Олимпик» пролился дождь благодеяний.

Для игроков оборудовали самые современные тренировочные базы. Тапи перекупал лучших игроков из европейских чемпионатов. «Олимпик» подобрался к первому месту в лиге «А», а затем пять раз выиграл чемпионат Франции. У Тапи стали брать автографы на улицах. Президент Миттеран, в восторге от успехов своего протеже, сделал его министром по проблемам городской жизни.

20 мая 1993 года «Олимпик» играл с «Валансьеном». Решалось, какая из команд будет участвовать в розыгрыше Кубка европейских чемпионов. На 23-й минуте нападающий «Валансьена» Кристоф Робер столкнулся с одним из соперников. И скорчился на траве, хватаясь за колено. Со стадиона его унесли санитары.

В ослабленном составе «Валансьен» проиграл. Месяцем позже «Олимпик» завоевал Кубок европейских чемпионов. Первый раз за свою историю. Бернар Тапи мог претендовать на пост президента страны без малейшего риска проиграть. На его несчастье, до выборов оставалось еще полтора года.

Скандал начинался вполне аморфно. Кто-то что-то кому-то сказал. Невнятная информация отправилась гулять по спортивным кулуарам. Некто потребовал расследования. Следователи Футбольной ассоциации подъехали отчего-то к дому тетушки давно залечившего травму Кристофа Робера. И слегка покопали на ее участке. Как в очень плохом кино, под старой грушей лежал зарытый сверток с банкнотами. За свой элегантный уход со стадиона 20 мая 1993 года нападающий получил 250 000 франков.

«Олимпик» немедленно выкинули во вторую лигу. Последовавшая за этим юридическая оргия растянулась на два года. Для начала генеральный секретарь клуба — мсье Берне — отправился в тюрьму города Лилля. Откуда его пришлось срочно переводить в нервную клинику. Едва залечив расшатанные нервы, Берне стал давать показания.

24 октября, 1993, вторник. Зал суда в городке Дуэ.

Берне: «Я позвонил Роберу 19 мая в 16.21 и предложил ему деньги. Он согласился. После этого я созвонился с Тапи, который дал указание, чтобы деньги были выплачены».

Тапи: «Ни один человек не мог позвонить мне после 16.20. В это время я летел в частном самолете из Парижа в Рим. Вот документы, подтверждающие аренду самолета и вылет».

Обвинитель: «Так это же ксерокопии!!!»

Заседание откладывается.

25 октября, среда. Оригиналы документов не появляются. Прокурор произносит блистательную гневную речь, проклиная коррумпированных политиков. Адвокаты Тапи выпрашивают еще день отсрочки. Тапи сидит в отеле, пока его секретари переворачивают весь белый свет в поисках провалившихся оригиналов.

26 октября, четверг.

Говорят, оригиналы обнаружены где-то в четырех сотнях километров от зала суда — в Ле Бурже. Адвокаты Тапи добиваются новой отсрочки, и вся команда стремительно загружается в машины, отправляясь в погоню за пропавшими грамотами.

Оригиналы в конце концов нашли, и дело как бы завяло. Но, однажды влипнув в скандал, Бернар Тапи увяз в нем намертво. К середине 1994-го в четырех городах Франции у шестерых судей в производстве находились иски к Бернару Тапи. Взбодрившееся правосудие ухватилось за дело с прямо-таки леденящим душу рвением. 27 проверок налоговой полиции. 19 обысков в бюро и четыре — дома. Прослушивание всех телефонов. Конфискация паспорта наконец.

Сменилось правительство. Закатилась «эра Миттерана». Парламент отнял у Бернара Тапи депутатскую неприкосновенность — в третий раз за два года. Правда, его по-прежнему горячо поддерживало мужское население Франции, которое твердо знало: 250 000 франков за Кубок Европы — совсем недорого.

Но цены росли. Скандалы следовали один за другим. В 1995 году авторитетный испанский рефери Антонио Лопес Ньето приехал в Киев, чтобы обслуживать матч Лиги чемпионов между местным «Динамо» и греческим «Панатинаикосом». 13 сентября, накануне игры, Лопес Ньето сообщил представителю УЕФА о попытке подкупа. По словам испанца, генеральный директор украинского клуба Василий Бабейчук и член правления «Динамо» Игорь Суркис предложили ему взятку в размере $50 000 плюс несколько шуб.

По версии динамовцев, Лопес Ньето прибыл в Киев 12 сентября и попросил сопровождавших его представителей «Динамо» посоветовать, где можно приобрести меховые изделия. Испанцу была рекомендована одна из торговых фирм. Судья присмотрел там две шубы — «для матери и для жены», два помощника Ньето — по одной, а затем еще — четыре меховые шапки на троих. Когда испанец в день игры увидел чек на оплату мехов, он раздраженно отказался от покупок. Впоследствии именно этот чек и стал основным вещественным доказательством для функционеров УЕФА, которые киевлянам не поверили. «Динамо» было дисквалифицировано на три года, но через год попало «под амнистию» и смогло принять участие в Лиге чемпионов.

Летом 1995 года голкипер из Зимбабве Брюс Гроббелар признался, что, выступая за «Ливерпуль», он сотрудничал с малайзийскими бизнесменами, которые специализировались на футбольном тотализаторе, и «сдавал» матчи. Из-за инцидента Гроббелар был изгнан из английской премьер-лиги.

А накануне ЧМ-2006 в Италии разразился скандал, который всерьез грозил отвлечь внимание болельщиков от мундиаля.

В начале мая 2006 года в газетах *Gazzetta dello Sport* и *Corriere della Serra* были опубликованы отрывки переговоров между гендиректором «Ювентуса» Лучано Моджи и Пьерлуиджи Пайретто, в 2004 году возглавлявшим комиссию по назначению судей Федерации футбола Италии и входившим в аналогичный орган в УЕФА. В разговоре эти господа обсуждали назначения арбитров на предстоящие матчи.

Моджи и Пайретто отреагировали на публикации, как и полагается в таких случаях, с крайним возмущением. Суть их комментариев сводилась к тому, что, во-первых, надо еще разобраться, с какой это стати власти грубо вмешивались в их личные дела, во-вторых, они потребовали объяснений от прокуратуры, не поставившей их в известность о наличии пленок с записями, а в-третьих, указали на то, что ничего предосудительного не делали, а значит, вся история яйца выеденного не стоит.

На этом все могло закончиться, но свет увидели и полные версии переговоров Моджи и Пайретто, а также расшифровки разговоров исполнительного директора «Ювентуса» Антонио Джираудо с рядом функционеров Федерации футбола Италии. Вот тогда-то и появились более веские основания полагать, что в «Ювентусе» дела ведут не слишком честно. Антонио Джираудо, например, попал под подозрение в финансовых махинациях при организации переходов игроков.

Я НЕ СВЯТОЙ, НО И РАБОТАЛ Я НЕ С АНГЕЛАМИ.

ЛУЧАНО МОДЖИ, ЭКС-ГЕНЕРАЛЬНЫЙ ДИРЕКТОР
ФУТБОЛЬНОГО КЛУБА «ЮВЕНТУС» О КОРРУПЦИИ
В ИТАЛЬЯНСКОМ ФУТБОЛЕ

Дальше — больше: выяснилось, что далеко не все гладко с трансферами не только футболистов «Ювентуса». Внимание следователей привлекла работа крупнейшего в Италии агентства GEA, руководил которым сын Лучано Моджи Алессандро. У прокуратуры возникли вопросы, касающиеся более чем 200 трансферов по всей стране. К следствию подключились власти Рима и Неаполя. Сомнительными выглядели уже итоги как минимум 18 матчей чемпионата страны 2004—2005 годов. Причем не только игры «Ювентуса». Скандал стал общенациональным. К тому же выяснилось, что итальянские футболисты делают ставки на матчи своих команд. Так, один из игроков за 2005 год на тотализаторе заработал €600 000.

Первой жертвой громкого скандала стал президент Федерации футбола Италии Франко Карраро. Кстати, он был сторонником быстрого и жесткого расследования. Он говорил, что вещи, творившиеся в «Ювентус», позорят футбол и виновные должны быть сурово наказаны. Потом, правда, выяснилось, что господин Карраро обо всем прекрасно знал: еще в феврале ему были переданы те самые распечатки переговоров, но он никаких мер не предпринял. Пришлось господину Карраро уйти в отставку, прихватив с собой еще и вице-президента федерации Инноченцо Маццини. При этом он остался под следствием — у прокуратуры Неаполя накопились к нему вопросы.

Каждый день появлялись новые обстоятельства скандала — складывалось ощущение, будто итальянская прокуратура выдала санкции на прослушку всех и вся. Дошла очередь и до Федерации футбола Италии — в ее офисе были проведены обыски.

Всего за несколько дней скандал, тогда еще безымянный, набрал силу, затянув в свою орбиту 26 человек и четыре клуба. Выяснилось, что подкуп судей был вполне обычной практикой итальянского футбола. Особенно усердствовали в этом плане «Милан», «Фиорентина», «Лацио» и «Ювентус». Под подозрение в коррупции попали даже лучшие представители судейского корпуса, такие как Массимо де Сантис, рекомендованный Италией для работы на чемпионате мира 2006 года. В связи с этим его пришлось в срочном порядке отозвать из Германии.

24 мая скандал обрел свое имя. Главой расследования был назначен отставной судья Франческо Борелли, известный участием в операции «Чистые руки» по расследованию коррупции среди итальянских политиков в 1990-х годах. После этого футбольный скандал получил название «Чистые ноги». Постепенно выяснилось много интересного — финансовые махинации клубов при организации переходов футболистов, сокрытие доходов от налогообложения и т. д. Точку в коррупционном скандале должен был поставить специальный трибунал, созданный в Риме. Он начал работу 29 июня. Особую пикантность ситуации придавало даже не то, что работа трибунала проходила в разгар чемпионата мира, а близившееся начало еврокубков. До 27 июля Италия должна была представить в УЕФА список клубов, которые будут представлять ее в европейских футбольных турнирах. Не выяснив, имеет ли тот же «Ювентус» право выступать в серии А, это сделать было нереально.

Именно поэтому трибунал работал быстро. Люди в нем подобрались очень опытные. Пятеро из шести его членов в прошлом были профессиональными судьями. А глава трибунала Чезаре Руперто в свое время возглавлял Конституционный суд Италии.

Обвиняемые строили свою защиту по-разному. Арбитр Массимо де Сантис пытался в прямом смысле наглядно доказать, что он ни в чем не виновен. В «Милане» утверждали, что к ним претензий не может быть никаких. «Лацио» привел в суд свидетелей, которые должны были под присягой подтвердить, что римский клуб никогда не был замешан в организации договорных матчей. Но самую эффективную линию защиты выбрал Лучано Моджи, который в суд вообще не пошел. Основание простое: к футболу после ухода из «Ювентуса» он никакого отношения не имеет, и потому ему все равно, дисквалифицируют его или нет. В последние дни перед трибуналом Моджи разговорился, пытаясь убедить публику в том, что он никакой не злодей, а напротив, жертва. «Я не святой, но и работал я не с ангелами, — заявил Лучано Моджи. — Но мне даже не дали слова сказать и распяли, даже не доказав моей вины. Поэтому я не вижу смысла идти на заседание трибунала. Козлом отпущения мне быть не хочется»...

Последствия операции «Чистые ноги» для четырех клубов, и в первую очередь для «Ювентуса», грозили стать катастрофическими. У туринской команды вместе с двумя титулами чемпиона Италии отняли 30 очков, и «Ювентусу» светило два года в низшем дивизионе. Большой очковый гандикап для возвращения в серию А пришлось бы преодолевать и «Фиорентине» с «Лацио». Решение, принятое в отношении «Милана», в действительности мало чем отличалось от перевода в серию В. Место в следующем розыгрыше Лиги чемпионов, как и «Ювентус» с «Фиорентиной», он, будучи оштрафован на 44 очка, потерял, и возвращение в элиту пришлось бы начинать с 15-очковым отрывом от конкурентов.

Кроме того, эти клубы теряли главных звезд. Трибунал фактически выставил на продажу сборную мира. Но помимо очков и футболистов клубы потеряли еще и огромные денежные суммы. Акции «Ювентуса» на Миланской фондовой бирже за время скандала подешевели наполовину, упав до рекордно низкой отметки — € 1,39. Вдобавок и «Ювентусу», и «Фиорентине», и «Лацио» в связи с переводом в серию В пришлось пересматривать телевизионные, рекламные и спонсорские контракты. Перед клубами встала реальная опасность разорения.

Юристы пострадавших клубов подали апелляцию на решение трибунала. И она — неожиданно для многих — была почти целиком удовлетворена. Апелляционная комиссия фактически простила трех участников скандала. Не добился снисхождения только «Ювентус». А один из главных фигурантов дела, экс-арбитр Массимо де Сантис, завел роман с зеленоглазой брюнеткой Сильвией Моресканти, защищавшей его интересы в суде. В прессу попало его высказывание: «Во время подготовки к этому процессу мы влюбились друг в друга».

Парадоксально, но человек, которого чаще всего обвиняют в футбольной коррупции, одновременно является самым главным в мире футбола. Это генеральный секретарь ФИФА Зепп Блаттер. Один из его обвинителей — британский журналист Эндрю Дженнингс, автор книги «Фол!», тираж которой Международная федерация футбола даже пыталась арестовать. Дженнигс обвинял Блаттера и в потворствовании миллионным взяткам, и в финансовых махинациях, и в подкупе голосов футбольных функционеров по всему миру, в том числе и для того, чтобы Блаттер, протеже уходящего в отставку прежнего президента ФИФА Жоао Авеланжа, занял его место. Авеланжу, по мнению Дженнигса, требовался человек, который не стал бы ворошить финансовые дела федерации и устраивать тотальную проверку.

> Я НЕ МОГУ ИСКЛЮЧИТЬ ВОЗМОЖНОСТИ НОВОГО ГОЛОСОВАНИЯ ПО ПОВОДУ СТРАНЫ — ХОЗЯЙКИ ЧЕМПИОНАТА МИРА — 2022 ИЗ-ЗА ОБВИНЕНИЙ В ПОКУПКЕ ГОЛОСОВ ДВУХ ЧЛЕНОВ ИСПОЛКОМА НА ВЫБОРАХ.
>
> Зепп Блаттер, президент ФИФА, 20 мая 2011 года

Сомалиец Фарах Аддо, вице-президент Африканской конфедерации футбола, вспоминал, как Блаттер напрямую пообещал ему $100 000, если тот не будет голосовать за конкурента Леннарта Юханссона. Аддо отказался поддержать Блаттера. Когда сомалиец приехал на конгресс в Париж, обнаружилось, что его аккредитация аннулирована. Только после того как Аддо пообещал устроить большой скандал и рассказать обо всем прессе, ему вернули право голосовать. Но его позиция уже ничего не могла изменить.

По оценке Дженнингса, по меньшей мере 18 представителей Африки продали свои голоса Блаттеру, они-то во многом и решили исход выборов. В первом туре Блаттер набрал 111 голосов, а Юханссон — 80. Так как швейцарец не набрал две трети голосов, необходимых для полной победы, предстоял второй тур. Но Юханссон, разочарованный результатами голосования, объявил, что снимает свою кандидатуру.

Кроме того, Дженнингс уверяет, что раздобыл копии документов, из которых становилось ясно: Блаттер и другие чиновники ФИФА получали откаты от различной коммерческой, маркетинговой и финансовой деятельности федерации. Но ни одного обвинения в его адрес так и не удалось доказать.

Коррупционные же скандалы в футболе на клубном уровне продолжались и после разоблачений Дженнингса, и после операции «Чистые ноги». В июне 2008 года, например, Контрольно-дисциплинарный комитет УЕФА принял решение об отстранении чемпиона Португалии «Порту» от участия в розыгрыше Лиги чемпионов. «Порту» был наказан за то, что в 2003 и 2004 годах руководство клуба занималось подкупом судей.

Скандал начал раскручиваться еще в апреле 2004 года. Португальская полиция, получив информацию о том, что многие из футбольных арбитров берут взятки, начала операцию «Золотой свисток». К осени 2004 года было арестовано шесть арбитров, через которых следствие вышло на лиц, занимавших гораздо более высокие места в футбольной иерархии. Сначала под удар попал глава футбольной лиги Португалии Валентин Лурейру. Ему были предъявлены обвинения сразу по 23 эпизодам. Затем обвинения в подкупе судей были предъявлены президенту «Порту» Жоржи да Коште. Кстати, в декабре 1996 года стало известно, что 12 годами ранее «Порту» уже проворачивал нечто похожее, выплатив $ 35 000 румынскому судье Йону Игне за то, чтобы он обеспечил им победу в полуфинальном матче Кубка кубков с шотландским «Абердином». Тогда УЕФА не стал проводить расследование.

А у португальской полиции появились вопросы и к президенту «Боавишты» Жуану Лоуриеру и главе клуба «Униау» Жоану Бартоломеу. Оба также обвинялись в подкупе арбитров. Примечательно, что собственно за деньги судей покупали редко. По крайней мере полиции удалось доказать только один эпизод передачи арбитру денежных средств — € 2500. В остальных случаях оплата работы судей проводилась путем предоставления в их пользование проституток за счет клубов.

В итоге Жоржи да Кошта был дисквалифицирован на два года, а «Порту» оштрафовали на € 150 000 и списали с него шесть очков, завоеванных в чемпионате. Это, впрочем, не лишило команду чемпионского титула, поскольку турнир клуб закончил с 20-очковым отрывом от финишировавшего вторым «Гимарайнша». «Боавишта» была отправлена во второй дивизион и оштрафована на € 180 000. Президент — дисквалифицирован на четыре года. С «Униау», и так вылетевшего из первого дивизиона, были сняты три очка и наложен штраф в размере € 40 000, а его президент на год лишен права занимать руководящие посты в футболе.

Кроме того, несколько судей получили дисквалификации сроком от двух с половиной до шести лет.

Материалы этого дела и привлекли внимание КДК УЕФА. Однако «Порту» удалось отстоять место в Лиге чемпионов через апелляционный комитет УЕФА, отменивший решение КДК «в свете новых фактов».

К скандалам подобного рода общественность уже начинает понемногу привыкать. И люди привычно пожимают плечами, услышав, например, что «Зенит» в 2008 году купил Кубок УЕФА у «Баварии» и «Глазго Рейнджерс», заплатив этим ведущим клубам Европы € 20 млн и € 40 млн за победы в полуфинале и финале соответственно. Некоторые истории, правда, продолжают удивлять. Правда, как правило, они неглобальные, значимые вроде бы для небольшого количества людей. Вот совсем недавно стало известно, что подмосковный футбольный клуб «Сатурн» обанкротился, вылетел из высшей лиги и, естественно, задолжал игрокам существенные суммы. Дело, понятно, житейское. Но, когда эти суммы были озвучены, даже привычные люди начали чесать затылки.

Из документов следовало, что глубоко проблемный клуб, долги которого только кредиторам превысили 800 млн рублей, подписывал с игроками астрономические контракты. Так, контракт вратаря Антонина Кински предусматривал выплату ему в 2010 году 39,45 млн рублей (основная сумма) плюс еще более 21 млн рублей набежало в качестве премиальных. Контракт Романа Воробьева — 23 млн рублей, Дмитрия Кириченко — 27,5 млн рублей, Руслана Нахушева — 28,9 млн рублей, Алексея Игонина — 32,8 млн рублей (плюс 144 000 рублей за каждый выход на поле).

Дело было даже не в том, что клуб задолжал игрокам порядка 303 млн рублей. Размеры зарплат игроков (и долгов клуба перед ними) стали даже темой для шуток в блогосфере. Один из блогеров, например, заметил, что болельщики другого проблемного клуба — пермского «Амкара», также «прибитого» долгами, — открыли подписной лист, для того чтобы спасти свой клуб. Вскладчину они насобирали около 22 000 рублей. А этого им бы не хватило оплатить хотя бы один выход на поле Алексея Игонина.

Но все-таки самое интересное — это сравнить зарплаты игроков «Сатурна» с зарплатами их коллег из других чемпионатов. Так, один из самых высокооплачиваемых раменчан — 32-летний полузащитник Андрей Каряка — должен был получить в 2010 году 69,78 млн рублей, т. е. примерно € 1,75 млн — вполне на уровне ведущих футболистов английской премьер-лиги, средняя зарплата которых, по подсчетам газеты *Daily Star*, составляет £1,5 млн в год. Далее до предположения о том, что игроки «Сатурна», получая в кассе зарплату, тут же передают изрядную ее часть в чьи-то руки, только шаг. И вряд ли, кстати, это руки агентов. Впрочем, футбол отнюдь не монополизировал коррупцию. Об оплаченном (и бескорыстном) предвзятом судействе в профессиональном боксе пишут не ежегодно — ежемесячно. И ничего не меняется. А ситуация в боксе «любительском» — олимпийском в частности, — если и лучше, то ненамного.

2 октября 1988 года на Олимпиаде в Сеуле 19-летний американский боксер Рой Джонс встречался в финальном бою в категории до 71 кг с южнокорейским боксером Парк Си Хуном. В поединке Джонс имел явное преимущество и даже отправил соперника в нокдаун. К концу боя соотношение ударов достигло 86:32 в пользу американца. Однако судьи тремя голосами против двух присудили победу корейскому спортсмену. Во время объявления решения судей «победитель» едва удерживал себя в вертикальном положении. Американская делегация подала протест, но решение не было изменено. Вместо золотой медали Рой Джонс получил от Международной ассоциации любительского бокса приз Вэла Баркера и титул самого выдающегося боксера Игр в Сеуле.

ИЗ 115 ЧЛЕНОВ МОК 5 — 7% РЕГУЛЯРНО БРАЛИ ВЗЯТКИ.

МАРК ХОДЛЕР, ЭКС-ВИЦЕ-ПРЕЗИДЕНТ МОК, 2006 ГОД

В ноябре 1988 года трое судей из Уганды, Уругвая и Марокко, отдавших победу корейцу, были дисквалифицированы на два года за необъективное судейство. В 1996 году было доказано, что эти арбитры получили взятки от членов корейской делегации.

Через десять лет бывший вице-президент и старейший сотрудник МОК Марк Ходлер обвинил в коррупции верхушку этой организации. По утверждению господина Ходлера, в течение десяти лет при комитете действовала группа из четырех агентов, которые во время кампании по выбору столицы очередной Олимпиады заключали с представителями городов своего рода контракты. Получив от комитетов по выдвижению от $500 000 до $1 млн, они затем договаривались с членами МОК о выборе столицы, «покупая» необходимые голоса. Если город, заручившийся поддержкой агента, побеждал на выборах, то его оргкомитет дополнительно платил «помощникам» (агентам и членам МОК) от $3 млн до $5 млн.

По данным Марка Ходлера, из 115 членов МОК 5 — 7% регулярно брали взятки. В качестве примеров столиц Олимпиад, выбранных благодаря подкупу олимпийских чиновников, Марк Ходлер привел Атланту (1996), Нагано (1998), Сидней (2000) и Солт-Лейк-Сити (2002). Президент МОК Хуан Антонио Самаранч поручил специальной комиссии расследование олимпийской предвыборной кампании города Солт-Лейк-Сити.

Выяснилось, что в ходе кампании власти города запустили программу по обучению «перспективных» атлетов. «Перспективными» были названы 13 спортсменов, шесть из которых оказались родственниками членов МОК от африканских стран. В общей сложности на их «подготовку» было потрачено $ 400 000. Среди обвиненных в получении взяток через родственников оказался и президент Национального олимпийского комитета России Виталий Смирнов, чей сын Андрей в это время обучался в США. Свое расследование провели также Олимпийский комитет и минюст США.

Не дожидаясь результатов проверки, в январе 1999 года ушли в отставку президент и старший вице-президент оргкомитета по проведению Игр Фрэнк Джоклик и Дейв Джонсон, а также глава комитета по выдвижению Солт-Лейк-Сити Том Уэлш. 19 марта 1999 года на внеочередной сессии МОК в Лозанне факты получения взяток через родственников чиновников были доказаны. Четверо «олимпийцев» подали в отставку сами, еще шесть функционеров (в основном из африканских стран) были исключены на сессии МОК, а десять человек отделались предупреждением. Всего же в использовании служебного положения в личных целях были признаны виновными 126 членов МОК. Виталий Смирнов был оправдан.

Очередной скандал грянул на Олимпиаде в Солт-Лейк-Сити. 12 февраля 2002 года двукратные чемпионы мира россияне Елена Бережная и Антон Сихарулидзе выиграли золото в парном катании. Россияне, лидировавшие после короткой программы, выиграли и произвольную у канадской пары Джейми Сале — Давида Пеллетье, но с перевесом в один судейский голос. 13 февраля в СМИ появились сообщения, что победа россиян стала результатом сделки, которую заключили французские и российские судьи. Информация была получена корреспондентом телекомпании NBC от источников в Международном союзе конькобежцев (ISU).

ISU принял решение о проведении расследования. В тот же день французская судья Мари-Рен Ле Гунь заявила, что под давлением Олимпийского комитета Франции отдала победу россиянам, а в ответ судьи из России на соревнованиях танцевальных дуэтов поспособствовали получению золота французами Мариной Анисиной и Гвендалем Пейзера. 15 февраля ISU предложил присудить дополнительный комплект золотых медалей канадской паре, отменив голос Ле Гунь и дисквалифицировав ее.

А самый свежий коррупционный скандал в российском спорте едва не привел к развалу целой федерации — баскетбольной. По примеру европейских скандалов он получил и свое название — «Баскетгейт».

20 мая 2010 года на интернет-портале Rutube.ru появилась аудиозапись переговоров представителей судейского корпуса, сделанная после четвертьфинального матча Суперлиги чемпионата России по баскетболу между командами «Динамо» и «Локомотив-Кубань». Голоса на записи принадлежали инспектору матча от Российской федерации баскетбола (РФБ) Максиму Астанину, комиссару матча Ефиму Рессеру, а также судьям — Сергею Буланову, Сергею Кругу и Владимиру Разбежкину. Из их разговора следовало, что судьи с согласия комиссара матча и чиновника РФБ старались повлиять на исход игры, обеспечив победу «Локомотиву».

Некоторые формулировки четко указывали на то, что речь идет о судейском «сплаве». Вот, к примеру, такое высказывание: «"Динамо" надо было прикрутить, да и все. Фолами остановить это нападение... Надо было давать два туда — один туда. Два туда — один туда. И вроде как и поровну было бы...» Выходило, что один из главных руководителей суперлиги Астанин объяснял арбитрам, как те должны были помогать «Локомотиву», чтобы тот не проиграл «Динамо». В одной из реплик Астанин, выражая недовольство нерешительностью судей, заявил: «Позвони Черному, он тебе все скажет».

21 мая РФБ создала специальную комиссию для расследования инцидента. Исполком федерации отправил в отставку Максима Астанина, а остальных участников скандала отстранил от работы в чемпионате России до окончания расследования. 25 мая президент РФБ Сергей Чернов по собственному желанию покинул пост исполнительного директора Суперлиги.

2 июня комиссия исполкома РФБ представила результаты экспертизы скандальной аудиозаписи. Из них следовало, что фонограмма была смонтирована из 13 фрагментов (аутентичность фраз никто особо не оспаривал — «смысл передан верно», признавался потом судья Разбежкин — замечали лишь то, что монтаж подчеркнул и выпятил негатив). Аналогичные

выводы представил и адвокат Максима Астанина. Позже сам господин Астанин пояснил, что под словом «Черный» в аудиозаписи он имел в виду темнокожего баскетболиста, а не главу РФБ Сергея Чернова. Комиссия постановила, что вся собранная информация не позволяет дать однозначной оценки сложившейся ситуации.

15 июня десять сильнейших мужских клубов из-за скандала с судьями заявили о выходе из Суперлиги и создании независимой Профессиональной баскетбольной лиги. 21 июня прошло первое заседание новой лиги. 21 сентября РФБ и Профессиональная баскетбольная лига подписали договор о передаче прав на проведение чемпионата России по баскетболу сроком на три года. А в ноябре Чернов фактически ушел в отставку с поста президента РФБ, назначив внеочередные выборы на декабрь 2010-го.

> ...НАШ ФЮРЕР... ПРЕДОСТАВИЛ В МОЕ РАСПОРЯЖЕНИЕ СУММУ В 10 000 РЕЙХСМАРОК С ТЕМ, ЧТОБЫ Я ОТПРАВИЛ ИХ ВАМ. НЕТ НУЖДЫ ПОВТОРЯТЬ, ЧТО ОБ ЭТОМ НЕ СЛЕДУЕТ УПОМИНАТЬ ПУБЛИЧНО.
>
> Из письма президента Олимпийского комитета Германии Теодора Левальда барону Пьеру де Кубертену

Не избежал обвинений в коррупции и сам основатель олимпийского движения барон Пьер де Кубертен. Организаторам берлинских Игр 1936 года ужасно хотелось получить благословение Кубертена, который к тому времени уже ушел в отставку с поста президента МОК, а тот все не отвечал на письма президента Олимпийского комитета Германии Теодора Левальда.

Проблема разрешилась просто. Барон на склоне лет столкнулся с финансовыми затруднениями и даже собрался продавать мебель и картины. И тогда в ход пошло испытанное, безотказное средство. В очередном послании Левальд уведомлял адресата: «К моему величайшему удовольствию, я только что узнал, что наш фюрер и канцлер, который, как вам известно, с энтузиазмом защищает олимпийские идеалы и бесконечно сожалеет о том, что вы не сможете прибыть на Игры, предоставил в мое распоряжение сумму в 10 000 рейхсмарок, или 12 300 швейцарских франков, с тем, чтобы я отправил их вам. Нет нужды повторять, что об этом не следует упоминать публично, а в том случае, если возникнут вопросы у Байе-Латура[1], я отвечу ему, что Германия, как организатор Олимпийских игр, желает сделать взнос в Фонд Кубертена».

В переводе на нынешний курс барон получил около полумиллиона долларов. Вполне сопоставимо с суммами олимпийских взяток эпохи Хуана Антонио Самаранча, кстати. Это был первый или один из первых случаев «олимпийского» подкупа — и кого, самого отца-основателя!

Кубертен деньги взял и приехал с ознакомительным визитом загодя, в августе 1935 года. Он был настолько очарован увиденным, что собирался завещать Третьему рейху права на свои книги (более 12 000 страниц текста), и выступил по государственному радио Германии с яркой речью, в которой, в частности, назвал Гитлера «одним из лучших творческих духов нашей эпохи».

На открытии Олимпиады в Берлине один из величайших гуманистов современности Пьер де Кубертен приветствовал проходящих парадным строем олимпийцев бок о бок с Гитлером.

---

[1] Байе-Латур, Анри де, граф. Деятель бельгийского и международного спортивного движения, на тот момент — президент МОК. — *Прим. ред.*

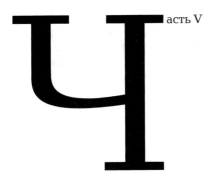

асть V

Идеальный аттракцион

Во все времена победа в соревновании означала политическую победу, проигравшую команду приносили в жертву. В языческие времена закалывали на алтаре — в буквальном смысле. Политики искали дружбы и поддержки спортсменов, а те использовали свои победы для того, чтобы сделать политическое заявление. Жить в обществе и быть свободным от спорта невозможно. Хорошо это или плохо, но это факт. Строительный материал этого факта — голы, очки и секунды. А связующий материал, цемент, что скрепляет эти «кирпичики», — миф. Миф, который творят и спортсмены, и те, кто ими восхищается. Этот миф возродил Пьер де Кубертен (хотя и это тоже миф), а первая Олимпиада современности в Афинах обозначила его главные сюжетные линии. Каждое последующее соревнование оттачивало намеченные или добавляло новые. Лени Рифеншталь фиксировала этот миф, Эмир Кустурица развивал его. Американцы показали всем остальным, как спорт делается национальным достоянием, а противостояние великих держав — как спорт становится оружием массового поражения в холодной войне.

ОДНАКО У НАС ВСЕ-ТАКИ ОСТАЕТСЯ НАДЕЖДА
НА ТО, ЧТО ТАКОЙ ВЕЛИКИЙ СПОРТИВНЫЙ
МИФ ОБЛАДАЕТ ДОСТАТОЧНОЙ СИЛОЙ, ЧТОБЫ
ОБЪЕДИНЯТЬ ЛЮДЕЙ В БОЛЬШЕЙ СТЕПЕНИ,
ЧЕМ ОН ИХ РАЗЪЕДИНЯЕТ.

Американская мечта

- Бейсбол
- «Супербоул»
- Автоспорт
- Национальные герои — боксеры-супертяжи

П

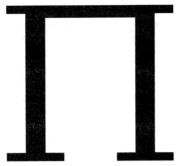

ожалуй, нет другой такой страны, где связь между спортом и национальным самосознанием так бросалась бы в глаза и была бы такой всеобъемлющей, как в США. Возможно, в этом плане американцы обошли даже Третий рейх, не говоря уже об СССР.

В Америке обожают все свое. Свои гонки, свой футбол, свой — конечно же — бейсбол, свой образ жизни, в конце концов. Для американцев «Чудо на льду» Лейк-Плэсида в 1980 году по значимости сопоставимо с убийством Кеннеди и первыми шагами Армстронга по Луне. Совершенно ясно, что именно тренер плачущей от счастья после победы в финале над финнами команды говорил позвонившему в раздевалку президенту Джимми Картеру. «Что я ему тогда сказал? По-моему, что счастлив тем, что мы доказали — американский образ жизни — лучший в мире», — вспоминал Херб Брукс.

И если канадская в общем-то (т. е. не американская) по происхождению игра могла спровоцировать в США, по сути, кратковременный национальный психоз, то что уж говорить об исконно американских ценностях, среди которых на первом месте — бейсбол. «Бейсбол — спорт номер один в Соединенных Штатах. Эта игра идеально подходит темпераменту наших людей», — сказал в 1866 году литератор Чарльз Певерелли. Сегодня говорят проще: бейсбол и Америка — это почти одно и то же.

По поводу того, кто изобрел игру, так и не понятую в большинстве других стран, но почему-то превратившуюся в главную американскую, по-прежнему идут споры. Есть версия, что длинный свод бейсбольных правил появился на свет в 1845 году благодаря некоему Александру Картрайту. Есть другая — что изобрел их Эбнер Даблдей. Зато точно известно, что первая бейсбольная игра состоялась в 1846 году. А в 1858 году появилась первая бейсбольная лига. Сначала она называлась национальной ассоциацией, потом была переименована в Major League Baseball (Главную бейсбольную лигу).

В бейсболе вообще все было впервые. Первая профессиональная команда — «Цинциннати Ред Стокингс» и первый крупный скандал — те самые сдачи матчей командой «Чикаго Уайт Сокс». Первый трансфер: в 1920 году «Бостон Рэд Сокс» продал своего лидера Бэйба Рута в «Нью-Йорк Янкиз» за $125 000. Первая забастовка игрока: в 1969 году Курт Флад отказался прибыть в тренировочный лагерь «Сент-Луис Кардиналс», потребовав увеличить себе годовую зарплату на $5000. Ему, кстати, увеличили. Первая забастовка всех команд, которая состоялась в 1972 году и из-за которой чемпионат MLB был прерван на 13 дней: речь шла, естественно, о необходимости прибавки к жалованью. Прибавку забастовщики получили. Получали ее игроки и потом чуть ли не каждый год, превратившись со временем в самых высокооплачиваемых спортсменов мира (средний годовой заработок в MLB — более $2,38 млн).

> ВОТ БЫ ВЗЯТЬ С СОБОЙ В МОРЕ ВЕЛИКОГО ДИМАДЖО. ГОВОРЯТ, ОТЕЦ У НЕГО БЫЛ РЫБАКОМ.
>
> ЭРНЕСТ ХЕМИНГУЭЙ. СТАРИК И МОРЕ

Тем, кто не родился в США, наверняка кажется, что получают они свои деньги зря. Многие, возможно, просто не понимают за что. За то, что три с половиной часа стоят, лениво помахивая битами, или ждут, когда им в ловушку кинут мяч, изредка совершая коротенькие пробежки от одного белого круга к другому? Но ведь все эти три с половиной часа за странными спортсменами наблюдают по 80 — 100 000 зрителей, нервно жующих поп-корн — обязательный атрибут любого похода на бейсбол. А каждый отбитый раз в полчаса мяч встречается овацией.

Причем все они как-то умудряются и разбираться в этих правилах, в которых вроде бы нормальному человеку никогда не разобраться, и назубок знают календарь своей любимой команды. Календарь MLB по сложности, к слову, не уступает правилам. Сначала проходят игры в двух лигах — аналогах конференций в НХЛ и НБА — Американской и Национальной. Причем разбитые на шесть дивизионов 30 клубов могут провести неодинаковое количество матчей — от 160 до 162. Затем — плей-офф в рамках лиги, куда выходят по четыре сильнейшие команды. Обладатели титулов чемпионов в каждой в середине октября начинают серию до четырех побед, именуемую World Series. В ней, собственно, и выявляется, кто же лучше всех играет нынче в бейсбол.

Как со всеми этим сложностями мирятся американцы, большая загадка — наверное, действительно образ жизни. Но мирятся и продолжают, от дворника до президента страны, с одинаковой страстью обожать свой бейсбол.

А бейсболисты — бездельники, с точки зрения непривычных к зрелищу людей, — превращаются в знаковые фигуры. Фамилии легенд 30 — 40-х годов — Бэйба Рута, Джеки Робинсона, Роджера Мэриса и, особенно, великого Джо Димаджо, в котором видел идеал настоящего мужчины сам Эрнест Хемингуэй, — знакомы любому школьнику страны не хуже, чем имена суперзвезд современных — Марка Макгуайра, Барри Бондса, Кэла Рипкена, Сэмми Сосы. Да что там — не хуже, чем фамилии президентов страны, почти каждый из которых был бейсбольным болельщиком!

Футбол (свой) американцы тоже любят безумно. Почему — тоже непонятно. Этот вид спорта появился в конце 70-х годов позапрошлого века как некий симбиоз двух британских игровых культов — регби и «нормального» футбола. И эту игру, кажется, можно только либо обожать, либо ненавидеть.

Те, кто обожает, находят в американском футболе сплошные достоинства. Они говорят, что он динамичен, как никакая другая игра в мире. Что сочетает в себе достоинства обоих родителей: того футбола, который за океаном уничижительно называют «соккер», и регби. Здесь нужно уметь одинаково хорошо играть и руками, и ногами, и хорошо бегать, и обладать физической силой вкупе с мужеством, ведь никакие шлемы и наплечники не защищают от травм. А некоторые сравнивают поле для американского футбола 90 × 49 метров с шахматной доской, а сам этот футбол — с наиболее интеллектуальной игрой, изобретенной когда-либо человечеством. В том смысле, что все комбинации в нем просчитываются заранее, что каждый из 11 игроков обязан досконально знать свои действия в тот или иной момент и лишь при идеальной их синхронности и точности команда может продвинуться вперед.

Те, кто ненавидит, наоборот, напрочь отказывают американскому футболу в динамичности. Потому что быстрые и долгие рывки, завершенные тачдаунами — заносами мяча в зачетную зону, за которые дается шесть очков (попадание ногой в ворота с игры «стоит» три очка, со штрафного — одно), случаются не так уж часто, а в основном идет постоянно прерываемая блокирующими нападающих защитниками и судьями (с последующими нудными замерами пройденного расстояния) борьба за дюймы площадки, за то, чтобы за четыре попытки продвинуться вперед на заветные десять ярдов и сохранить мяч у себя, продолжив атаку. В интеллектуальности американскому футболу они также отказывают, поскольку знание схем и творчество — отнюдь не одно и то же. Ненавистники замечают, что игрок-интеллектуал здесь один — квотербек; это распасовщик, который и организует все комбинации. Остальные либо что есть силы бегут вперед, прижимая к груди мяч-дыню, либо сбивают этих бегущих — какой тут интеллект?

Как бы то ни было, в США ни регби, ни «соккер» толком так и не прижились. А вот их странный симбиоз не просто прижился, а с годами набирал и набирал силу. Доводилось слышать: не исключено, все дело в том, что футбол — это как бы отражение американской истории, ставшей частью менталитета (два шага вперед — один назад, вечная и очень жестокая борьба за пространство)... Футбол, кстати, покорял Америку в том же направлении, что покоряли ее первые поселенцы, — с востока на запад. А окончательной его победой, думается, следует считать октябрь 1965 года, когда были обнародованы результаты традиционного опроса агентства Harris, определявшего, какому из видов спорта отдают предпочтение американцы. Прежде в них всегда, часто с подавляющим преимуществом, побеждал бейсбол. В тот раз он получил 38% голосов — 41% достался футболу. С тех пор футболисты выигрывают голосование чаще бейсболистов. Бывали даже годы, когда они набирали около 70% голосов.

Во всех опросах, в которых определяют лучших спортсменов десятилетия или века, вы тоже обязательно встретите кучу фамилий футболистов: Джим Торп, Джон Монтана, О. Джей Симпсон, Эммита Смит, Дэн Марино. В болельщицкой любви они ничуть не уступают звездам бейсбольным.

Эта любовь только окрепла, когда после серии бескровных, к счастью, войн, в 1966 году объединились две конкуровавшие лиги — Национальная футбольная лига (NFL) и более молодая, но весьма амбициозная Американская футбольная лига (AFL). «Боевые действия» запросто могли привести обе лиги к банкротству. Когда владельцы команд это поняли, началось сближение. И после серии секретных переговоров 8 июня 1966 года было объявлено о слиянии конкурентов и образовании единой лиги из 24 команд (теперь их 32). NFL и AFL, превратившиеся из лиг просто в конференции, согласились уже в январе следующего года провести и единый финал, который называли Super Bowl.

Практически тут же после завершения переговоров права на показ суперматча купили две телекомпании, до этого соперничавшие друг с другом, — CBS и NBC. Аж на четыре года вперед за $9,5 млн! Это был финансовый прорыв.

Первый же «Супербоул» стал большим событием. Сама игра получилась не слишком интересной, поскольку лучший клуб NFL «Грин Бэй Пэкерс» одержал победу над «Канзас-Сити Чифс» с явным преимуществом — 35:10. Зато за встречей наблюдала огромная аудитория — 62 000 человек. А игроки обоих соперников заработали сумасшедшие по тем временам премиальные — $ 15 000 для каждого из победителей, $ 7500 — для каждого из проигравших.

Год за годом «Супербоул» приобретал черты некоего самостоятельного феномена. Его успех уже не зависел от того, какие команды выходили в финал по итогам регулярного чемпионата, кто из звезд принимал в нем участие, как складывалась игра в главной встрече. Она могла быть и скучной, но аналитики продолжали констатировать достижение все новых рекордов популярности и значимости. «Супербоул» 1978 года впервые посмотрели более 100 млн телезрителей — точнее, 102 млн. Спустя семь лет американская телеаудитория финала составляла уже 116 млн человек. Еще примерно по 6 млн смотрели его в Великобритании и Италии — странах, которые в принципе оставались равнодушными к американской игре, отдавая предпочтение ее прародителям.

«Супербоул» 1986 года транслировался уже на 59 стран. В Китае его показывали в записи в марте — спустя полтора месяца после игры. И тем не менее встречу, результат которой был уже всем известен, в стране, где американский футбол не входит в число и 20 наиболее популярных видов спорта, смотрели 300 млн человек! За финалом 2003 года наблюдало 138 млн. За финалом-2004, напрямую транслировавшимся CBS, — столько же. «Супербоул»-2010 видели «всего» 106,5 млн жителей США, но это все равно была самая большая аудитория за всю историю местного телевидения. В десятке наиболее рейтинговых программ в истории телевидения США — одни футбольные финалы.

Попасть непосредственно на стадион давно могут уже лишь очень везучие люди. Дело в том, что в связи с особым ажиотажем вокруг «Супербоула» NFL была разработана жесткая схема распределения билетов на игру. Скажем, в 2004 году по 17,5% из 70 000 билетов на Reliant Stadium распространялись через клубные кассы, 5% — через хозяев стадиона. Квота болельщиков всех остальных 29 команд, вместе взятых, составила 34,8%. И только 25,2% распределялись через NFL — иными словами, были доступны абсолютно для всех.

Еще более потрясают цифры, характеризующие коммерческую отдачу от «Супербоула». Дорогих спортивных событий в США проводится немало: финальные серии баскетбольной НБА и бейсбольной MLB, боксерские матчи... Но по сравнению с «Супербоулом» все это полная ерунда.

> ПОБЕДА — ЭТО НЕ ВСЕ; ПОБЕДА — ЭТО ЕДИНСТВЕННОЕ, ЧТО ЕСТЬ.
>
> ВИНС ЛОМБАРДИ, АМЕРИКАНСКИЙ ФУТБОЛЬНЫЙ ТРЕНЕР

Финал NFL — исключительное по своему масштабу шоу. Одной футбольной игрой здесь дело не ограничивается. Вся программа длится несколько часов. Перед началом игры и во время большого перерыва (в американском футболе матч разбит на четыре тайма по 15 минут чистого времени) выступают известные певцы и рок-группы. Причем, говорят, за право принять участие в шоу между артистами идет не менее ожесточенная борьба, чем между футбольными командами в регулярном чемпионате. В разные годы на «Супербоуле» пели Дайана Росс и Барри Манилоу, Уитни Хьюстон и Гарт Брукс, Backstreet Boys и Мэрайя Кэри, Aerosmith и Джанет Джексон... Такой состав исполнителей не собирает ни один концерт! Может, кстати, поэтому смотрят Super Bowl даже не обращающие на спорт внимания во все остальные дни люди — например, домохозяйки. И поэтому такой интерес к нему проявляют различные компании, желающие отрекламировать свою продукцию на всю страну.

Стоимость телевизионной рекламы во время трансляций «Супербоул» достигает попросту невероятной отметки: 30-секундный ролик обходится заказчику в $2,3 млн! Иными словами, стоимость одной секунды финала — около $53 000! Но количество желающих разместить клип, несмотря на повышение цен, не уменьшается. В 2003 и 2004 годах на «Супербоул» заявились по 55 компаний-рекламодателей, самых разных: Pepsi и Mastercard, 20-th Century Fox и Walt Disney, FedEx и Dodge. Умножаем на 2,3 млн — получается, что доход только от рекламы равен $126,5 млн! При этом, как правило, компании готовят к матчу новые ролики, раньше никогда не использовавшиеся. Для них этот матч — особенная акция.

Правда, не так давно в американской прессе появилось и эссе, доказывавшее, что «Супербоул» для страны в целом... вреден. Его авторы выдвинули близкое, наверное, к истине предположение, что примерно 80 млн американцев в течение недели, предшествующей матчу, и недели, которая следует после окончания, обязательно говорят друг с другом о финале. В том числе на работе. Так вот, если считать, что в среднем на такие разговоры они тратят десять минут рабочего времени в день (похоже, согласитесь, на правду), то выходит, что эти люди — а средняя зарплата в США примерно $ 15,52 в час — недорабатывают на $ 821 млн!

Футболу — и только ему — пальму зрительского первенства в США уступает... гоночная серия NASCAR. Любитель автоспорта из Европы, посмотрев на это, фыркнет: «Ничего более идиотского в своей жизни не видел!» Американцы считают иначе.

Насчет «идиотских» поспорить, в принципе, можно, но скучными наскаровские гонки уж точно не назовешь. Тем, кто не имеет о них представления, можно посоветовать посмотреть фильм «Дни грома» с Томом Крузом (или мультик «Тачки»). Фильм посвящен как раз NASCAR и тем прелестям, что делает эти гонки столь привлекательными для зрителей: постоянным обгонам, жестким столкновениям, настоящим полетам машин над трассой. NASCAR — это своего рода кино в реальной жизни.

История главных американских гонок началась 60 лет назад, когда и была создана NASCAR — Национальная ассоциация гонок на stock-car. Под «сток-карами», собственно, изначально подразумевалась серийная машина, в которую внесен минимум изменений. Долгое время на соревнования ассоциации допускались все желающие. Тех, кто хотел погоняться в NASCAR, появилось множество. Ведь можно приобрести Buick за $ 4000 и выиграть настоящий турнир! На заре наскаровских соревнований были нередки случаи, когда автомобиль приобретался в салоне непосредственно перед стартом. А знаменитые пилоты прошлых лет с улыбкой рассказывают, к каким техническим ухищрениям тогда прибегали. Ну, допустим, часто аварии происходили из-за износа шин, который пилоты просто не могли контролировать, — не высовываться же все время из окна!? И тогда они придумали вырезать в днище машины люк, к которому привинчивали цепочку. Время от времени с помощью этой цепочки они его поднимали и смотрели: просвечивает ли сквозь резину корд? Если просвечивает, то колеса заменяли.

Со временем, правда, любительский дух и отчасти романтика из NASCAR исчезли. В гонках стали участвовать исключительно профессиональные команды и профессиональные пилоты, а за победу в серии стали платить по-настоящему большие деньги.

Ее этапы перебрались с обычных, временно закрытых для посторонних, дорог, на большие треки — замкнутые, в основном овальной формы, трассы, где покрытие, как на велотреке, имеет довольно солидный уклон. Впрочем, осталось многое из того, благодаря чему эти гонки стали американским культом.

Правила NASCAR по-прежнему направлены на сохранение в автомобилях, участвующих в состязаниях, элементов конструкции серийных машин. Нет, наскаровские Pontiac Grand Prix или Ford Taurus, конечно же, мало похожи на Pontiac Grand Prix и Ford Taurus, которые можно увидеть на улице. Но вот, допустим, двигатель в NASCAR должен изготавливаться на основе серийного блока цилиндров, причем допускается лишь минимальная степень его форсирования. Большой рабочий объем 16-цилиндрового двигателя делает моторы одновременно и мощными, и долговечными. Запрещено применение в конструкциях автомобилей современных композитных материалов.

Все это делается для того, чтобы поддержать конкуренцию. Создать машину, которая бы превосходила остальные на порядок, не удастся ни за какие миллионы. На создание сверхконкуренции направлена и уникальная система подсчета очков, принятая в серии. В NASCAR их дают даже за места во второй сотне! А еще очки полагаются каждому, кто продержался во главе пелотона хотя бы круг. Все для того, чтобы у любого, пусть он пока аутсайдер, был стимул для обгона.

Обратная сторона такого стимула — многочисленные аварии. Здесь в отличие от большинства остальных серий плотные контакты между машинами соперников не возбраняются, а фактически поощряются. Более того, за полвека было изобретено немало способов обгона соперников таким образом. Часто один автомобиль попросту вытесняет другой с удобного участка трассы — скажем, прижимая его к заградительному барьеру.

Понятно, что травматичность в NASCAR выше, нежели в других гонках. Точной статистки летальных исходов здесь нет, но известно, что за всю наскаровскую историю на овалах насмерть разбились более 20 человек. Пилотов тут называют сумасшедшими, часто вспоминая случай, происшедший в Дайтона-Бич в 1997 году. Великий Дэйл Эрнхардт мчался на своем Chevrolet к очередной победе. И вдруг его машина, чуть-чуть задев другую, взлетела в воздух и несколько раз в полете перевернулась. Гонщика срочно погрузили в подъехавшую скорую помощь и собирались уже везти в больницу, когда он высунулся из окна, увидел, что Chevrolet стоит на колесах, и, не обращая внимания на докторов, ринулся к своей машине. «Я понял, что могу ехать, а значит, должен был быть за рулем», — сказал он, когда та удивительная гонка закончилась.

Спустя четыре года Дэйл Эрнхардт судьбу уже обмануть не смог. На той же гонке «500 миль Дайтоны», на глазах 200 000 зрителей, он на скорости 290 км/ч врезался в «отбойник» и погиб.

Каждый год в руководстве NASCAR идут разговоры о том, что нужно изменить правила и ужесточить меры безопасности. Однако разговорами все и заканчивается. Безопасный NASCAR — это уже не NASCAR. Да и деньги за риск американские пилоты получают неплохие даже по меркам «Формулы-1». Джефф Гордон, преемник Дэйла Эрнхардта в роли лидера Chevrolet и гоночного кумира населения США, например, увеличил в 2002 году свое состояние благодаря победе в Winston Cup Series (так официально именуется чемпионат NASCAR, состоящий из 40 этапов) на $6,7 млн. Плюс заработал огромную сумму на рекламе. Он — один из немногих спортсменов в США, в честь которых выпущена именная кредитная карточка. Бешеной популярностью пользуются в Америке и другие звезды NASCAR — Майкл Уолтрип, Бобби Лабонти, Дэйл Джарретт. Именно они олицетворяют собой настоящего американского пилота-супермена.

Впрочем, есть в Америке и своя «Формула-1». Вернее, даже две «Формулы», но тоже, разумеется, весьма специфические. Когда-то американская «Формула» была единой и называлась Indycar. Американцы чрезвычайно гордились тем фактом, что их серия гораздо старше европейского аналога. Первые регулярные соревнования на «родстерах», которые можно считать прадедушками современных «формулических» автомобилей, начались на автодроме в Индианаполисе (от названия города, собственно, происходит и название серии) еще в 1930-х годах прошлого века. А с 1961 года соревнования проводятся на автомобилях, у которых почти нет отличий от «нормальной» — европейской — «Формулы». Машины, во всяком случае, были очень похожи на своих собратьев и внешне, и по внутреннему устройству, и по техническим характеристикам.

Но американцы не были бы американцами, если бы не привнесли в кольцевые гонки на суперпрототипах что-то свое. Это «свое» сводится в основном к минимальному ограничению всех «примочек», которые влияют на мощность двигателя. Если в «Формуле-1», допустим, отменили турбонаддув, то в Indycar об этом никто никогда даже не заикался. Вдобавок вместо бензина в качестве горючего здесь разрешено использовать этиленовую, быстрее воспламеняющуюся, смесь. В итоге в конце 1980-х годов американские автомобили превосходили по скорости «формулические»! Но, понятно, что, как и в случае с NASCAR, безопасность индикаровских гонок всегда оставляла желать лучшего.

Есть еще одно, может быть самое существенное, отличие Indycar от «Формулы-1», из-за которого европейцы всегда смеялись над этой серией. Насчет индикаровских пилотов они постоянно шутили: «Эти парни умеют поворачивать только влево». В шутке была значительная доля истины. Большинство этапов серии проходят на столь любимых в США треках, где движение направлено против часовой стрелки. Вправо в таких условиях, действительно, не повернешь и вообще много маневров не совершишь. Правда, шутки по поводу примитивного стиля американских гонщиков чуть-чуть поутихли, когда лучший пилот Indycar Марио Андретти, перейдя в «Формулу-1», в 1978 году выиграл чемпионат.

Да и столь напряженной борьбы, как в Indycar, в «Формуле» никогда не было. Как и в NASCAR, конкуренция поддерживалась искусственно — узкие овальные треки провоцировали столкновения и вылеты фаворитов, а после каждой более или менее серьезной аварии все машины должны были затормозить под желтыми флагами и собраться вместе, т. е. борьба, по сути, начиналась заново. Своим шасси пользоваться было теоретически можно, но с одним условием — его надо было поставлять и конкурентам. Естественно, все предпочитали пользоваться услугами официальных поставщиков. Набор двигателей в серии тоже был ограничен. В общем, условия и в самом деле практически равные для всех.

Беда пришла в 1996 году. Тони Джордж, владелец автодрома в Индианаполисе, решил основать собственную гоночную серию, посчитав нецелесообразным делиться с кем-то доходами. Бизнесмен, во многом благодаря репутации своего культового трека, отстоял право на использование бренда Indy. Тони Джордж объявил, что легендарная гонка «500 миль Индианаполиса» будет входить в календарь образованной им серии Indy Racing League (IRL). Это был мощнейший аргумент.

Indy-500, как еще называют в Америке гонку в штате Индиана, — несомненный феномен в автоспорте, одно из трех величайших состязаний (есть еще «Гран-при Монако» в «Формуле-1» и «24 часа Ле-Мана»). В «Формуле-1» нередки случаи, когда этап чемпионата мира собирает по 300 000 зрителей. Когда в 2002 году выяснилось, что за второй победой на «500 милях Индианаполиса» молодого таланта из Бразилии Элио Кастроньевеша наблюдали 450 000 человек, организаторами гонки это было воспринято как неудача: обычно болельщиков бывает больше полумиллиона.

В Индианаполисе, можно сказать, и родились большие автомобильные гонки. Произошло рождение благодаря Карлу Фишеру, бывшему велосипедисту, который в начале прошлого века всерьез увлекся автоспортом. Именно ему пришла в голову идея построить для состязаний самых быстрых машин специальный автодром. 9 февраля 1909 года Карл Фишер вместе с друзьями основал корпорацию The Indianapolis Motor Speedway и приобрел участок земли к северо-востоку от центра Индианаполиса. Спустя полгода трек, длина круга которого составляла две с половиной мили, был сдан в эксплуатацию. Подсчитано, что во время стройки израсходовали 3,2 млн кирпичей: отсюда и ставшее почти официальным «прозвище» трека — «Старая кирпичница».

Открылся он 19 августа 1909 года гонкой на пять миль. И... вполне мог тут же закрыться. Покрытие трассы не выдержало и треснуло, что привело к катастрофе: погибли два пилота, два механика и два зрителя. Таким образом и было положено начало достаточно зловещей традиции: столько трагедий, сколько происходило на «Старой кирпичнице», не видел ни один автодром в мире.

Я ГОТОВ УМЕРЕТЬ РАДИ ТОГО, ЧТОБЫ ВЫИГРАТЬ INDY-500.

МАЙКЛ АНДРЕТТИ

В 1933 году авария привела к гибели пяти человек и массовому отказу пилотов от участия в последующих гонках. В 1955 году Билл Вукович, победитель двух предыдущих Indy-500, лидируя, разбился на 57-м круге. Спустя год 15 машин столкнулись на старте — погиб Пэт О'Коннор. В 1960-м не выдержала напора публики одна из трибун — два человека скончались, 40 получили травмы. В 1964-м случилась авария с участием семи машин: известные пилоты Эдди Сакс и Дэйв Макдональд так и не смогли выбраться из загоревшегося завала. В 1971-м пейс-кар, за рулем которого сидел Элдон Палмер, врезался в группу фотографов — в больнице оказались 22 человека. В 1973 году в квалификации опытный пилот Арт Поллард не справился с автомобилем на скользкой из-за дождя трассе, на полной скорости врезался в «отбойник» и умер на месте. Затем, уже в гонке, чудом избежал смерти Солт Уолтер. После аварии, в которой обломками его машины задело

13 зрителей, соревнования остановили: организаторам стало ясно, что под проливным дождем ездить по «Старой кирпичнице» невозможно. Но спустя два дня гонка возобновилась — и Свид Сэвидж врезался в заградительный барьер, разбился сам, а его расколовшаяся на две части, объятая пламенем машина убила еще и механика.

Самое странное заключается в том, что магию Indy-500 эти трагедии не уничтожили. Напротив, с каждым годом Америка ценила безумное действо все больше и больше. Разговоры о запрете «спектакля смерти» постепенно сошли на нет.

В 1945 году «Старую кирпичницу» купил Антон Хьюлман-младший и вложил несколько миллионов долларов в реконструкцию: на автодроме появились удобные трибуны для зрителей, более удобными и безопасными, как и само полотно трассы, стали заезды на pit-lane, а рядом с треком была воздвигнута знаменитая восьмиэтажная Контрольная башня, которая несколько оживила мрачноватый облик «Старой кирпичницы». Позже неподалеку от автодрома построили гостиницу Speedway Motel и музей автоспорта, который до сих пор остается лучшим в мире. Хьюлман начал вручать хорошие по тем временам суммы, в несколько тысяч долларов, призерам соревнований, а победителю — красивый переходящий кубок.

Он провозгласил своей целью сделать из Indy-500 «величайший из гоночных спектаклей». И достиг ее. В 1990-е годы сюда пришел NASCAR. А в конце 1990-х, немножко достроив трассу, дабы она была не совсем все-таки похожа на примитивный овал, — появилась «Формула-1»: первое Гран-при Америки состоялось на треке в 2000 году. И все же Indy-500, как и прежде, по зрительскому ажиотажу остается вне конкуренции. Майкл Андретти как-то сказал: «Я готов умереть ради того, чтобы выиграть Indy-500». Многие это уже сделали. А другим это еще предстоит.

Так что Тони Джордж в середине 90-х, можно сказать, пытался уберечь американских гонщиков от гибели, ведь большинство команд и спортсменов проигнорировали его и остались в старом чемпионате, сменившем вывеску на CART.

Новая серия разработала свой технический регламент, заодно поменяв географические приоритеты. IRL сделал ставку на американских пилотов и овальные треки в провинции. В CART решили, наоборот, количество «овальных» этапов уменьшить, а типичных для «Формулы-1», на классических автодромах, — увеличить.

Более того, картовцы устроили вторжение в Европу. Раньше в Indycar регулярно проводили этапы в Бразилии, Канаде и Мексике, CART провел свои гонки в Германии, Англии и Японии.

Поначалу казалось, что IRL не выжить. Лиге даже пришлось допустить картовцев к своей святыне — «500 миль Индианаполиса», дабы интерес к гонке совсем не упал (кстати, выигрывали ее все время представители CART). Однако постепенно становилось очевидно, что «националистическая» IRL привлекает спонсоров больше, чем бьющаяся с «Формулой-1» за мировое лидерство, но проигрывающая ей альтернативная серия. Да и телевидение отдало предпочтение первой: контракт с лигой подписал крупнейший спортивный телеканал мира ESPN, что окончательно решило исход противостояния.

Еще в 2002 году тем, кто хотел посмотреть американскую «Формулу», стоило приезжать все же на этапы CART. В 2003 CART обанкротился. Большинство звезд — Кенни Брак, Элио Катстроньевеш, Майкл Андретти, Жиль де Ферран — ушли в IRL. Там уже гонялась и единственная женщина-пилот в кольцевых гонках высочайшего уровня — Сара Фишер. Тони Джордж даже попытался выкупить CART, но после ряда судебных процессов та перешла под крыло специально созданной структуры OWRC под управлением Кевина Калховена и стала называться CCWS — ChampCar World Series. 5 апреля 2008 года серия была окончательно объявлена банкротом, а 20 апреля прошла последняя прощальная гонка в Лонг-Бич, которую уже нельзя было отменить.

> В АМЕРИКЕ ЧЕМПИОН В ТЯЖЕЛОМ ВЕСЕ — ВТОРОЙ ЧЕЛОВЕК ПОСЛЕ ПРЕЗИДЕНТА.
>
> НОРМАН МЕЙЛЕР

В целом, американцы вынуждены считаться с тем, что помимо их автогонок в мире есть и другие, достойные уважения, может быть, даже в той же степени. Но вот где вплоть до самого последнего времени американцы считали себя не просто впереди планеты всей, а даже где-то в иной галактике, так это в боксе. Особенно в тяжелом весе. Это было американское — и больше ничье. Как статуя Свободы. И это следовало защищать, как статую Свободы, от любого, кто посмел не то чтобы посягнуть, а даже усомниться в безусловном первенстве американцев. Даже от самих американцев.

Уже первый официальный чемпион мира в тяжелом весе Джон Л. Салливан, царивший на ринге в 1880-х годах, был фигурой национального масштаба и полностью осознавал себя таковой. Когда он посетил Европу, с ним пожелал познакомиться принц Уэльский. При встрече принц пригласил боксера в свой дворец, если тот вдруг окажется поблизости. На это Джон Л. ответил: «Если вы, Ваше Высочество, окажетесь недалеко от Бостона, заходите ко мне домой». Принц на секунду онемел... и пообещал непременно так и поступить. Еще его прадед считал признаком хорошего тона обедать в компании лучших боксеров Англии. С той поры престиж принцев только упал, а боксеров — вырос.

В Англии лучшие профессионалы стояли на иерархической лестнице достаточно высоко. В безразмерной империи, подчинившей себе десятки стран, уважали силу во всех ее проявлениях, в том числе и в самых первобытных. Боксеры были своего рода символом мощи нации, покорившей полсвета.

В Америке это отношение, как ни странно, усвоили не сразу. Поколения основателей и первопроходцев были слишком заняты насущными делами и занимались ими в основном при помощи огнестрельного оружия и на своей территории. Наверное, не случайно бокс стал завоевывать особую популярность в Новом Свете, когда Америка прощалась с Диким Западом — в 80-е годы XIX века. И происходило это не на этих еще не до конца освоенных землях, а на цивилизованном восточном побережье, где о реальной борьбе за существование в лучшем случае помнили.

Бывший ярмарочный боец и алкоголик Джон Л. Салливан не совсем подходил для роли живого воплощения статуи Свободы (открытой как раз в эпоху его расцвета, в 1886-м), но у него были гипертрофированное чувство собственного достоинства и спортивный талант — настолько большой, что даже он не смог его пропить. Кроме того, Салливан умел быть чемпионом. Он ходил как чемпион, он говорил как чемпион, он жил как чемпион. Принц Уэльский был лишь одним из многих великих мира сего, кто искал встречи с ним.

Салливан стал основателем многих традиций в профессиональном боксе. Среди них была и одна довольно своеобразная: не встречаться с недостойными. Джон Л. считал, что «чемпионский титул в тяжелом весе — это национальное достояние, которое не может принадлежать кому попало». Именно на этом основании он наотрез отказывался драться с чернокожими боксерами. Ни в коем случае не отрицая их силу, он утверждал, что они недостойны носить такой высокий титул.

Однако стареющему Салливану (а вместе с ним и всей Америке) пришлось увидеть, как чемпионский пояс взяли черные руки. И какие руки!

Негр Джек Джонсон много лет добивался права встретиться с чемпионом мира. У него были основания требовать этого. Однако чемпионы сменяли друг друга, а отношение к Джонсону оставалось прежним: с ним не хотели видеться не только на ринге, но и (на всякий случай) за его пределами. Газеты травили его без устали. «Они никогда не дают мне забыть, что я негр, — как-то сказал Джек. — Ладно, я негр. Но раз так, я и им никогда не дам забыть, что я негр».

Джонсон понимал, что у него есть только один способ заставить чемпиона драться с собой: безостановочно оскорблять его, называть трусом и позорить на каждом шагу. Тогда белые сами потребуют от чемпиона набить морду этому нахальному «ниггеру».

Джонсон завоевал чемпионский титул аж в Австралии, куда от него сбежал тогдашний чемпион мира Томми Бернс. Но в Америке Бернс не пользовался никаким авторитетом, так как получил титул в результате того, что непобедимый Джеймс Джеффрис, уставший от бокса, покинул ринг. Не признали теперь и Джонсона. Все считали, что нужно вытащить экс-чемпиона Джеффриса с его фермы, а уж он-то задаст трепку зарвавшемуся негру. С большим трудом это удалось сделать. Бой назначили на День независимости — 4 июля 1910 года.

Интриги не получилось. Джонсон делал на ринге что хотел, разговаривал с противником на два голоса, изображая то забитого негра с плантации, то, опередив свое время почти на век, отвязного рэпера, и при этом бил, бил, бил... Издевался он не только над Джеффрисом, но и над его секундантом — экс-чемпионом мира Джимом Корбеттом. В какой-то момент Джонсон зажал обессилевшего Джеффриса в угол, где Джонсону строил рожи Корбетт (расист геббельсовского плана, он предполагал, что при виде подобной гимнастики для лица любой негр потеряет самообладание), сделал брови домиком и робко спросил: «Куда прикажете его положить, мистер Корбетт?»

В 15-м раунде полномочный представитель статуи Свободы Джеффрис двигался почти как статуя. Он трижды падал. Наконец секунданты выбросили полотенце. Поруганный национальный символ не мог встать самостоятельно. А чего еще ожидать от статуи? Национальные трагедии такого рода не переживаются тихо. По Америке прокатилась волна негритянских погромов, 19 человек погибли и тысячи были ранены. Страна долго еще разбиралась со своим обидчиком. В Европе уже полным ходом шла Первая мировая война, а Америка все гонялась за Джонсоном.

Во второй половине XX века роль негра сыграл иностранец. В 1959 году белую Америку озадачил швед Ингемар Юханссон, отобрав титул у чернокожего Флойда Паттерсона. Американцы не очень понимали, как к этому относиться. Юханссон — белый, но чужой; Паттерсон — свой, но негр. Страну лихорадило несколько месяцев, пока наконец не была выработана формула: «Этот негр дал себя побить». Паттерсона как бы лишили американского гражданства. Однако в следующем году, когда он выиграл матч-реванш, его чествовали как настоящего американца.

После Юханссона об иностранцах в боксерской элите толком не было слышно более 30 лет. Реальная опасность забрезжила лишь в 1988 году — на сеульской Олимпиаде, когда чемпионом стал канадец Леннокс Льюис, нокаутировавший в финале американца Риддика Боу. Впрочем, о Льюисе скоро забыли, тем более что он исчез.

А зря. В 1992 году Леннокс Льюис вернулся из небытия. Оказалось, этот канадец был на самом деле англичанином. Он уехал из Великобритании 12 лет от роду вместе с матерью, но никогда не терял британского гражданства. К концу 1992 года Льюис стал претендентом номер один и с тех пор мешал Америке спокойно спать.

Сначала у него был заключен контракт на бой с победителем встречи между чемпионом мира Холифилдом и претендентом Боу. Однако новоиспеченный чемпион Боу, уже раз битый Льюисом, наотрез отказался встречаться с ним снова. Из трех организаций, курирующих профессиональный бокс (WBC, WBA и IBF), только WBC пошла на принцип и пригрозила Боу лишением титула, если он не будет драться с Льюисом. Тогда Боу в присутствии журналистов вышвырнул дубликат чемпионского пояса этой организации в мусорный ящик. В ответ WBC лишила Боу титула и отдала его Льюису.

Ни WBA, ни IBF даже не рыпнулись против Боу, хотя он нагло попирал и их правила. Потому, что Леннокс Льюис — англичанин, а чемпион мира в тяжелом весе в Америке, по определению Нормана Мейлера, второй человек после президента. А иностранец не может быть вторым человеком в Америке. И не может статуя Свободы отправиться через океан, пусть даже когда-то она и пришла оттуда.

Пресса ненадолго замерла, не очень понимая, как себя вести, а потом бросилась оправдывать Боу. Все помнили, как безвольно и позорно Боу проиграл Льюису, но ни одно издание не рискнуло ему об этом напомнить. Все считали, что лучше иметь такого чемпиона, чем никакого. Боу проиграл титул Холифилду, Холифилд — Муреру. С Льюисом по-прежнему никто драться не хотел. Но тут сам Леннокс «зевнул» нокаут в бою с ничем не примечательным Оливером Макколлом. Америка вздохнула свободно. «Мы же говорили, что он никто! Мы же говорили!» — захлебывались самые разные издания. Радости было столько, словно страна избежала бомбардировки ВВС Саддама Хусейна.

Однако в начале 1997 года Льюис вновь стал претендентом номер один по версии WBC. А победив старого знакомого Макколла, и чемпионом. И тогда Америка преподнесла Ленноксу очень специфический подарок. Защитить Америку от гнусных посягательств Льюиса поручили новому гражданину США — поляку Эндрю (Анджею) Голоте. Этот достойный юноша в 1990 году бежал из Польши, где был осужден за то, что избил посетителя в ночном баре, затащил его в туалет, раздел и скрылся с его одеждой.

Помимо этого в США Голота прославился — в боях с Боу, кстати — ударами «к югу от границы». Так в Америке называют преднамеренные удары ниже пояса. Зачем он это делал, никто так и не понял. Видимо, по доброте душевной. Голоту дважды дисквалифицировали, но Анджей доказал, что боксер он очень сильный. Журнал «Ринг» провел виртуальные бои между ним и Тайсоном, и вышло, что, даже не прибегая к своим рискованным телодвижениям, поляк «в компьютере» нокаутировал Тайсона в четвертом раунде, а Холифилда — в восьмом. Льюис в качестве противника даже не рассматривался.

Однако на настоящий, а не виртуальный ринг против Голоты вышел именно он. И уложил Анджея в 1-м же раунде. Американская пресса выдержала необходимую паузу, предположив, однако, что все произошедшее — просто случайность. А потом обрушилась на Леннокса с новой силой, совсем уж не стесняясь в выражениях. Кампания против Льюиса продолжалась до тех пор, пока Холифилд, снова занявший чемпионский престол по версиям WBA и IBF, наконец не согласился встретиться с британцем. Ведь развернутая травля англичанина дискредитировала даже в большей степени его самого. Помог и Льюис. Он на каждом углу говорил, что Холифилд его просто боится, как раньше боялись Боу и Тайсон (Железный Майк, кстати, в 1996 году даже заплатил Льюису отступные, чтобы не встречаться с ним).

У Холифилда просто не осталось выбора. «Эвандер, — запричитала пресса, — пожалуйста, заткни эту пасть раз и навсегда». При этом каждый сопливый борзописец подчеркивал, что сделать это Холифилду ничего не стоит. Они так часто повторяли эту глупость, что в конце концов и сами в нее поверили.

И за глупость пришлось заплатить. Сначала — национальным позором. Нет, Холифилд и в 36 лет оставался прекрасным боксером, а Льюис провел бой не слишком зрелищно и эффектно. Тем не менее его победа сомнений не вызывала. Судьи же дали ничью. Трибуны Мэдисонс-сквер-гарден, по большей части заполненные американцами, выразили свое возмущение. Американские СМИ, все без исключения, назвали решение судей позорным. На фоне всеобщего негодования самым счастливым был организатор матча Дон Кинг — нарисовалась блестящая золотым блеском перспектива матча-реванша.

И в ноябре 1999 года Льюис и Холифилд встретились повторно. По иронии судьбы, на этот раз Холифилд смотрелся куда лучше, однако судьи отдали Льюису победу единогласным решением. Леннокс Льюис стал абсолютным (undisputed — «неоспоримым» — как говорят сами американцы) чемпионом мира. Последним на сегодняшний день...

Американцы, похоже, остаются самым близким к древним грекам (да и римлянам, пожалуй) народом, когда речь идет об отношении к спорту. Они не замечают особой разницы между спортом и зрелищем, спортом и бизнесом, спортом и войной (и политикой в целом). Возможно, это самый честный подход к спорту, хотя вряд ли кто-то из спортивных чиновников рискнет признать это публично.

От Афин до Сочи

Традиция — великая сила. Традиция проведения Олимпийских игр, возрожденная гуманистами XIX века, накрепко привязывает наше представление о спорте к эллинистическим. Именно там и тогда закладывалось главное, пожалуй, противоречие спорта, творчески развитое бароном де Кубертеном и его последователями — попытка воспринимать спорт отдельно от политики хотя бы на уровне деклараций.

На самом деле отделить политику от спорта невозможно. Общегреческий фестиваль — Олимпийские игры — одновременно был и всегреческим политическим форумом, где собирались все сколько-нибудь значимые персоны. Победитель состязаний становился первым человеком своего полиса не только в сознании своих сограждан, но и всех греков. Олимпионики пользовались таким почетом и авторитетом, что автоматически становились соперниками местного правителя, претендентами на власть в родном полисе, — известны истории, когда трон напрямую «разыгрывался» в соревновании претендентов.

В особенности это касалось победителей гонок колесниц. Прежде всего, потому, что выставивший колесницу на игры был человеком богатым и влиятельным априори (гонки — увлечение, затратное во все времена). И потому, что победителем объявлялся именно владелец колесницы, а не колесничий. Правители же полисов выставляли свои колесницы на игры, чтобы подчеркнуть свой статус и укрепить авторитет.

Вернувшийся в Рим из изгнания молодой и перспективный политик Гай Юлий Цезарь, помимо великолепных ораторских побед, прославился постановками театральных представлений и гладиаторских боев. Постепенно он завоевал расположение народа. Захватив власть, он последовательно поддерживал свой образ «спортивного мецената».

Соревнования и гладиаторские бои шли нескончаемой чередой. В амфитеатре, сооруженном на Форуме, выпустили на арену 400 львов, с которыми мог сразиться любой житель Рима, будь то патриций, гладиатор или раб. Как-то, желая заткнуть за пояс предшественников, Цезарь выставил на состязание одновременно 320 пар гладиаторов, чье убранство и оружие были сплошь из серебра.

Прошло еще две тысячи лет — или чуть больше. И уже иску-
шенный российский политик и магнат Роман Абрамович решает
обосноваться в Лондоне. Метода не меняется — Абрамович по-
купает почти обанкротившийся и давно не знавший вкуса побед
футбольный клуб «Челси». В первом же сезоне с новым хозяином,
сезоне 2003 — 2004, «Челси» впервые за 50 лет (!) занимает второе
место в английской премьер-лиге, пропустив вперед лишь «Арсенал». Следующий сезон приносит «Челси» золото.

После первых же побед Абрамович стал очень уважаемой
фигурой в Лондоне, особенно для болельщиков «Челси». С его
мнением считались, ему верили, его имя скандировали на стадионе, в его честь играли «Калинку» перед матчем. И что это, если
не настоящий звездный час? Трудно придумать иной способ, по-
зволивший столь же стремительно получить известность и уважение на новом месте.

На какое-то время персона Абрамовича затмила по популярности и количеству публикаций даже членов королевской семьи.
Доказательством феноменальной по масштабам славы стало признание Абрамовича в 2003 году персоной года в Англии. В числе
его приятелей появились лорды, члены парламента и даже президент Исландии.

Однако же вернемся на время в Древнюю Грецию. Одним
из самых драматичных эпизодов, в котором переплелись спорт
и политика, случился во времена вторжения в Грецию Ксеркса.
О подвиге 300 спартанцев слышали, наверно, все. Но вот главная
причина, по которой против 200-тысячного войска персов вышло чуть менее шести тысяч греков из 11 полисов (на самом деле
их было гораздо больше — Геродот перечислил лишь гоплитов,
тяжеловооруженных воинов, 100% которых, кстати, были спортсменами), известна далеко не всем.

Дело в том, что Ксеркс вторгся в Грецию как раз накануне
спартанского праздника Карнеи. А Карнеи совпали с Олимпийскими играми. Греки не желали изменять традиции даже перед
лицом внешней угрозы — основная часть войск должна была выступить после окончания празднеств.

Напомним, что возобновление Олимпийских игр, основателем которых легенда называла Геракла, произошло в 884-м
или в 828 году до н. э. благодаря настойчивости правителя Элиды
Ифита и законодателя Спарты Ликурга. С 776 года до нашей эры
в Греции был принят олимпийский хронологический принцип —
отсчет времени по годам Олимпиад. На время проведения игр

по всей Элладе объявлялось перемирие, а Олимпия — столица Элиды — святым и неприкосновенным городом.

Правда, Элида несколько раз подвергалась нападениям соседских городов-государств в периоды между играми (тот, кто контролировал святилище Зевса, получал мощнейший инструмент политического влияния в Пелопонессе), и сама нападала на них. Так что спорт всегда был связан с политикой, причем острота политического противостояния только добавляла остроты спортивному. И наоборот. Порой доходило до смешного. Во время знаменитой хоккейной суперсерии-72 политическая паранойя просто зашкаливала. По прибытии в Москву Фрэнк Маховлич, думавший, что его номер прослушивается КГБ, начал тщательно осматривать свою комнату и в итоге нашел-таки подозрительный металлический предмет под паласом. Обрадовавшись, что оставит КГБ в дураках, он стал откручивать «подслушивающее устройство» и продолжал это делать до тех пор, пока этажом ниже не раздался шум погрома. Оказалось, что Маховлич разобрал удерживающее крепление люстры, разбившейся вдребезги в нижнем номере.

Но чаще было скорее страшновато. Во время Олимпиады в Лейк-Плэсиде для дополнительной мотивации сборной США по хоккею перед матчем со сборной СССР одна стена в раздевалке была заклеена телеграммами с пожеланиями удачи. Одна из присланных телеграмм гласила: «Разбейте этих красных» («Beat those Commie bastards» — дословно: «Разбейте этих ублюдков-коммуняк»). Кстати, самую свою знаменитую хоккейную игру американские зрители увидели в записи. Она получила самый высокий рейтинг среди программ телевизионного сезона 1979 — 1980 годов и по сей день удерживает американский рекорд по количеству зрителей, посмотревших хоккейную игру.

Одним из пиков спортивно-политического противостояния, конечно, стали бойкоты Олимпиады-80 в СССР и Олимпиады-84 в США. Причиной американского бойкота обычно называют ввод советских войск в Афганистан. На самом деле СССР просто дал США великолепный предлог, которым те не замедлили воспользоваться. Еще за два с половиной года до этого, 10 июня 1977 года, в Белом доме президент США Джимми Картер в беседе с редакторами американских изданий объяснял свою политическую стратегию так: «Мне лично хотелось бы... в агрессивной форме бросить вызов Советскому Союзу и другим странам, разумеется, мирным путем, чтобы приобрести влияние во всех районах мира, которые, по нашему мнению, имеют для нас сегодня решающее значение или могут приобрести такое значение через 15 — 20 лет».

НА ОЛИМПИЙСКИХ ОБЪЕКТАХ И ДРУГИХ МЕСТАХ ПРОВЕДЕНИЯ СОРЕВНОВАНИЙ ЗАПРЕЩАЕТСЯ ЛЮБАЯ ПОЛИТИЧЕСКАЯ, РЕЛИГИОЗНАЯ ИЛИ РАСОВАЯ ПРОПАГАНДА.

ОЛИМПИЙСКАЯ ХАРТИЯ

Но даже после этого на Картера давили, обвиняя его в чрезмерном либерализме в отношении советского режима, и бойкот Олимпиады должен был добавить ему голосов накануне выборов.

Впрочем, порой политический (и финансовый, конечно же) авторитет Олимпиад превосходил авторитет держав. Так было, например, накануне Олимпиады-2008 в Пекине. Озабоченные ситуацией с правами человека в Китае, США вели активную подготовку к бойкоту и этой Олимпиады, причем на самом высоком уровне. Однако цену этой активности определила одна пресс-конференция официального спонсора американской команды — корпорации Nike. В сообщении пресс-службы, в частности, говорилось: «Руководство Nike, конечно, всецело за защиту прав человека, но сумма контракта настолько велика, что сборная США поедет на Игры в Пекин во что бы то ни стало».

Без серьезных последствий для спорта вообще и олимпийского движения в частности осталось и драматическое совпадение дат — пекинская Олимпиада началась в один день с операцией по «принуждению к миру» Грузии Россией в Южной Осетии. Конгрессмены США и НОК Грузии предложили бойкотировать или перенести зимнюю Олимпиаду-2014 из Сочи. МОК эти обращения, по сути, проигнорировал.

Неоднозначными получились и политические последствия бойкота, по крайней мере для самого Джимми Картера. Его заявление было сделано перед самым стартом зимней Олимпиады в американском Лейк-Плэсиде, что не оставило властям СССР времени на адекватный ответ: советской делегации пришлось ехать в США и делать вид, что ничего не произошло. Отсутствие же на Олимпиаде-80 в Москве спортивных делегаций ведущих стран Запада, а также Китая должно было сделать московские Игры второсортным событием.

СССР удалось привлечь на свою сторону испанца Хуана Антонио Самаранча, бывшего тогда послом Испании в СССР. Он проигнорировал позицию родного правительства, заявив, что как член МОК не видит в бойкоте ничего хорошего. Возможно, это был его ключевой ход. Следующим было объявление о том, что он выставляет свою кандидатуру на очередных президентских выборах в МОК, которые состоялись во время 83-й сессии. Она проходила в Москве.

Самаранч был избран президентом МОК за три дня до начала московской Олимпиады. За короткое время блестящему дипломату Самаранчу удалось убедить Испанию, Италию, Великобританию и некоторые другие страны Запада послать спортсменов на Игры в СССР. Несмотря на отсутствие в Москве представителей ряда ведущих спортивных держав (США, ФРГ, Японии), Игры прошли достойно — 36 мировых и 74 олимпийских рекорда. Проигравшим оказался сам Джимми Картер: многим из его избирателей не терпелось увидеть очную дуэль СССР и США на Олимпиаде-80, а в ее отсутствие на президентских выборах в ноябре 1980 года ему предпочли республиканца Рональда Рейгана, который от бойкота Олимпийским комитетом СССР Игр в США, напротив, выиграл. Он получил дополнительные голоса после мощнейшей PR-кампании, в которой не последнюю роль играли успехи американцев на Играх, и победил на президентских выборах 1984 года.

Впрочем, теперь у нас есть надежда на изменения к лучшему. Получив 2 декабря 2010 года право провести в 2018 году чемпионат мира по футболу, Россия, возможно, выиграла нечто иное, нежели возможность впервые в своей истории принять самое масштабное из существующих в спорте соревнований.

И речь даже не о шансе для тех, кто так или иначе будет причастен к организации чемпионата, хорошо на нем заработать. Или, как прямо пишут в Интернете, «попилить» те, по крайней мере $10 млрд, которые, как предупредил Владимир Путин, понадобятся, чтобы устроить главный футбольный турнир в России. В стране, футболом, в отличие, скажем, от Бразилии, Италии или побежденной ею в Цюрихе и здорово обидевшейся Англии, строго говоря, никогда по-настоящему не болевшей и для футбола — такого уровня и размаха, как чемпионат мира, — пока совершенно не приспособленной.

До сих пор почти всем нам — и любящим футбол, и плевать хотевшим на него с высокой колокольни — не хватало понятного, прозрачного, доступного и надежного ориентира. Такого, чтобы было ясно, для чего живешь. В СССР с его пятилетками, коммунизмом к 1980 году, Госпланом, идеально расчерченными графиками экономического и социального роста с ориентирами все было в полном порядке. В России с ними возник жуткий дефицит.

Разве могут ими стать президентские или парламентские выборы в их нынешнем виде, когда выбирают все равно одних и тех же, а в колоде как было два туза, так и остается? Или, допустим, вступление России в ВТО или Таможенный союз? Что они дадут, простой человек не поймет, даже если целый день десять экономистов будут разжевывать ему суть. Ну далековато это от народа, что тут поделаешь. И мелковато. А изобретенные в последние годы национальные идеи — от повышения рождаемости до модернизации — красивы, но иногда слишком, что ли, расплывчаты, а главное, растянуты во времени и не имеют конечной точки. А она нужна, потому что, когда говорят, что вы, может, и не дойдете до радуги, но уж ваши внуки точно дойдут, ради них и терпите, энтузиазм пропадает даже у романтиков.

ОЛИМПИЙСКИЙ МИШКА, УЛЕТЕВШИЙ НА ЗАКРЫТИИ ОЛИМПИАДЫ-80 СО СТАДИОНА «ЛУЖНИКИ», ПРИЗЕМЛИЛСЯ НА ОКРАИНЕ МОСКВЫ, СБИЛ ПИВНУЮ БУДКУ, ДО СМЕРТИ НАПУГАВ ДВУХ МЕСТНЫХ ОБЫВАТЕЛЕЙ. ЗАТЕМ ЕГО НА КАКОЕ-ТО ВРЕМЯ ВЫСТАВИЛИ НА ВДНХ, ОТКУДА ОТПРАВИЛИ В ОДИН ИЗ ПОДВАЛОВ ОЛИМПИЙСКОГО КОМИТЕТА СССР, ГДЕ ОН СТОЯЛ ДО ТЕХ ПОР, ПОКА ЕГО НЕ СЪЕЛИ КРЫСЫ.

И в этом смысле футбольный чемпионат мира — идеал. Возьмем, например, масштаб. Сочинская Олимпиада — первая проба пера в данном жанре — тут ему явно уступает. Зимние Олимпийские игры — это в массовом сознании все-таки что-то не совсем национальное, чуточку местечковое. Что-то для самих сочинцев, для фанатов горных лыж, для немногочисленных «пляжных» туристов — большинство едва ли, несмотря на все клятвы, поверят в то, что после Олимпиады отдыхать на Кавказской Ривьере будет лучше и дешевле, чем в Турции.

А охват чемпионата мира по футболу — это дюжина городов, полстраны. Иными словами, с точки зрения географии — национальная идея в самом буквальном смысле слова. К тому же, что такое чемпионат мира, все, у кого есть телевизор, примерно представляют. Картинка, появляющаяся на экране раз в четыре года, одинаковая, неважно, в каком государстве он проходит —

в Японии, Германии или ЮАР. И она сразу возникает перед глазами. Большие красивые стадионы, посреди которых изумрудным цветом сверкает трава. Начищенные до блеска аэропорты и вокзалы. Скоростные поезда, курсирующие не только между Москвой и Санкт-Петербургом, но и между Саранском и Екатеринбургом. Ярко одетые люди разных национальностей, которые, собравшись на центральной столичной площади, не бьют друг друга в кровь, а пьют пиво, братаются и поют песни. А рядом стоят и улыбаются добрые полицейские.

Чемпионат мира — это такой материализовавшийся вдруг фицджеральдовский «зеленый огонек счастья». Но до книжного, как известно, ни за что не добраться. А прелесть футбольного в том, что до него доберешься обязательно — причем известно когда. Всего-то уже через семь с небольшим лет.

У каждой великой идеи должно быть свое зримое воплощение. Или талисман. Олимпиада-2014 получила аж трех: Panthera Pardus Tulliana, в просторечии переднеазиатского леопарда (правда, пристрастные критики утверждают, что на эмблеме изображен снежный барс), белого медведя-саночника, подозрительно смахивающего выражением «лица» на легендарного Мишку московской Олимпиады, и Зайку, которая «просто любит спорт».

Идея выбрать талисман сочинской Олимпиады всем миром нашла такой живой отклик в сердцах населения Российской Федерации, что за время проведения конкурса в оргкомитет поступило аж 24 048 работ. Оригинальностью, правда, отличались не все. Около 10% откликнувшихся видели в роли талисмана человекоподобных существ, почти столько же заявок поступило с изображениями медведей, десятая часть заявителей предлагала птиц, плюс в адрес оргкомитета пришла пара тысяч заявок с дельфинами, причем некоторые из них были на лыжах. Ну а уж Дедов Морозов и сосчитать трудно.

Но были и действительно интересные предложения. Вот, например, некто Зойч — синее мохнатое существо в образе лягушки с лыжной палкой в пасти и короной на голове, символизирующей державность. Но ни Зойч, ни Стакаша — любимец интернет-сообщества, Hero of Russia — граненый стакан в трениках с пузырями на коленках, лихо покоряющий лыжню, — к участию в финальном голосовании допущены не были. Туда попали отобранные экспертным советом 11 подходящих персонажей, предварительно окультуренных «профессионалами», — в оргкомитете Сочи-2014 наотрез отказываются называть художников, нарисовавших претендентов, именуя их просто «группой профессионалов». В финал конкурса пробились Заяц, Дельфин, Медведи (два экземпляра), Снегирь, Леопард, Снежинка, Солнце, Человечки, Дед Мороз и Матрешка.

Уже перед самыми выборами отцепили Деда Мороза. Дело в том, что в суматохе организаторы позабыли о некоторых юридических тонкостях. О том, например, что согласно правилам МОК права на талисманы после их определения переходят этой организации. Отдать чиновникам из Лозанны права на «наше все» было бы верхом неосмотрительности. Но ведь и без Деда Мороза недостатка в претендентах не было, и битва предстояла нешуточная. Так по крайней мере могло показаться.

И пусть кто-то видит в этой троице лебедя, рака и щуку. Против народа все равно не попрешь. Да и талисманы подобрались, в общем-то, симпатичные. По крайней мере родителям, покупающим своим детям эти обещающие стать весьма популярными (половина всей олимпийской продукции будет нести на себе изображения вышеописанной троицы) игрушки, не придется объяснять, кто это такие. Но, кажется, всенародного обожания, в котором купался Мишка московской Олимпиады, этой троице не заслужить.

Рождение мифа

порт эпичен и мифологичен по сути своей, и чем он «больше», тем больше в нем мифа и эпоса. Соревнования со всеми современными атрибутами — судьями, призами, болельщиками — проводились гораздо раньше древнегреческих Олимпиад, ставших прообразом современного спорта. Древний Египет и Месопотамия, Древний Китай и Индия, Майя и инки — везде были свои чемпионаты. Историки давно уже не считают прародиной футбола Англию и спорят до хрипоты, где же на самом деле был сыгран первый футбольный матч — на берегах Нила или Янцзы.

Подобные споры — помимо безнадежной, видимо, попытки выяснения, кто же был первым, — подпитывают спортивный миф все новыми образами, именами и сюжетами. Они сталкиваются, переплетаются между собой, порождая новые. Они противоречат друг другу, при этом относительно мирно уживаются. Вслед за Кубертеном мы восклицаем: «О спорт, ты — мир!» — и восхищаемся прекрасным одноименным фильмом о московской Олимпиаде-80, забывая, что главным предлогом ее бойкота стал ввод советских войск в Афганистан (были и другие), а идея возродить Олимпийские игры пришла в голову Кубертену после унизительного поражения Франции в франко-прусской войне. Бароном, помимо общемировых гуманитарных идей, двигали и сугубо национальные политические соображения. Он писал: «Германия раскопала то, что осталось от древней Олимпии. Почему Франция не может восстановить былое величие?» По мнению де Кубертена, одной из причин поражения французов было слабое физическое состояние французских солдат, а Олимпийские игры должны были пропагандировать физическую культуру во Франции.

Кстати, считать именно Пьера де Кубертена отцом-основателем олимпийского ренессанса можно только условно. Попытки возродить Олимпиады разной степени успешности предпринимались задолго до него — такова была сила спортивного мифа, который не смог искоренить ни запрет императором Восточной Римской империи Феодосием «языческих празднеств» в 394 году н. э., ни более поздние эдикты и запреты, налагаемые на спорт европейскими монархами и церковными иерархами.

Например, во Франции во времена Директории (Наполеон был еще молодым, но уже прославленным генералом, покорителем Италии) с 1796 по 1798 год ежегодно проводился олимпийский фестиваль под названием L'Olympiade de la République. Спортивные результаты этих игр за давностью лет позабылись, но известно, что на первой Республиканской Олимпиаде в спорте впервые была применена метрическая система.

В 1859 году греческий меценат Евангелис Заппас на свои деньги провел первые Олимпийские игры нового времени в Афинах. В 1870 и 1875 годах он проспонсировал вторые и третьи Олимпийские игры, выйдя, таким образом, на график проведения Олимпиад, заложенный еще Гераклом. А с 1862 года в Ливерпуле ежегодно проходил организованный тремя британскими энтузиастами олимпийского движения — Уильямом Бруксом, Джоном Хьюлли и Чарльзом Мелли — Олимпийский фестиваль. Это были «Олимпиады для джентльменов» — только представители высших слоев общества могли принимать участие в соревнованиях. Почти как в Древней Греции, где на арену могли выходить только свободные мужчины, полноправные граждане полисов (что, правда, не мешало становиться олимпийскими чемпионками и женщинам — победителями в гонках колесниц, например, объявляли хозяина упряжки, а не колесничего, что принесло лавры первой олимпийской чемпионки дочери спартанского царя Агесилая Киниске).

Барон Пьер де Кубертен состоял в переписке практически со всеми лидерами олимпийского движения своего времени — и сумел воспользоваться их опытом. Так что заслуга французского барона в возрождении Олимпийских игр, конечно, есть, и немалая. Но в организации официально считающейся первой современной Олимпиады в Афинах 1896 года не меньшее участие принимали и Евангелис Заппас, и его двоюродный брат Константинос. Правда, миф уже жил своей жизнью, и согласно его драматургии основные лавры достались Пьеру де Кубертену.

Тем интереснее сейчас вспомнить, как проходила эта Олимпиада. Церемония ее открытия потрясла всех. Зрителей на трибунах стадиона, по разным данным, было от 60 000 до 80 000 — цифра для тех лет колоссальная. Потряс сам стадион Panathinaiko — по тогдашним меркам уникальное сооружение. Правда, при строительстве центральной арены возникли «вечные» проблемы: сроки срывались, денег не хватало. Спас проект меценат Георгиос Аверофф. Он дал миллион драхм на стадион из пентеликского мрамора, получивший в итоге неофициальное название «Мраморный»...

Церемония получилась шикарной. На VIP-трибуне, как сказали бы сейчас, — король Греции Георг и королева Ольга, принцы и принцессы, представители аристократии из разных стран. Хор, исполняющий Олимпийский гимн. Зрители ревут. А посреди стадиона стоят спортсмены из 13 стран, приславших на Игры свои делегации, — Австралии, Австрии, Болгарии, Чили, Дании, Германии, Франции, Греции, Великобритании, Швеции, Швейцарии, Венгрии и США. (Был, между прочим, в Афинах и представитель России — киевлянин Николай Риттер: он подал заявку на участие в соревнованиях по борьбе и стрелковому спорту, но потом почему-то забрал ее обратно.) В общей сложности набралось 311 атлетов — это официальная статистика, используемая в справочниках Международного олимпийского комитета. Но у американского документалиста Бада Гринспена, который снимал историческое событие позаимствованной у братьев Люмьер камерой, несколько иные данные. Он насчитал 245 человек. Концентрировался, по собственному признанию, во время церемонии на одном — своем соотечественнике Джеймсе Конноли. Его вид — тройной прыжок — шел в программе Игр первым. И от Конноли Гринспен ждал золотой медали.

Впрочем, перед тройным прыжком были еще предварительные забеги на стометровке. С них начались курьезы, которые, видимо, как и шикарное открытие, с тех пор стали традицией любой Олимпиады.

МЕДАЛИ ЗА ПОБЕДУ НА ПЕРВОЙ ОЛИМПИАДЕ СОВРЕМЕННОСТИ БЫЛИ СЕРЕБРЯНЫМИ.

Во-первых, только один спортсмен — американец Том Берк — использовал привычную сегодня технику низкого старта. И сразу стало понятно, что выиграет именно он. Берк пробежал стометровку во время квалификации за 12 секунд, его соотечественники Том Кертис и Фрэнсис Лейн отстали на секунду, остальные были еще дальше... Том Берк был недоволен результатом. Помешала неровная и какая-то мягкая дорожка. Во-вторых, француз Альбен Лермузье вышел на старт... в белых перчатках. На вопрос, зачем они ему, Лермузье изумился: «Как зачем?! Разве вы не видите, что на трибуне — король!»

Этот чудак Лермузье заявился вдобавок и на марафон. В те далекие годы спортивный универсализм еще считался нормой, но не такой же универсализм! «И как же вы готовитесь к столь разным дистанциям?» — поинтересовался Гринспен у спортсмена. «А очень просто. Один день я бегаю короткую дистанцию, но быстро. На следующий день — длинную, но медленно...»

Джеймс Конноли, кстати, соотечественника не подвел. Именно он вошел в историю как первый современный олимпийский чемпион.

Между тем в Афины Конноли попал чудом. Как, впрочем, и вся американская делегация, состоявшая из 14 человек, потому что приглашение на Игры до США дошло с опозданием. И вообще раскрутка Олимпиады была не на таком уровне, чтобы по-настоящему заинтересовать Америку. Удалось собрать только две команды — Гарвардского и Принстонского университетов. К тому же в США не знали, что в Греции используют еще старый календарь, и поехали в Афины с таким расчетом, чтобы успеть в Грецию в 20-х числах марта и иметь дюжину дней на адаптацию и элементарный отдых. Ведь им пришлось добираться до греческой столицы больше полутора недель в жутких условиях. Сначала — на корабле через Атлантику, затем из Неаполя на поезде. К намеченному сроку они успели, но по греческому календарю было уже 5 апреля — и Олимпиада открывалась через сутки!

Американская сборная на тех Играх в командном зачете осталась второй — вслед за греческой, с подавляющим преимуществом победив в легкой атлетике. Им вручили девять из 13 разыгранных золотых наград. Вернее, тогда медали за первое место были серебряными... Греков (ими были, к слову, две трети участников тех Игр), впрочем, сильно утешило то обстоятельство, что самая престижная награда «королевы спорта» досталась все-таки стране-хозяйке. Речь о марафоне.

Идея повторить забег греческого солдата Фидиппида, донесшего в 490 году до нашей эры до Афин весть о победе над персами в Марафонской долине и скончавшегося сразу после покорения 42-километровой дистанции, принадлежала французскому филологу Мишелю Бреалю. Пьеру де Кубертену она очень понравилась. Марафон провели, хотя и были опасения, что почти полсотни километров по такой жаре станут для некоторых участников соревнований невыносимым испытанием.

На старте забега, на который рискнули заявиться 25 человек, отличился уже известный вам француз Альбен Лермузье. Кажется, спринту он уделял все же больше времени на своих тренировках и поэтому рванул так, как будто предстояло пробежать не 40 с лишним километров, а пару сотен метров. Неудивительно, что примерно на половине пути силы странного бегуна покинули, — он упал. Лидерство захватил австралиец Эдвин Флэк, победитель в беге на 800 и 1500 метров. Но примерно за четыре километра до финиша его стал обходить греческий бегун. Флэк сопротивлялся как мог — и рухнул, не выдержав темпа, прямо на дороге...

Этого греческого бегуна звали Спиридон Луис. Занимался он в своем городке Марусси развозкой почты. Был беден настолько, что денег не хватило даже на обувь для забега: ему ее купили в складчину односельчане.

После триумфального финиша (победе не помешала даже остановка на пути около деревушки Шаландри ради стаканчика вина от дяди) на Panathinaiko, за которым наблюдало около 80 000 человек, все в жизни Спиридона Луиса, конечно же, изменилось. Сразу после окончания соревнований были ликование толпы и объятия — мог ли он такое себе представить еще день назад? — короля. И подарки. Самым щедрым оказался некий греческий бизнесмен, вручивший ставшему национальным героем Греции Луису 25 000 франков. Они позволили ему наконец осуществить главную мечту жизни — жениться на любимой девушке. До этого ее отец считал бедняка Спиридона совсем неподходящей для дочери парой и брак категорически запрещал.

У первой Олимпиады было еще несколько героев. Например, французский велосипедист Поль Массон, выигравший три золота. Или другой француз-велогонщик — Леон Фламан, потрясший джентльменским поступком во время 100-километровой гонки на треке всех: дожидаясь, пока его сопернику Георгиосу Колеттису починят сломавшийся велосипед, он тоже стоял на месте (и все равно победил грека). Или немец Карл Шуманн, трижды победивший в гимнастике, а потом выигравший соревнования по борьбе. И во всех мемуарах непременно фигурирует венгр Альфред Хайош.

Состязания по плаванию проводились в те годы в открытой воде, с линиями старта и финиша, отмеченными поплавками: бассейнов еще не существовало. Так вот, вода в бухте Зеа, где состязались первые пловцы-олимпийцы, была очень холодной — около 13 градусов. Американец Гарднер Уильямс нырнул в воду, собираясь плыть стометровку, и через мгновение буквально взлетел обратно на баржу, откуда стартовали пловцы. «Замерзаю!» — кричал он.

Другие участники заплыва оказались более мужественными и дотерпели до конца. За 30 метров до конца преимущество Альфреда Хайоша не вызывало никаких сомнений. И тут вдруг все увидели, что венгерский пловец сбился с курса и направляется далеко в сторону от финиша! К счастью для него, он вовремя осознал свою ошибку и, даже несмотря на колоссальную потерю времени, сумел одержать победу.

Заплыв на 1200 метров был, понятно, еще более трудным. «Если честно, меня не покидала мысль: а что будет, если в этой ледяной воде у меня случится судорога? Можно сказать, что мое стремление выжить пересилило мое желание победить», — рассказывал он впоследствии. Страх за жизнь дал необыкновенный результат. Финишировал Хайош на 80 метров впереди ближайшего соперника.

16 апреля первая Олимпиада завершилась. Завершилась таким же грандиозным праздником на Мраморном стадионе, как и во время открытия. Король Георг с удовольствием награждал победителей лавровыми венками, медалями и дипломами. Зрители устраивали овацию каждому из тех, кто заслужил эти почести. Короче говоря, кое-что похожее на нынешние Олимпийские игры происходило уже тогда.

Дальнейшие Олимпиады, естественно, добавляли к спортивной мифологии все новые коллизии. Например, во время лондонской Олимпиады 1908 года королевская семья попросила организаторов перенести место старта марафонской дистанции к террасе Виндзорского дворца. Ради удобства зрителей (в первую очередь королевы Александры) изменили направление забега и на финише, на стадионе «Уайт сити». Перенос старта к Виндзорскому дворцу дистанцию удлинил, а перенос финиша — сократил. В итоге длина лондонского марафона оказалось равной 42 километрам 195 метрам. В 1924 году ее утвердили как окончательную (всего за семь первых Олимпиад длина марафонской дистанции менялась шесть раз).

Героем лондонского марафона стал итальянский бегун Дорандо Пьетри. На последнем километре он отчаянным усилием обошел лидировавшего южноафриканца Чарльза Хефферсона (тот считался безусловным фаворитом забега), но этот рывок потребовал слишком много сил. На стадион Пьетри буквально ввалился, находясь в полуобморочном состоянии... И повернул направо, забыв о том, что ради королевы Александры направление финишного круга изменили. Судьи с большим трудом направили итальянца в нужную сторону.

В 70 метрах от финиша Пьетри плашмя падает на гаревую дорожку. Два врача бросаются ему на помощь. Но он поднимается, как боксер после тяжелейшего нокдауна, и даже не бежит, а бредет дальше — только затем, чтобы вновь упасть метров за 20 до финиша. Он опять встал, и в этот момент на стадионе появился также обошедший фаворита американец Джонни Хэйс. Трибуны взревели. А Пьетри снова упал.

К нему подбежали два человека — судья и журналист (хроникеры того времени говорят, что это был сам сэр Артур Конан Дойль — «отец» Шерлока Холмса). Они подняли итальянца на ноги и довели, поддерживая под руки, до финиша. Дорандо Пьетри рвет ленточку — и становится побежденным. Судейская коллегия дисквалифицировала его за то, что он воспользовался посторонней помощью. Чемпионом был объявлен Хэйс, но восхищенная мужеством Пьетри королева Александра вручила ему золотой кубок, похожий на тот, который получил победитель.

Итальянец Дорандо Пьетри, таким образом, на какое-то время мог почувствовать себя национальным героем не только Италии, но и Англии — спортивный миф обладает способностью, пусть и не навсегда, стирать государственные границы. Но все же он несет в себе и устойчивую национальную специфику.

Своя спортивная мифология у американцев (о них вообще отдельный разговор), русских, англичан, французов. Если, например, британцы скорее оценят джентльменское поведение и fair play, то пылкие, романтичные потомки галлов с большей охотой уделяют внимание поэтике спорта, внутренней драматургии состязания и страстям его участников.

Нет, своих героев они, конечно, помнят и чтут. Рене Лакост — один из «четырех мушкетеров» французского тенниса, команды, впервые в истории Франции выигравшей кубок Дэвиса, трехкратный победитель чемпионата Франции, двукратный — Уимблдона и Форест Хилла — был при жизни увековечен благодарными соотечественниками. Лакост, оставивший спорт из-за травм в 24 года, навсегда остался в памяти французов в образе бронзового человечка в кепке и рубашке с одним закатанным рукавом, застывшего в стремительном прыжке с ракеткой.

Памятники спортсменам, конечно, не редкость и не прерогатива французов. Прижизненного памятника удостоился и легкоатлет Сергей Бубка, и великие футболисты Пеле, Марадона, Ромарио, и другие. Даже теннисные успехи экс-мэра Москвы Юрия Лужкова отлиты в бронзе Зурабом Церетели.

А 18 февраля 2009 года в английском Ипсвиче состоялось открытие памятника легендарному регбисту Александру Оболенскому (одним из главных жертвователей — с суммой £5000 — на устройство памятника выступил Роман Абрамович), русскому князю, ставшему национальным героем Великобритании. О его игре писал в «Николае Гоголе» Владимир Набоков: «Несколько лет назад на регбийном матче в Англии я видел, как великолепный Оболенский на бегу отбил мяч ногой и, тут же передумав, в броске поймал его руками». Возможно, Набоков имел в виду ту самую игру, которая сделала Оболенского легендой, — матч «Англия — Новая Зеландия» в январе 1936 года.

Он вошел в истории английского регби, как «Обоматч», а Оболенского прозвали «летучим князем» (и «летучим славянином») за его немыслимую скорость передвижения по полю. По сути, Александр тогда выиграл матч для сборной Англии — это, кстати, была первая победа англичан над грозными All Blacks[1]. 19-летний юноша, впервые выйдя на поле в форме сборной (ради этого он принял британское подданство) совершил два заноса, один из которых до сих пор входит в число лучших за всю историю мирового регби. Оболенский получил мяч на правом фланге и, совершив рывок по диагонали через все поле, обойдя полкоманды новозеландцев, приземлил мяч на левом фланге в зачетном поле соперника. Этот эпизод, кстати, можно найти в Интернете.

А во время турне сборной Англии по Латинской Америке Оболенский установил еще один «вечный» регбийный рекорд, совершив за один матч 17 (!) заносов.

Но все-таки в поэтизации спорта мало кто может сравниться с французами. Например, ралли «Париж — Дакар» для них гораздо больше, чем гонки на машинах по песку. Это что-то среднее между философией и поэзией. Сами они говорят, что иначе быть не могло, потому что у них во Франции «Маленький принц» Антуана Сент-Экзюпери — вторая Библия. «Маленький принц» — это ведь своего рода гимн пустыне, одиночеству среди песка, которое делает человека настоящим. Так, во всяком случае, полагают французы. Теперь гимном пустыне стал «Дакар».

---

[1] All Blacks («Все в черном») — название национальной сборной Новой Зеландии по регби. Эта команда — практически бессменный лидер мирового регби — славится еще и исполнением перед каждым матчем яростного боевого танца новозеландских аборигенов-маори — хака. — *Прим. ред.*

И «Тур де Франс» — не просто велогонка. И даже не только символ Франции. В первую очередь «Тур» — это эпическая поэма. «Как в "Одиссее", эта гонка оказывается и хождением по мукам, и обследованием пределов всего земного шара. Как Улисс несколько раз добирался до внешних врат Земли, так и "Тур" в нескольких местах вот-вот выйдет за пределы человеческого мира... на Мон-Ванту мы уже покидаем планету Земля и оказываемся рядом с небесными светилами», — писал об этой гонке в 1955 году Ролан Барт, на первый взгляд чуждый спорту французский философ и публицист.

«ТУР ДЕ ФРАНС» — ЛУЧШИЙ ПРИМЕР ТОТАЛЬНОГО МИФА.

РОЛАН БАРТ, ФИЛОСОФ И ПУБЛИЦИСТ

Барт находил в отношении французов к «Туру» следы языческой космогонии и феодальной этики, божественный произвол и восстание Человека против Бога, театральную условность и жестокий реализм повседневности. Он называл «Тур» «лучшим примером тотального мифа — экспрессивного и проективного, реалистического и утопического», «завораживающе ярким фактом французского национального сознания».

Возможно, таким же ярким, каким для аргентинцев стал Диего Марадона. Эмир Кустурица (возможно, один из главных мастеров-мифотворцев современности), готовясь к съемкам документального фильма о неистовом аргентинце, обнаружил на его родине церковь, служители которой почитают футболиста за бога. Обряд посвящения в ее послушники заключается в том, что надо забить мяч в ворота рукой, как это сделал в 1986-м в Мексике Диего Марадона. А церемонии бракосочетания в этой церкви завершаются ударом жениха по футбольному мячу.

Кустурице для того, чтобы выйти за рамки документального кино и рассказать, отчего же Аргентине — и не только Аргентине — нужен Марадона, пришлось сделать почти невозможное. В своем фильме он увязал в единое целое футбол, кокаин, отдающие паранойей высказывания Диего в адрес Джорджа Буша, дружбу с одиозными политическими лидерами, приобретенное амплуа не просто кумира, а уже почти бога для тысяч или миллионов людей, и показал, что одно не противоречит другому.

Под стать Кустурице выступил и британский режиссер Кен Лоуч, снявший художественный фильм «В поисках Эрика». Но фильм оказался почти документальным. Французского футболиста Эрика Кантону сложно назвать великим на фоне, допустим, Пеле, того же Марадоны или его знаменитых соотечественников Мишеля Платини или Зинедина Зидана. Но вот по популярности Кантона великим никак не уступает.

Это необъяснимо. Хотя бы потому, что карьера Эрика Кантона — это не только список голов (более 200), но и не менее длинный список дисквалификаций и выходок, за которые его ими награждали. Во Франции он кидался мячом в зрителей и судей, а бутсами — в лицо партнеру по клубу «Монпелье», ссорился с тренерами, рвал на себе футболку, когда его сажали на скамейку запасных.

По совету Мишеля Платини он переехал в Англию, но и в «Лидсе», где отыграл свой дебютный британский сезон, и в «Манчестер Юнайтед» остался прежним — необузданным, взрывоопасным. Он плевался и выходил из себя во время матчей. А в январе 1995 года на стадионе клуба «Кристал Пэлас» совершил самую знаменитую выходку в своей жизни. Вырвавшись из рук манчестерского тренера, уводившего его после удаления в раздевалку, Кантона кинулся к трибуне, с которой его поливали оскорблениями, и ударом ногой, словно занимался не футболом, а кунг-фу, свалил известного хулигана Мэтью Симмонса. Его отлучили от футбола на девять месяцев, а чиновники из английской премьер-лиги называли тот легендарный удар не иначе как несмываемым позорным пятном.

Но вот что удивительно: в памяти тех, кто видел игру Кантона, он остался все-таки отнюдь не пятном позора, не игроком, сделавшим все, чтобы похоронить свой природный дар. Почему — рационально объяснить невозможно. Хотя, с точки зрения фана «Манчестер Юнайтед», все безумно просто. «Он был нашим сердцем и нашей душой. Единственным искренним, настоящим человеком в игре, где давным-давно в моде заучивающие наизусть приятные публике роли актеры», — скажет он, когда вы упомянете фамилию француза.

Таков спортивный миф, требующий открытости и самоотречения, выходящих за рамки вроде бы единых для всех правил, миф, возносящий героев-одиночек над им же заданным догматом «командной игры», смакующий боль и ярость и чурающийся холодного расчета, который вернее всего приводит к победе — кульминации любого мифа. Он противоречив и последователен в своих противоречиях, прекрасен и ужасен одновременно.

Под стать ему и одна из самых великих его творцов и жриц — Лени Рифеншталь. Самое известное — и до сих пор самое скандальное — кино об Олимпиаде, «Олимпия», посвященное берлинской Олимпиаде 1936 года, появилось на свет через два года после Игр. И почти сразу (точнее, в ноябре 1938-го) стало символом нацистского агитпропа. Рифеншталь угораздило приехать в США с «Олимпией» как раз накануне Хрустальной ночи — резне евреев в Германии. Реакция последовала незамедлительно — сначала США, а потом и Британия бойкотировали киноленту. Голливуду понадобилось почти 20 лет, чтобы признать «Олимпию» одним из десяти лучших фильмов мирового кинематографа.

«Олимпия» стала идеальным мифом — от руин Акрополя, мироновского «Дискобола» и нагих олимпийцев, мечущих в замедленной съемке диск, копье и ядро на берегу моря, до эстафеты факелоносцев, переносящих олимпийский огонь из античной Греции на берлинский стадион 1936 года. Пафос первой серии подчеркивался реалистичным натурализмом второй — утренний лес, в котором бегуны по пересеченной местности, словно тени, возникают перед зрителем и обнаженными прыгают в воду, сауна, блестящие тела атлетов, березовые веники, смеющиеся лица под душем.

Увидев «Олимпию», Сталин предложил мне сделать фильм о нем.

Лени Рифеншталь, режиссер

Венчал «Олимпию» мужской прыжок в воду, переходящий в невесомый полет в небо. Затем на экране возникал олимпийский стадион весь в огнях, слышался колокольный звон, горел олимпийский огонь, а украшенные лавровыми ветвями флагштоки склонялись друг к другу. Олимпийские знамена и «храм света», созданный молодым архитектором Альбертом Шпеером, завершали фильм.

По словам самой Рифеншталь, увидев «Олимпию», Сталин предложил ей сделать фильм о нем.

На первую встречу с Гитлером она напросилась еще в 1932 году, безошибочно чувствуя, что долг режиссера — видеть и свидетельствовать. А еще — трудно представить, чтобы хоть один вменяемый режиссер отказался от уникальных технических условий, которые предоставил бы ему хоть черт, хоть дьявол. Но у Рифеншталь была еще и возможность сохранить для истории образ величайших событий века, и она ею воспользовалась в полной мере. В конце концов только благодаря Рифеншталь мы можем увидеть, как все происходило.

Она снимала с самолета, ставила операторов на роликовые коньки, крепила камеру на подъемнике, взлетавшем одновременно с нацистским флагом, прокладывала круговые рельсы вокруг трибуны с Гитлером, чтобы обеспечить разнообразие ракурсов. Железный организатор, она безупречно руководила работой 30 камер, 36 операторов, 80 помощников, предоставленных в ее распоряжение фюрером. Гений монтажа, Рифеншталь собирала свои фильмы месяцами и годами, проводя за столом по 20 часов в сутки.

Ее монтаж создавал прямые зрительные связи между волей к победе немецких олимпийцев и аплодисментами Гитлера (или Геббельса и Геринга). Она рисовала импрессионистские картины тела в полете при прыжках с шестом и в воду, передавала беспрецедентной накал борьбы в марафонском беге — замедленное движение ног символизировало покидающие тело силы, а сцены улиц в ускоренном воспроизведении и с динамичной музыкой — огромную волю. Она переходила от музыкальных пассажей к спортивному комментарию и реакции трибун...

По прошествии времени кадры «Олимпии» просветляются дополнительным историческим знанием. Видишь ядреные обнаженные торсы веселящихся гитлерюгендовцев — и представляешь их замерзающими на Восточном фронте. Через просыпающийся сказочный Нюрнберг просматриваются его руины 1945 года. Соревнование между немецкими и польскими конниками — и их же рубка в 1939 году.

Кроме того, заговорили детали, как-то не укладывающиеся в привычную манихейскую схему истории. Экстаз простых немцев при появлении вождя — вещь хрестоматийная и для советских людей привычная. Но вот проходит перед трибуной, на которой милуются Гитлер и основатель олимпийского движения барон Пьер де Кубертен, французская делегация, и все как один вскидывают руки в приветствии легионеров. Не только Франция — почти все страны демонстрируют свое преклонение перед «возрожденной Германией». И такие увиденные современным взглядом «мелочи», между прочим, подтверждают казавшиеся провокационными и оскорбительными тезисы французских «новых философов» 1970-х годов, утверждавших, что фашизм — онтологическое свойство того, что они назвали «французской идеологией», да и европейской просветительской традиции в целом. И тут понимаешь, отчего так долго травили Рифеншталь, боясь заглянуть в подставленное ею зеркало.

По гамбургскому счету, Лени Рифеншталь стала жертвой мифа, который она сама и создавала. Кстати, само выражение «по гамбургскому счету» — часть спортивного мифа. В обиход оно вошло благодаря русскому советскому писателю и литературоведу Виктору Шкловскому. В одноименном эссе он писал: «Все борцы, когда борются, жулят и ложатся на лопатки по приказанию антрепренера. Раз в году в гамбургском трактире собираются борцы. Они борются при закрытых дверях и завешенных окнах. Долго, некрасиво и тяжело. Здесь устанавливаются истинные классы борцов — чтобы не исхалтуриться».

Никто в Гамбурге не покажет вам сегодня этот трактир, да и был ли он на самом деле? Шкловский пересказывал борцовско-цирковой (в конце XIX — начале XX веков борцовские поединки в основном проходили в цирках) фольклор, легенду, призванную утолить жажду «честной борьбы» и справедливости в пику бесповоротному превращению спорта в бизнес. Это выражение пережило и цирковых борцов, и своего создателя и, как и во времена Шкловского, означает реальную ценность, место, которое человек занимает в силу своих — и только своих достоинств...

В 2002 году в серьезном и уважаемом — наверняка — издании «Теория и практика физической культуры» вышла статья двух ученых: А. В. Смоленского и Б. Г. Любиной «Внезапная смерть в спорте: мифы и реальность». В преамбуле статьи был такой пассаж: « В афинской газете 490 года до н. э. было опубликовано следующее сообщение: "Трагедия в Марафоне. Молодой солдат-афинянин по имени Фиддипид умер после забега на длинные дистанции. Сенат отдал распоряжение провести расследование, выяснить причины смерти и определить виновных..."»

Медики, возможно, шутили, желая привлечь внимание аудитории к проблеме — ни газет в Древней Греции не было, ни сената, да и грека звали чуть по-другому — Фидиппид. Дело даже не в том, что согласно Геродоту Фидиппид совершил три забега — в Спарту за помощью (240 км за два дня) и обратно, принял участие в Марафонской битве и как один из наиболее отличившихся был отправлен с радостным известием в Афины (те самые 40 км).

Дело в том, что эта история из медицинского доклада попала в газеты и распространилась по Интернету, и обеспокоенное проблемой чрезмерных нагрузок спортсменов сообщество приняло трактовку врачей за чистую монету, на полном серьезе обсуждая, к чему привело расследование и кто был наказан за подобное пренебрежение техникой безопасности на тренировках и при проведении соревнований. Некоторые даже увязывали историю Фидиппида с проблемой допинга.

Примерно так и создаются спортивные мифы. Примерно так же они и умирают.

Библиография

Ален Прост // Автопилот. 1994. № 1.

Кругосвятный путешественник // Огонек. 2010. № 28.

Национальная хоккейная липа // Коммерсантъ. 2000. № 81.

Олимпийские волнения // Авторы-составители: Екатерина Адамова, Кирилл Новиков, Дмитрий Пугаченко, Максим Сухманский, Кирилл Урбан // Коммерсантъ-Власть. 2004. № 32.

Абаринов В. Игры для фюрера, или Сколько стоил Кубертен // Совершенно секретно. 2007. № 4.

Аветисян Е. Таблетки от честности // Коммерсантъ-Спорт. 2003. № 201.

Акиниязов Рустам. Айртон Сенна // Автопилот. 1994. № 3.

Алебастрова И. Смертная казнь за футбол // Чудеса и приключения. 1995. № 12, http://a-nomalia.narod.ru/chip/1295 — 21.htm

Алексеев А. Олимпийский легалайз // Коммерсантъ-Власть. 2008. № 34.

Барт Р. Мифологии // Пер., вступ. ст. и коммент. С. Н. Зенкина. — М.: Изд-во им. Сабашниковых, 2004.

Беленький А. Мордоворот от Бога // Коммерсантъ-Деньги. 1997. № 46; У Тайсона истекает срок дисквалификации // Коммерсантъ. 1998. 4 июл.; Холифилд — Льюис: самая скандальная ничья XX века! // Спорт-экспресс. 1999. 15 марта; Статуя Свободы в ближнем бою // Коммерсантъ-Власть. 1999. № 10; Три тополя без Плющихи // Спорт-экспресс. 2006. 1 авг.

Бобров А. Бойтесь ФИФА, с Match приходящей! // Спорт-экспресс. 2010. 16 июл.

Бутов С. Оказывается, у Хуштова красивая улыбка! // Спорт-экспресс. 2008. 15 авг.

Бутрин Дмитрий. ЖКХ перешло все границы // Коммерсантъ. 2011. 16 мар.

Гендлин-младший Владимир. Семейный бизнес братьев Кличко // Коммерсантъ-Спорт. 2003. 15 дек.;

Джусойти Афсати. Гонка за миллиардом // Коммерсантъ-Деньги. 2003. № 42; Трое вместо Мишки // Коммерсантъ. 2011. 28 фев.

Джусойти Афсати, Доспехов Алексей. Великая американская игра // Коммерсантъ-Спорт. 2003. 24 мар.

Дзичковский Е. Всем символам символ и талисманам талисман. http://blog.sport-express.ru/users/dzich/post153621848/

Дзичковский Е., Квятковский М. За что боролся бы «Спартак» в примере? // Спорт-экспресс. 2007. 27 февр.; Доспехов А. Покоривший Европу // Коммерсантъ-Деньги. 1998. № 8; Триста миллионов долларов в корзине // Коммерсантъ-Деньги. 1998. № 26; Малый не промах // Коммерсантъ-Деньги. 1999. № 16; Хардинг возвращается на лед // Коммерсантъ-Власть. 1999. № 39; Нападение на вратаря // Коммерсантъ-Власть. 1999. № 41; Схватка в джунглях // Коммерсантъ. 1999. 30 окт.; Волейбол в телеверсии // Коммерсантъ-Деньги. 1999. № 49; Чудо на льду или ошибка Тихонова // Коммерсантъ. 2000. 22 фев.; Наши приехали побеждать // Коммерсантъ. 2000. 29 апр.; Матч пустых бутылок // Коммерсантъ. 2000. 5 мая; До первой пробы // Коммерсантъ-Власть. 2000. № 36; Быстрее, выше, дороже // Коммерсантъ-Деньги. 2000. № 36; Прыгун с большой Бубки // Коммерсантъ-Власть. 2001. № 5; Маркиз в отставке // Коммерсантъ-Власть. 2001. № 27; Спорт низших достижений // Коммерсантъ. 2002. 14 авг.; Истребители рекордсменов // Коммерсантъ-Деньги. 2002. № 47; Нелегкие дуэли легкоатлетов // Коммерсантъ-Спорт. 2003. № 49; Янки и гонки // Коммерсантъ-Спорт. 2003. № 59; Последний матч Джордана // Коммерсантъ. 2003. 18 апр.; Баскетбог // Коммерсантъ-Спорт. 2003. № 74; Почем сходить в космос // Коммерсантъ-Спорт. 2003. № 89; Под куполом «Белого цирка» // Коммерсантъ-Спорт. 2003. № 201; Гонка в один конец // Коммерсантъ-Спорт. 2003. № 232; Самый знаменитый футбольный матч // Коммерсантъ-Спорт. 2004. № 17; Херминатор нашел «Глобус» в тумане // Коммерсантъ. 2004. 15 мар.; Драка с шестью нулями // Коммерсантъ-Деньги. 2004. 19 апр.; От Франции до Франции // Коммерсантъ-Спорт. 2004. № 105; Три палки в колеса // Коммерсантъ-Спорт. 2004. № 119; Как они играли // Коммерсантъ-Спорт. 2004. № 149; Россияне терпят лишение // Коммерсантъ. 2004. 24 авг.; FIG нам // Коммерсантъ. 2004. 25 авг.; Россиянки победили со второго раза // Коммерсантъ. 2004. 28 авг; Черная сторона «Дакара» // Коммерсантъ-Спорт. 2005. № 10; Уроки брюссельского // Коммерсантъ-Спорт. 2005. № 96; Он не железный // Коммерсантъ-Спорт. 2005. № 110; Изобретение велосипедиста // Коммерсантъ-Спорт. 2005. № 140; Трижды отыгравшиеся // Коммерсантъ. 2007. 12 мар.; Рука Америки // Коммерсантъ. 2007. 18 сент.; Гол великого перелома // Коммерсантъ. 2008. 20 мая; Закономерный полуфинал // Коммерсантъ. 2008. 23 июн.; Диего Марадона сыграл без мяча // Коммерсантъ-Weekend. 2008. № 26; Гений шеста // Коммерсантъ BoscoSport. 2008. № 146; Она — не она // Огонек. 2009. № 16; Эрик Кантона // Коммерсантъ-Weekend. 2010. № 5; Вираж, несовместимый с жизнью // Коммерсантъ BoscoSport. 2010. № 3; Системный сбой // Коммерсантъ Bosco-Sport. 2010. № 9; Игра в идею // Коммерсантъ. 2010. 27 дек.; «Дакар» унес очередную жизнь // Ъ-Online. 2011. 14 янв.

Дорофеев В., Костылева Т. Принцип Абрамовича. Талант делать деньги. — М.: Коммерсантъ, Эксмо, 2009.

Дорофеев В., Костылева Т. Принцип Дерипаски. Железное дело ОЛЕГарха. — М.: Коммерсантъ, Эксмо, 2010.

Доспехов А., Семьянинов А. Все пробы в гости будут к нам // Коммерсантъ-Власть. 2003. № 10.

Доспехов А., Мироненко П. Хранители кольца // Коммерсантъ-Спорт. 2003. № 196.

Дюпин С. Милиционеры спасли Красную площадь // Коммерсантъ. 2002. № 99.

Ждакаев И. Безнадежная молодежная // Коммерсантъ-Деньги. 2010. № 50.

Жук А. Наших опять бьют // Коммерсантъ. 2000. № 77.

Жук А., Доспехов А. Ледовое позорище // Коммерсантъ-Власть. 2000. № 19.

Зеленов Д. Деклассированный элемент // Спорт-экспресс. 2010. 1 дек.

Зельин К. Олимпионики и тираны // ВДИ. 1962. № 4.

Как стать вождем. Страсти во власти // Сост. Дорофеев В., Соловьев А. — М.: Коммерсантъ, Эксмо, 2010.

Квятковский М. «Галактикос» рано объявили «черной дырой» // Спорт-экспресс. 2005. 12 апр.

Козенко А., Туровский Д., Жеглов А. Фан или пропал // Коммерсантъ. 2010. 13 дек.

Козичев Е. Как развивался баскетбольный скандал // Ъ-Online. 2010. 12 нояб.

Колесников А. Безутешная слава // Коммерсантъ. 2004. 21 авг.; Алексей I // Коммерсантъ. 2004. 25 авг.; Королева высоты // Коммерсантъ. 2004. 26 авг.; Антиглобалисты установили олимпийский аккорд // Коммерсантъ. 2004. 30 авг.; Синхронный улет // Коммерсантъ. 2004. 30 авг.; Колесо // Коммерсантъ BoscoSport. № 2006. № 29; С поправкой на знамя // Коммерсантъ BoscoSport. 2006. № 114; Чебурашка вышел на размен // Коммерсантъ. 2006. 28 фев.; Болельщик — это не больно // Коммерсантъ. 2008. 23 мая; Нас ждал огонь смертельный // Коммерсантъ. 2008. 28 июн.; Первый-второй // Коммерсантъ BoscoSport. 2008. № 145; Хозяин своей ходьбы // Коммерсантъ BoscoSport. 2008. № 145/П; Золотой туман // Коммерсантъ BoscoSport. 2008. № 146; Сглаз долой // Коммерсантъ BoscoSport. 2008. № 147; Вы меня не списывайте // Коммерсантъ. 2010. 24 фев.; Премьер лиги // Коммерсантъ. 2010. 22 дек.

Королев А. Ананас // Автопилот. 2004. № 7 — 8.

Кузнецов А. Мордобой на шестой секунде // Спорт-экспресс. 2010. 11 дек.

Кузнецов П. «Барселона» убедила «Реал» // Коммерсантъ. 2009. 4 мая; «Барселона» понизила «Реал» // Коммерсантъ, 2010. 1 дек.

Петр Кузнецов, Юрий Угринов, Алексей Доспехов. Спартаковские болельщики поддали дыму // Коммерсантъ. 2010. 10 дек.

Куколевский А. Вся власть — фанатам! // Коммерсантъ-Власть. 2010. № 49.

Минин С. Битвы «Старой фирмы» // Независимая газета. 2010. 1 сент.

Миронов В. «Бронза», купленная кровью // Коммерсантъ. 2004. 18 авг.; Не чистой пробы золото // Коммерсантъ. 2004. 23 авг.

Миронов В., Доспехов А. Возмутитель олимпийского спокойствия // Коммерсантъ-Деньги. 1999. № 45; Шайбой! Шайбой! // Коммерсантъ-Власть. 2000. № 17; Девушки с шестом // Коммерсантъ-Спорт. 2003. № 49; Ирину Коржаненко вытолкали из большого спорта // Коммерсантъ. 2005. 2 мар.

Налбандян З. Русская легенда британского спорта // Время новостей. 2008. 14 авг.

Николаев А. Лучший друг лучших физкультурников // Коммерсантъ-Деньги. 1998. № 31.

Новиков К. Закон командной экономики // Коммерсантъ-Деньги. 2007. № 9; Бешеные детки // Коммерсантъ-Деньги. 2010. № 39.

Островский В. Самый богатый спортсмен в истории // http://samogo.net/articles. php? id = 349

Павлов И. Ужасный уик-энд в Имоле // Коммерсантъ. 1994. 4 мая.

Петров А. «Порту» вычеркнули из чемпионского списка // Коммерсантъ. 2008. 5 июн.; Половой вопрос остался без ответа // Коммерсантъ. 2010. 7 июл.; Черным по сербскому // Коммерсантъ. 2010. 14 окт.; Игра на грани дефолта // Коммерсантъ. 2011. 13 янв.

Рабина А. Денди по прозвищу Крокодил // Коммерсантъ-Деньги. 2003. № 7.

Рыжков Д. Начало хоккейной эры // Весь Хоккей, 2002. Сент. // http://slapshot.kulichki.net/arh-s244.html

Самые громкие судебные процессы. Преступление и наказание со времен инквизиции до наших дней // Сост. Башкирова В., Дорофеев В., Соловьев А. — М.: Коммерсантъ, Эксмо, 2010.

Сборов В. «Невский фронт» проиграл битву на Исаакиевской // Коммерсантъ. 2005. 20 дек.

Сирин Е. Айртон Сенна: Формула для Человека дождя // Коммерсантъ-Деньги. 1995. № 17.

Сирина А. Бернар Тапи: Прощание с высшей лигой // Коммерсантъ-Деньги. 1995. № 47.

Смоленский А. В., Любина Б. Г. Внезапная смерть в спорте: мифы и реальность // Теория и практика физической культуры. 2002. № 10.

Снегирев В. Волк-одиночка // Вольный ветер. 1999. № 40. Перепечатка из журнала «Вояж и отдых».

Соколов М. Mannerбунт // Взгляд. 2010. 13 дек.

Соколов-Митрич Д. Манежное правосудие // Взгляд. 2010. 12 дек.

Строев С. Коррупционные схемы мирового футбола // Мир новостей. 2010. 27 июл.

Стулов О. Утро после стрелецкой // Коммерсантъ-Власть. 2002. № 23.

Стулов О., Пономарев С. Футбольный погром // Коммерсантъ. 2002. 10 июн.

Сумской В., Сурначева Е., Савина Е. // Бросили камни в Олимпиаду. Газета. ru. http://www.gazeta.ru/politics/2011/03/15_a_3555741.shtml

Тигай Л. Команда года // Спорт-экспресс. 1996. 24 дек.; Баскетгейт // Спорт-экспресс. 2010. 22 мая.

библиография

Трофименков М. Обыкновенный документализм // Коммерсантъ-Власть. 2002. № 32.

Федотов А., Безъязычный А., Можайцев В. ЦСКА под капельницей // Спорт-экспресс. 2005. 22 мар.

Шаинян К. Невидимые миру дозы // Коммерсантъ-Деньги. 2006. № 9.

Шкловский В. Гамбургский счет. — М.: Советский писатель, 1990.

Drugs denial in 1896 cycle death. BBC News. 06.12.2008.

Jimmy Burns. Spanish football's uncivil war. *Financial Times* 18.11.2005.

Sean Ingle, Mark Hodgkinson. When did football hooliganism start? *The Guardian.* 2001. 13 дек.

Предметно-именной указатель

Соловьев Александр

Страсти по спорту

Руководитель проекта *Владислав Дорофеев*
Редактор *Владислав Дорофеев*
Арт-директор *Андрей Ирбит*
Дизайнер обложки *Андрей Ирбит*
Бильд-редактор *Евгения Худобко*
Фоторедактор *Анастасия Токарева*
Ответственный за выпуск *Валерия Башкирова*
Фото на обложке ИД «Коммерсант»

анф

Руководитель проекта *И. Серёгина*
Корректор *М. Савина, П. Суворова*
Верстальщик *Е. Сенцова*

Подписано в печать 29.07.2011. Формат 90 × 60/16.
Бумага офсетная № 1. Печать офсетная.
Объем 22,5 печ. л. Тираж 5000 экз. Заказ № 6780.

Альпина нон-фикшн
123060, г. Москва
ул. Расплетина, д. 19, офис 2
Тел. (495) 980-5354
www.nonfiction.ru

Отпечатано с готовых файлов заказчика
в ОАО «Первая Образцовая типография»,
филиал **«УЛЬЯНОВСКИЙ ДОМ ПЕЧАТИ»**
432980, г. Ульяновск, ул. Гончарова, 14

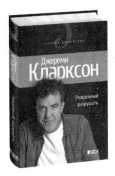

Рожденный разрушать

Джереми Кларксон, пер. с англ., 2011, 480 с.

Серия «Чтения Дюаристов»

Новая книга Джереми Кларксона разрушает стереотипы. Всё, что вы знали о жизни и об автомобилях, лучше забыть. Просто прочитайте книгу и окажется, что вы ничего не знали о Lexus IS 25, Mercedes ML 320, BMW M3 CS, Lamborghini Gallardo да и о Ford Focus. Да что там Ford Focus! Вы ничего не знали о Британии и ее нравах, о лондонской кухне и албанских эмигрантах, о войне в Ираке и московских миллионерах, об автомате АК-47, Стивене Фрае и изменении климата. Более того, выяснится, что вы ничего не знали и о самом Джереми.

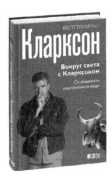

Вокруг света с Кларксоном
Особенности национальной езды

Джереми Кларксон, пер. с англ., 2011, 212 с.

Знаменитый британский журналист, циник и острослов Джереми Кларксон (ведущий программы TopGear на телеканале Би-би-си) совершил путешествие вокруг света и в своей неповторимой манере рассказал, как обстоят дела с автомобилями (а заодно и со многими другими вещами) в одиннадцати странах мира. Книга станет захватывающим чтением как для тех, кто интересуется автомобилями, так и для тех, кто просто предпочитает здравый взгляд на жизнь.

Все о моей мафии

Наталия Метлина, 2010, 272 с. + 32 с. вкл.

Известный тележурналист, автор популярной передачи «Специальное расследование», признанный мастер расследований Наталия Метлина изобличает мафию — в модельном и цветочном бизнесе, книжном и билетном, в пластической хирургии и золотодобыче. Книга продолжает тему коррупции чиновничества и неправедных способов обогащения, раскрывая тайные пружины криминальных механизмов в политике и экономике.

Тачки, девушки, ГАИ

Андрей Колесников, 2010, 248 с.

Главная деталь автомобиля — это человек, который сидит за рулем.
Новая книга известного журналиста и телеведущего Андрея Колесникова — о людях. Просто жизненные ситуации, в которых оказываются его герои, так или иначе связаны с машинами и дорогами. Это и неудивительно — ведь журналисту приходится ездить намного больше, чем остальным гражданам, и за рулем он не перестает быть журналистом: блокнот у него всегда под рукой, только успевай записывать. Тем более что в пути возможны самые невероятные встречи и ситуации. И если не всегда можно предсказать, как поведет себя на дороге автомобиль, то что уж говорить о людях? Зарисовки Андрея Колесникова — ироничные и лирические, смешные и грустные — всегда точны и неожиданны. И если существует особый жанр «автомобильной журналистики», то автор этой книги, несомненно, на полной скорости легко и непринужденно вписался в этот поток. Для широкого круга читателей.

Австралия — Terra Incognita
Когда звери еще были людьми

Сол Шульман, 2011, 228 с. + 16 с. вкл.

История Австралии полна приключений и загадок. Неведомая земля начала будоражить умы европейцев еще задолго до ее открытия. Это континент удивительного животного мира, уникальной человеческой расы, золота и надежд. Книга рассказывает о превращении страны из места ссылки воров и убийц в одну из самых процветающих в мире. Эпохи великих морских открытий и не менее великих, порой трагических, человеческих судеб сформировали особый характер австралийской нации. Здесь нашли спасение миллионы людей, гонимых жестокими событиями XX века, в том числе и наши с вами соотечественники. Для многих она стала «землей обетованной». По мнению автора, сегодняшняя Австралия — один из центров формирования новой единой мировой культуры будущего.

Необычная Америка
За что ее любят и ненавидят

Юрий Сигов, 2011, 381 с.

Книга журналиста Юрия Сигова, прожившего много лет в США, показывает, что не только иностранцы, но и сами американцы далеко еще не открыли для себя Америку. Автор раскрывает неожиданные стороны американского сервиса и парадоксы судебной системы, секреты политического закулисья и курьезы бюрократии. Читатель познакомится с американскими «гаишниками» и скопидомством на авиалиниях, узнает, какая первая леди пасла любимую корову на лужайке перед Белым домом и сколько тратит рядовой американец на оплату ветеринарных счетов; как выглядит сегодня «американская мечта» и кем по национальности, скорее всего, будет президент США 2050 года.

Будущее уже не то, что прежде

Джордж Карлин, пер. с англ., 2011, 307 с.

Джордж Карлин — американский актер, комик, писатель, обладатель пяти премий Grammy и премии Марка Твена, четырехкратный номинант премии Emmy. В своей книге Карлин с неподражаемым черным юмором дает пощечину лицемерному социуму и власти предержащей, смеется над запретным,сомневается в незыблемом. Его безжалостный взгляд не пропускает ничего — религиозные догмы, гендерные стереотипы, политкорректный новояз, массмедиа, политику, институт семьи... И тем не менее за всем этим кроется истинная человечность автора.

Читайте, смейтесь, спорьте. И помните слова Джорджа Карлина: главное — не научиться читать, важнее — научиться сомневаться в прочитанном.

Виски

История вкуса

Игорь Мальцев, 2010, 420 с. + 32 с. вкл.

Эта книга — первое исчерпывающее описание вискокурен и сортов виски, производимых в Шотландии. Виски — не просто традиционный шотландский напиток, это еще и национальный символ страны, символ борьбы человека с северной природой и его победы. Автор, известный журналист и продюсер, писатель и музыкант, рассказывает о каждой вискокурне, знакомит с продукцией, дает характеристики выпускаемых сортов. К книге прилагается CD с записями известных шотландских рок-групп. Книга будет интересна всем любителям виски, а также специалистам-виноделам и менеджерам торговых фирм, занимающихся продажей элитных сортов алкоголя.

Физика невозможного
Митио Каку, пер. с англ., 2011, 456 с.

Еще совсем недавно нам трудно было даже вообразить сегодняшний мир привычных вещей. Какие самые смелые прогнозы писателей-фантастов и авторов фильмов о будущем имеют шанс сбыться у нас на глазах? На этот вопрос пытается ответить Митио Каку, американский физик японского происхождения и один из авторов теории струн. Из книги вы узнаете, что уже в XXI в., возможно, будут реализованы силовые поля, невидимость, чтение мыслей, связь с внеземными цивилизациями и даже телепортация и межзвездные путешествия.

Секс для науки. Наука для секса
Мэри Роуч , пер. с англ., 2011, 320 с.

До середины XX века сексуальную психологию и физиологию практически не изучали, словно секс был постыдной тайной, а не обычным биологическим явлением. Состояние этой науки и поведение ученых определял страх — они боялись общественного мнения, религиозной нетерпимости, политического давления, фанатизма и предрассудков. Теперь, когда значение этой сферы в полной мере оценено обществом, трудно даже представить, с чем приходилось сталкиваться первопроходцам лабораторного секса. Впрочем, и сегодня мало кто задумывается о том, что специалисты изучают секс, как любой другой аспект человеческой физиологии. Виртуозно сочетая научный энтузиазм, журналистскую раскрепощенность, спасительный юмор и неизменный вкус, Мэри Роуч рассказывает, как и зачем развивалась эта наука.

Поток
Психология оптимального переживания

Михай Чиксентмихайи, пер. с англ., 2011, 461 с.

В своей культовой книге выдающийся ученый Михай Чиксентмихайи представляет совершенно новый подход к теме счастья. Счастье для него сродни вдохновению, а состояние, когда человек полностью поглощен интересным делом, в котором максимально реализует свой потенциал, Чиксентмихайи называет потоком. Автор анализирует это плодотворное состояние на примере представителей самых разных профессий и обнаруживает, что эмоциональный подъем, который испытывают художники, артисты, музыканты, доступен в любом деле. Более того, к нему надо стремиться — и не только в целенаправленной деятельности, но и в отношениях, в дружбе, в любви. На вопрос, как этому научиться, и отвечает книга.

В поисках потока
Психология включенности в повседневность

Михай Чиксентмихайи, пер. с англ., 2011, 194 с.

Как стать хозяевами собственной судьбы? Как получать радость от каждой минуты своего существования и при этом чувствовать, что идешь вперед? Как наполнить рутину смыслом? Выдающийся ученый Михай Чиксентмихайи продолжает тему своей культовой книги «Поток: Психология оптимального переживания» применительно к повседневности. Здесь он показывает важность состояния потока в круге обычных дел, учит выявлять занятия, стимулирующие желание приложить все свои силы, и вносить соответствующие коррективы. Овладев этими методами, каждый имеет шанс на достойную, содержательную, плодотворную и счастливую жизнь.